T0056238

PRESENTADO A:

_____

DE:

_____

FECHA:

_____

EL PROPÓSITO

DE *Dios* PARA SU VIDA

— DEVOCIONAL DE 365 DÍAS —

CHARLES F.
STANLEY

GRUPO NELSON
Desde 1798

NASHVILLE   MÉXICO D.F.   RÍO DE JANEIRO

ENERO

RESOLUCIÓN

*Mi embrión vieron tus ojos, y en tu libro estaban escritas
todas aquellas cosas que fueron luego formadas, sin
faltar una de ellas.*

SALMOS 139:16

Dios tiene un plan inmutable para nuestra vida, aunque esta pueda dar giros inesperados. Tengamos eso presente hoy día. El inicio de año es un tiempo en que las personas revisan el pasado y adoptan un nuevo comienzo. Eso puede acarrearnos un poco de dolor por las pérdidas que hayamos tenido, pero también puede traer esperanza por el futuro. Sin embargo, confiemos en el hecho de que a pesar de lo que los días venideros puedan deparar, los propósitos amorosos y perfectos de Dios para nosotros subsisten. No cambian. Nada lo toma por sorpresa.

El mismo Dios que nos dio vida y nos formó en el vientre de nuestra madre nos ama tanto como para planificar nuestro futuro y participar enérgicamente en todo lo que nos concierne. Él nos ha prometido que, si lo buscamos, lo hallaremos y descubriremos su maravillosa voluntad para nuestra vida. Además, el rumbo que Jesús ha dispuesto no es para nuestro perjuicio, sino para nuestra edificación, afirmación y ánimo. Por tanto, comience este nuevo año enfocándose en Dios y confiándole la senda que tiene por delante.

**Jesús, gracias porque este año está en tu plan
y lo guía tu mano. Decido confiar en ti. Amén.**

TODOS LOS DETALLES

Jehová, tú eres mi Dios; te exaltaré, alabaré tu nombre,
porque has hecho maravillas; tus consejos antiguos son
verdad y firmeza.

ISAÍAS 25:1

Al pensar en la voluntad de Dios es fácil aceptar que Él tiene grandes planes para la iglesia, las naciones y el mundo en general. Pero tal vez no nos resulte tan fácil creer que Él tenga planes *individualmente* para nosotros. Eso significaría que el Señor soberano del universo se preocupa de manera específica por usted, es decir, por los detalles íntimos de su vida pese a sus errores, fallas y equivocaciones.

Incluso aunque en nuestra mente creamos tal verdad, a veces no es fácil aceptarla cuando las cosas salen mal. Nos preguntamos, si Dios realmente se preocupa por nosotros, ¿cómo entonces permite que nos ocurran cosas malas?

Sin embargo, Jesús declara: «Aun vuestros cabellos están todos contados» (Mateo 10:30). Si Él presta atención a cuántas hebras de cabello tenemos, ¿cree usted que Él está menos vigilante respecto al sendero de nuestra vida? Dios realmente se preocupa por cada detalle de nuestra vida, así que pongámonos en sus manos y contemos con su fidelidad.

Jesús, creo que te preocupas por mi futuro. Enséñame a amarte más y a confiar cada momento en tus manos amorosas. Amén.

UN PROPÓSITO PARA LEVANTARSE

Tú, Señor, amas a tu pueblo; todo tu pueblo santo está en tus manos. Por eso ellos siguen tus pasos y reciben de ti su dirección.

DEUTERONOMIO 33:3, RVC

¿Por qué nos levantamos cada mañana? ¿Se debe quizás a que tenemos un gran objetivo tras el cual ir, una responsabilidad que cumplir, o alguna presión que nos motiva?

Cada día, al despertar, muchas personas se enfrentan a la desesperación debido a que no tienen sentido vital de propósito, dirección y significado en la vida. El trabajo, las relaciones y otros objetivos terrenales no siempre consiguen motivarnos. Si no tenemos un ancla firme e inagotable de esperanza es fácil desanimarnos cuando las cosas no salen como las planeamos.

Pero fuimos creados con un propósito que nos ayuda a levantarnos cada día con esperanza y que puede motivarnos a soportar lo que se nos presente. ¿Para qué existimos? Dios nos formó con la finalidad de amarnos y de que lo amáramos. Sus misericordias son nuevas cada mañana. Debido a que su presencia está con nosotros, tenemos todo lo que necesitamos para salir victoriosos.

Así que emprenda este día entendiendo esa verdad. Salga de la cama con la seguridad de que Dios lo ama y valora, y que tiene todo lo necesario para enfrentar y disfrutar aquello para lo cual fue creado.

Jesús, eres mi razón para levantarme cada mañana y tener esperanza. Gracias por amarme y guiarme hacia una vida abundante. Amén.

ALCANZABLE

*Fíate de Jehová de todo tu corazón, y no te apoyes en tu
propia prudencia. Reconócelo en todos tus caminos, y él
enderezará tus veredas.*

PROVERBIOS 3:5-6

L a voluntad de Dios puede parecer grandiosa e inalcanzable,
¿verdad? Después de décadas de escuchar a creyentes hablar
de sus luchas, he comprendido dos razones por las que las personas se sienten muy frustradas con la vida cristiana: no entienden la
naturaleza de la voluntad de Dios, o no saben cómo hallarla. Si no
comprendemos esos dos aspectos, podríamos sentirnos inseguros y
sin dirección en nuestro caminar con Jesús.

No obstante, tengamos en cuenta hoy que Dios está *comprometido* con nuestro éxito. Desea ayudarnos a tener una relación personal
con Él, a alcanzar los propósitos para los que fuimos creados y a descubrir toda la expresión de nuestro potencial. Eso significa que la
voluntad divina para nosotros no es algo inalcanzable. En realidad,
Dios nos la comunica constantemente. Si decidimos amarlo y buscarlo, el Señor hará que cumplamos su voluntad.

Así que, no tome el sendero frustrante de intentar adivinar la
mente de Dios. Más bien, búsquelo y confíe en que Él le revelará sus
planes. Obedézcale y lo dirigirá en su caminar.

———————————— 👑 ————————————

Señor, anhelo tu voluntad y que ajustes
mi corazón para obedecerte. Revélame tu
voluntad y tus caminos de modo que pueda
andar en tu senda perfecta. Amén.

ESPERANZA SIEMPRE

Israel, confía en el Señor, porque el Señor es
misericordioso; ¡en él hay abundante redención!

SALMOS 130:7, RVC

Algunos días podría preguntarse: «¿Hay esperanza para mi vida?». Por todo lo que ha sucedido, las pérdidas que ha soportado, las limitaciones que tiene y las equivocaciones que ha cometido, parecería que la respuesta es no. Pero si allí es donde usted se encuentra, le digo confiadamente: *Con Dios siempre hay esperanza. Él tiene un plan en mente para el futuro. Aférrese al Señor y siga adelante.*

Dios sabe exactamente dónde nos hallamos en este mismo momento y comprende todas nuestras luchas y desilusiones. Él es quien tiene todas las respuestas que necesitamos, y cada una de ellas está en su Palabra. Puede parecer que nuestra vida ha llegado a su punto más bajo, pero el Señor no nos abandonará jamás (Juan 14:18), pues seguirá actuando en nosotros si confiamos en Él. En el debido tiempo veremos cómo el plan divino para nuestra vida se desarrolla en forma poderosa. Esto es lo que Dios promete a cada uno de nosotros.

Jesús, ¡gracias por darme siempre esperanza!
Sé que este no es el final de mi trayecto, sino el
comienzo de algo nuevo que haces en mí. Amén.

HAY UN PLAN

Los planes y pensamientos del Señor permanecen por todas las generaciones.

SALMOS 33:11, RVC

Fijemos ahora mismo la mente en esta verdad: *Nuestro Dios es un planificador.* Él no actúa al azar, ni puso a funcionar este mundo para que lo gobernara la casualidad o fuerzas desenfrenadas. Tampoco nos creó para que viviéramos sin esperanza ni propósito. Dios tiene un plan.

Eso significa que todas las alegrías, las pruebas y los retos que experimentamos están diseñados para nuestra preparación y edificación. Es verdad que a veces pecamos y que suelen surgir aflicciones como consecuencia de nuestras malas decisiones. Sin embargo, nada de eso está por sobre la planificación perfecta, el poder y la provisión de nuestro Salvador.

Pensemos tan solo en la forma tan cuidadosa en que Dios planeó nuestra salvación. Él desarrolló estratégicamente su gran diseño a lo largo de los siglos, a través de cambios en monarcas e imperios, para enviar al Salvador. Nada le impidió cumplir su plan. Finalmente, las buenas nuevas pasaron de la tumba vacía a los discípulos y de persona a persona hasta nosotros.

Si pensamos con qué precisión el Padre llevó a cabo este plan, nos daremos cuenta de cuán profundamente nos valora y con qué cuidado piensa en nuestro futuro. Así que no tema ni se desanime por lo que pueda venir. Confíe en el plan de Dios.

Jesús, sé que tienes un plan perfecto para mí y que no te sorprende ninguna de mis circunstancias. Confiaré en que tú me guías. Amén.

HAGA LO QUE DIOS DICE

Si tú lo dices.

LUCAS 5:5, PDT

Los pescadores con cualquier tipo de experiencia en el mar de Galilea sabían que el tiempo óptimo para pescar era durante la noche y en agua poco profunda. En el día los peces se sumergían en las profundidades, donde era mucho más difícil hacer hundir con éxito las redes a fin de atraparlos. Sin embargo, cuando Jesús le dio instrucciones a Pedro de que pescara durante el día, el discípulo obedeció a pesar de sentirse cansado y no estar totalmente seguro de que el Señor supiera lo que le pedía.

Quizás recordemos una ocasión en que Dios nos pidió hacer algo más allá de lo que creíamos razonable, sin que supiéramos si lo que escuchábamos era lo que debíamos hacer, ya que parecía muy contradictorio. Tal vez ahora mismo experimentamos circunstancias parecidas. Ni por un instante pensemos que nos equivocaremos si obedecemos a Dios.

Pedro hizo lo que Jesús le pidió y sacó tantos peces que las redes comenzaron a romperse. Lo mismo se aplicará a lo que usted enfrenta ahora. Puede que no sepa exactamente por qué Dios le pide que haga algo, pero tenga la seguridad de que si le obedece, experimentará una bendición más allá de lo que pueda imaginar.

Jesús, haré lo que me pides. Aunque no comprenda la senda que yace por delante o tus instrucciones, confiaré en ti pues sé que nunca me has fallado. Amén.

REVELACIÓN PASO A PASO

Nadie que confíe en ti será jamás avergonzado.

SALMOS 25:3, NTV

Esperar es difícil, especialmente si esperamos que Dios conteste nuestras oraciones o nos guíe de alguna manera específica. Esto lo agrava el hecho de que vivimos en una sociedad que insiste en resultados inmediatos: comida rápida, envío nocturno, recursos descargables e información al alcance de las manos. Si lo que esperamos no ocurre rápidamente, a menudo nos frustramos y nos sentimos tentados a renunciar y alejarnos.

No obstante, experimentar la plenitud de la voluntad de Dios no es algo que ocurre de inmediato. Ver revelado el plan divino lleva tiempo, a menudo toda una vida. Dios puede darnos una idea de cuál es su voluntad, pero necesitamos la experiencia de una devoción gradual para descubrir el propósito completo que nos tiene. La verdad es que la misericordia y compasión de Dios limitan aquello que Él nos revela, con el fin de que no nos abrume el desánimo, el temor o, peor aún, el orgullo.

Amigo lector, en este momento no necesita conocer todo el plan. Cuando Dios le muestre que dé un paso, simplemente obedézcale. Avance en fe. A medida que confíe en el Señor, Él le dará lo que más anhela: la dirección de Dios en un futuro brillante y satisfactorio.

꩜

Jesús, te seguiré en las montañas y los valles. Esperaré en ti y confiaré en ti con relación a mi futuro. Amén.

JESÚS ES LA CLAVE

*Apóstol de Jesucristo por la voluntad de Dios, según la
promesa de la vida que es en Cristo Jesús.*

2 TIMOTEO 1:1

Jesús es la clave suprema para conocer y vivir la voluntad de Dios. Él es el ejemplo de una vida de fe en todo sentido (Romanos 8:29) y es quien provee acceso al trono de gracia y así descubrir el plan divino (Hebreos 4:16). Su Espíritu Santo nos guía (Juan 16:13-14), sus oraciones nos fortalecen (Hebreos 7:25) y su Palabra proporciona luz a nuestro camino (Salmos 119:105).

Digo esto porque mucha gente cree que la voluntad de Dios tiene que ver con cumplir reglas religiosas o morales. En el nivel más básico eso es verdad, pero realmente es mucho más. Es una relación profunda e íntima con el mismo Dios, que da como resultado una existencia rebosante de su sabiduría, propósito y poder.

El Padre nos creó con una razón en mente: cumplir un papel importante en su reino. Y es *en* Jesús como seres salvados por Él, y *a través* de Jesús como sus discípulos en comunión con el Padre, que podemos descubrir y comprender los propósitos divinos, y caminar en ellos.

**Jesús, eres la voluntad personificada de Dios.
Fijo mis ojos en ti y sé que me llevarás al
centro de la voluntad del Padre. Amén.**

NUESTRO INTERCESOR

Jesús puede salvar para siempre a los que, por medio de él, quieren ser amigos de Dios. Pues vive eternamente, y siempre está pidiendo a Dios por ellos.

HEBREOS 7:25, TLA

¿Sabemos que Jesús ora incesantemente por nosotros incluso en este mismo momento? Mientras leemos estas palabras Él pronuncia las órdenes que mueven cielo y tierra para que su voluntad se lleve a cabo.

Tal vez pensemos que no tenemos un amigo a quien recurrir para obtener ayuda y ánimo. No obstante, sí tenemos uno a quien podemos acudir siempre. Jesús escucha cada una de nuestras oraciones, y nunca nos dejará ni nos desamparará. Él siempre es nuestro Abogado delante del trono de Dios (1 Juan 2:1). Jesús permanece continuamente más cerca que un hermano (Proverbios 18:24).

Como nuestro Salvador, el Señor quiere lo mejor para nosotros, por lo que constantemente nos insta a conocer y cumplir la voluntad divina (Filipenses 2:13). Él sabe cómo llevarnos a ejecutar los propósitos para los que fuimos creados y lo glorifiquemos (Efesios 2:10).

Así que tenga hoy día la seguridad de que no está solo. En realidad, tiene al mejor Guerrero de Oración posible. Escúchelo, confíe en Él y sea consciente de que nunca lo llevará por mal camino.

───────────── 🙏 ─────────────

Jesús, ¡gracias por orar por mí y guiarme a hacer la voluntad de Dios! Confío en ti. Amén.

PROVISIÓN SUFICIENTE

*Poderoso es Dios para hacer que abunde en vosotros toda
gracia, a fin de que, teniendo siempre en todas las cosas
todo lo suficiente, abundéis para toda buena obra.*

2 CORINTIOS 9:8

¿Qué hacer cuando sabemos que Dios nos ha revelado su voluntad, pero no tenemos idea de cómo llevarla a cabo debido a que nuestros recursos son limitados? Esta es una pregunta que todos los que seguimos a Dios enfrentamos en un momento u otro. En tales ocasiones, lo único que podemos hacer es obedecer, dar un paso adelante por fe y hacer lo que Él dice. De lo contrario, estaríamos incumpliendo la voluntad de Dios y dejaríamos de recibir las bendiciones que Él quiere darnos.

Gracias a Dios podemos avanzar con la seguridad de que Él puede proveer, y que cuando le obedecemos suplirá nuestras necesidades en formas asombrosas (Filipenses 4:19). Andemos paso a paso según Dios nos ordene y así veremos cómo suministra provisión tras provisión.

De igual manera, el Señor obrará a través de las circunstancias de nuestra vida para dirigirnos. Cada día abrirá y cerrará las puertas que necesitamos, obrando estratégicamente para contestar nuestras oraciones y lograr que alcancemos sus propósitos. Así que siga confiando en Él y continúe su camino con la fe de que obtendrá exactamente lo que necesita.

Jesús, gracias por proveer diariamente para mí. Confieso que estoy abrumado por esta necesidad, pero te la confiaré. Amén.

CERCANÍA

En cuanto a mí, me acerco a él lo más que puedo. He
elegido al Dios soberano como mi refugio.

SALMOS 73:28, NBV

¿Ha sentido alguna vez como si Dios estuviera lejos de usted? Tenga la seguridad de que Él está incondicionalmente cerca. No se desanime por no verlo en las circunstancias que atraviesa.

Vi una ilustración de esto durante una excursión fotográfica que hice al Matterhorn, en Suiza. Cuando llegué a la gran montaña me recibió una tormenta de nieve que persistió en forma inclemente durante tres días. La capa de nieve era tan espesa que no permitía ver ni siquiera la falda de la montaña. En mi última noche allí le comuniqué mi desilusión al Señor.

Al día siguiente desperté a las 5:20 a. m. y miré por la ventana. La tormenta había desaparecido y allí estaba el Matterhorn en toda su gloria, con un halo de luz de luna coronándolo. Fue como si Dios dijera: «Mira lo que sucede cuando esperas en mí».

La lección que aprendí fue que Dios siempre está cerca, sea que podamos verlo o no. Él siempre obra a pesar de lo que obstaculice nuestra vista. Por tanto, vigilemos siempre y esperemos en Él. La niebla se despejará finalmente y nos sorprenderá lo que Él ha logrado.

Señor, sabes lo mucho que mi corazón
anhela verte en esta situación.
Abre mis ojos espirituales y quita lo que
me obstaculiza la visión. Amén.

DESCANSO PARA EL ALMA

Pregunten por el buen camino, y no se aparten de él. Así
hallarán el descanso anhelado.

JEREMÍAS 6:16

¿Nos sentimos agotados? ¿Nos hace correr la cinta de la vida más rápido de lo que podemos soportar? Si nuestra respuesta es sí, podríamos estar buscando seguridad terrenal que no satisface y que ocasiona crisis tras crisis. Lo triste es que si ponemos nuestra esperanza en cosas temporales (dinero, posición, logros, aceptación o incluso el amor de familiares y amigos) nuestra base inevitablemente se derrumbará. Las soluciones terrenales no satisfarán las necesidades más profundas de nuestro corazón ni podrán defendernos contra los problemas que surjan. Si queremos mantenernos firmes, nuestra identidad debe basarse en algo más grande que lo que el mundo ofrece.

Como afirma el antiguo dicho, la vida no tiene que ver con *quiénes* somos, sino *a quién* le pertenecemos. Y nuestro agotamiento es evidencia de que no nos hemos entregado por completo a Dios. Nuestro reto es salirnos del camino para que Cristo pueda guiarnos. Cuando finalmente vea cuánto lo ama el Señor y la vida abundante que le tiene, comenzará a vivir para Él a través del poder divino. Esa es la manera de encontrar descanso para el alma.

Jesús, confieso que aún intento tener el control. Muéstrame tus caminos de modo que pueda vivir en tus fuerzas y para tu gloria.
Amén.

ENTRETEJIDO

Tú formaste mis entrañas; tú me hiciste en el vientre de mi madre.

SALMOS 139:13

D ios ve nuestro potencial. No importa qué tan jóvenes o viejos seamos, o cuáles sean nuestras habilidades o debilidades, nuestro Creador ve lo que es posible a través de nosotros. Somos su obra maestra, una joya concebida en gracia y amor. Y si se lo permitimos, Dios entrelazará las circunstancias de nuestra existencia en tal manera que reciba la gloria y nuestro corazón esté rebosante.

Para muchas personas este es un concepto difícil de entender debido a los mensajes que han recibido y los fracasos que han experimentado a lo largo de la vida. Quizás hoy día creamos que nuestra existencia es incompleta o de poco valor. Puede ser que retos físicos, relacionales, financieros u otras circunstancias personales nos hagan sentir que no tenemos esperanza. Pero Dios nos ve desde una perspectiva totalmente distinta. Cuando nos mira, ve personas que ama, de mucho valor y gran potencial.

Anímese en el hecho de que todas sus frustraciones y desilusiones tienen un propósito. Si ama a Dios y confía en Él, su Señor entretejerá todas estas circunstancias para bien de usted. Por tanto, no desespere. Más bien, confíe en Él y permítale que lo convierta en la persona que sabe que puede llegar a ser.

> Jesús, conoces mi vida y aún así me acercas a ti. Gracias por darme esperanza y por seguir desarrollando tu plan para mí. Amén.

POSICIONAMIENTO

*[El Señor] me guía por sendas de justicia por amor de su
nombre.*

SALMOS 23:3

¿Le ha preguntado a Dios qué le gustaría hacer a través de usted?
Si no lo ha hecho, le animo a hacerlo hoy. Pregúntele: «Señor,
¿cómo quieres que invierta mi vida?».

Es posible que no nos demos cuenta de cuán profundamente el
Señor desea obrar e inquietar a otros por medio de nosotros. Pero así
es. Jesús busca vasijas dispuestas que se sometan a Él y le permitan
hacer el resto. Cada persona que dedica su vida a Dios tiene un papel
valioso que representar en el reino.

No obstante, no se abrume por la pregunta: *¿En qué quiere Dios
que me convierta?* Someterse a Él no necesariamente significa realizar una nueva tarea o convertirse en pastor o misionero. Aunque
esto puede ser parte del plan que Él tiene para su vida, por lo general
el Señor empieza ahí donde usted se encuentra, andando cada día en
comunión con Él. Jesús le revelará con quién quiere que hable.

Nuestro Salvador nos colocará en la posición que desea que ocu-
pemos. Simplemente confiemos en que cuando Dios quiere obrar a
través de nosotros puede llevarnos a donde debemos estar y nos dará
lo que necesitamos para servirle.

**Jesús, ¿cómo quieres que invierta mi vida?
Llévame a hacer siempre tu voluntad. Amén.**

VIDA ABUNDANTE

Yo he venido para que tengan vida, y para que la tengan en abundancia.

JUAN 10:10

¿Cuál es la vida abundante que Jesús tiene para nosotros? Se trata de una existencia arraigada en la eternidad, que va más allá de nuestras tribulaciones actuales y nos lleva hacia un futuro lleno de esperanza, donde Cristo es el líder, la fortaleza, el gozo y la paz con que contamos. La vida abundante significa que nuestro objetivo máximo es vivir en unión inalterable con Jesús y reflejar su semejanza, llenos de expectativa por todo lo que Él hará por medio de nosotros para siempre.

Sí, a veces esa vida abundante significa abundancia de lágrimas. Pero a través de la obra continua de Jesús en nosotros, finalmente llega el momento en que sabemos cómo enfrentar temores, dolores y presiones en este lado del cielo. Tranquilidad y gozo nos sustentan interiormente porque tenemos la seguridad de que nuestro Dios es fiel y bueno, y que actúa en todas las circunstancias. Cada final promete comienzos inimaginables.

La vida abundante es una decisión diaria que usted toma de ser aquella persona que Dios quiere que sea. Convertirse en la obra maestra que Él dispuso que usted fuera es un proceso de toda la vida, pero vale la pena debido al hermoso y único reflejo de su Salvador en que Él lo convierte.

Jesús, anhelo tu vida abundante, pero tengo miedo debido a las pruebas que enfrento. Guíame, mi Salvador, y ayúdame a convertirme en quien visualizaste que fuera. Amén.

ATENTO A LAS INSTRUCCIONES

Enséñame cómo vivir, oh SEÑOR. Guíame por el camino correcto.

SALMOS 27:11, NTV

¿Cuál es la mejor senda para nuestra vida? Esta es una pregunta difícil de responder considerando nuestra limitada sabiduría y visión del futuro. Es posible que no sepamos qué retos surgirán en la senda que tenemos por delante. Así que una de las disciplinas más importantes que podemos desarrollar como creyentes es escuchar a Dios. Él siempre conoce el sendero que más nos beneficia.

Sin embargo, muy a menudo la sabiduría del Señor se ve silenciada por el clamor de la vida diaria. En ocasiones, empezamos a caminar con Dios, pero nos alejamos tanto de Él que ya no lo escuchamos. Tal vez nos ajetreamos tanto que preferimos hacer las cosas a nuestra manera o nos dejamos seducir escuchando a otros que desean transmitirnos sus planes personales. En ese momento podemos perder el contacto con el único Guía que conoce realmente el camino más óptimo a seguir.

No cometa ese error. Esté atento a la voz del Maestro mientras viaja por la vida. Permanezca en la Palabra, camine en el Espíritu, sea receptivo y sensible a los dictados de Dios, y sin duda alguna se mantendrá en la senda correcta.

Jesús, deseo tomar la mejor senda para mi vida,
y sé que este se encuentra en ti.
Enséñame a escucharte y a mantenerme
en tus caminos. Amén.

EL TESORO DE LA PALABRA DE DIOS

Susténtame según tu palabra.

SALMOS 119:28

¿Por qué insisto siempre en que leamos la Biblia? Sé que este consejo puede volverse repetitivo. No obstante, en las Escrituras tenemos un regalo precioso: ¡los mismos pensamientos y planes del Dios vivo! Por tanto, es importante aprovechar esa dádiva.

La Palabra de Dios es tan oportuna y aplicable hoy día a nuestras vidas como lo fue el día en que se escribió por primera vez. Es más, cada vez que leo mi Biblia recibo nuevas perspectivas del carácter de Dios y de los retos que enfrento. Con frecuencia ciertas palabras, frases o versículos parecen saltar de las páginas en una manera poderosa, y sé que Dios está llamando mi atención hacia algo que es importante que yo sepa.

Lo mismo puede ser cierto para usted. La forma principal en que Dios se comunica con nosotros es a través de la Palabra. Por medio de ella nos brinda consuelo, sabiduría, fortaleza, dirección y esperanza. Las Escrituras nos enseñan a distinguir entre la voz de Dios y las demás voces que compiten por nuestra atención, de modo que podamos seguir la senda correcta y evitar dificultades.

Así que aférrese al tesoro que el Señor le ha dado. Lea la Palabra y escuche al Dios vivo y amoroso.

Jesús, confieso que en ocasiones leer la Biblia me aburre. Ayúdame a conocerte mediante las Escrituras. Imparte vida a tu Palabra, Señor. Amén.

LA PALABRA IMPLANTADA

Llegue mi clamor delante de ti, oh Jehová; dame entendimiento conforme a tu palabra.

SALMOS 119:169

¿Cree usted que Dios puede hablarnos? Yo sí lo creo. Ha habido ocasiones en que me he acostado teniendo un problema en mente y el Señor me ha despertado en medio de la noche con un versículo de las Escrituras. Otras veces, al despertar en la mañana, un pasaje particular ha sido mi primer pensamiento. En cada ocasión, sabía que Dios me recordaba la Palabra que ya se hallaba implantada en mi corazón a fin de responderme las preguntas profundas que le había planteado. Me hablaba directamente respecto a los asuntos que me atribulaban.

Es por eso que leer la Biblia con regularidad puede ser algo muy poderoso. Cuando enfrentamos una prueba o un reto, Dios nos recuerda parte de su Palabra para darnos consuelo, consejo, aliento, convicción, fortalecimiento y guía.

¿Le gustaría escuchar la voz de Dios? ¿Necesita dirección divina? Empiece por abrir su Biblia. Plante la Palabra en su corazón y haga caso cuando Él se la traiga a la memoria. Luego confíe en que Dios le hará recordar las Escrituras en maneras oportunas, justo en el momento que debe tomar una decisión, animar a otra persona o solucionar un problema.

Jesús, enséñame a escucharte por medio de las Escrituras. Planta tu Palabra profundamente en mi corazón y guíame, Salvador. Amén.

LA PALABRA TRANSFORMADORA

Confirma a tu siervo tu palabra, que inspira reverencia por ti.

SALMOS 119:38, LBLA

Lo que quizás no sepamos sobre la Palabra de Dios es el poder que contiene. Si leemos las Escrituras con regularidad, meditamos en ellas y las aplicamos, el Espíritu Santo obra en nosotros, cambia nuestros patrones de pensamiento y transforma nuestra conducta (Romanos 12:1–2). Así comenzamos a responder como Jesús respondía y a reflejar su carácter.

Pablo se refirió a este proceso de cambiarnos a la semejanza de Cristo como *santificación*, y explicó que ocurre con «el lavamiento del agua por la palabra» (Efesios 5:26). Mientras más leemos la Biblia, más limpia nuestra mente de pensamientos y deseos pecaminosos. Comenzamos a anhelar lo que el Señor tiene planeado para nosotros.

La Palabra de Dios nos cambia. Eso es lo que distingue a la Biblia de cualquier otro libro que se haya escrito: su naturaleza transformadora. No podemos leer las palabras y los pensamientos del mismo Dios vivo sin ser inspirados y consolados, sin recibir convicción de pecado y, finalmente, sin ser transformados. El Espíritu Santo implanta la Palabra de Dios en nuestras mentes y corazones, y desde allí crece el fruto de la semejanza a Cristo. Dios nos prepara, nos concede sabiduría, sana nuestras heridas y nos alienta por medio de las Escrituras. La única advertencia es que debemos permitirle que actúe mientras confiamos en lo que Él declara.

Jesús, enséñame tu Palabra. Háblame por medio de las Escrituras a fin de que pueda conocerte y crecer en semejanza a ti. Amén.

¿DIRECCIÓN EQUIVOCADA?

Has cumplido lo que prometiste a tu siervo David.

1 REYES 8:24, PDT

Cuando Dios nos hace una promesa, a veces parece que nos mantiene corriendo en la dirección equivocada para alcanzarla. Esto tiene el propósito de hacer crecer nuestro carácter y desarrollar nuestra fe.

Recordemos que David fue ungido como rey sobre Israel, pero esto ocurrió décadas antes que realmente se sentara en el trono de la nación. Durante esos años intermedios David soportó muchos momentos peligrosos y decepcionantes, incluso ser perseguido por el rey Saúl. Esto se debió a que David tuvo que ser entrenado por medio de adversidad antes que pudiera cumplir la voluntad de Dios, aprendiendo a confiar por completo en su Señor a pesar de las circunstancias que enfrentara.

Al igual que David, podemos estar atravesando un valle profundo y preguntándonos si todavía estamos en la voluntad de Dios y si nos hallamos encaminados hacia su promesa. Recordemos que Dios ha prometido guiarnos y que es responsabilidad suya cumplir su palabra. Nuestro deber es obedecerle y perseverar durante todo el entrenamiento.

David sabía que finalmente obtendría la victoria, por lo que se convirtió en un hombre conforme al corazón de Dios y aprendió a cumplir la voluntad de su Señor independiente de las circunstancias que experimentó. Usted también puede hacerlo. Confíe hoy en que el Señor cumple todas sus promesas, incluso las que le ha hecho directamente.

Jesús, ayúdame a confiar en ti y a aprender por medio de mis pruebas. ¡Tengo fe en que cumplirás lo que me has prometido! Amén.

EL ORIGEN DE NUESTRA NECESIDAD

Escudríñame, oh Jehová, y pruébame; examina
mis íntimos pensamientos y mi corazón. Porque tu
misericordia está delante de mis ojos, y ando en tu verdad.

SALMOS 26:2–3

¿Tiene usted necesidades insatisfechas en su vida? ¿Se pregunta por qué Dios no le ha respondido las peticiones de misericordia y gracia que le ha hecho?

Usted ciertamente no está solo. Esta profunda carencia interior es parte importante de la condición humana en nuestro mundo actual y es la razón de que veamos tanto disturbio, conflicto y dolor. Lo que impulsa, alimenta y conforma todas nuestras necesidades externas es la deficiencia en los aspectos emocionales y espirituales básicos de nuestra vida que nos hacen experimentar falta de paz interior con Dios, con los demás y con nosotros mismos. Se trata de las necesidades reales y profundas que enfrentamos como seres humanos, y que no solamente se encuentran insatisfechas, sino que son cada vez más profundas y amplias.

Así que hoy lo reto a que mire más allá de sus necesidades inmediatas y externas y busque lo que las origina. ¿De dónde vienen? ¿Qué insuficiencias emocionales o espirituales se ocultan debajo de la superficie que le recuerdan continuamente las heridas que tiene? Satisfágalas y las heridas externas sanarán.

Jesús, no sé qué raíces internas alimentan estas necesidades externas. Por favor, identifícalas en mí. Tú prometes suplir estas necesidades profundas. Enséñame a vencerlas. Amén.

CORRIJAMOS NUESTRA MANERA DE PENSAR

¿Quién de vosotros podrá con afanarse añadir a su estatura un codo?

LUCAS 12:25

¿En qué es lo que más piensa usted? ¿En algo que le falta, en una relación o en alguna meta? ¿Hacia dónde va su mente cuando surgen problemas? Como cristiano, puede contestar de inmediato: «Hacia Jesús». Pero lo reto a que reflexione en los verdaderos pensamientos y frases que surgen en su interior.

Digo esto porque cuando buscamos el plan de Dios, gran parte de la ansiedad que sentimos puede deberse a pensar en aspectos equivocados. Puede ser que nos preocupe tanto lo que nos falta en la vida, lo que otros piensan, o asuntos que están fuera de nuestro control, que nos impida enfocarnos en las promesas y los propósitos divinos que nos producirán paz.

Puede que piense que es proactivo o responsable cuando se fija en ciertos detalles y situaciones, pero quizás no lo sea. Lo único que realmente estaría demostrando es que no confía en Dios para que lo guíe. Más que a usted mismo, al Señor le interesa que llegue al destino que le tiene reservado. Céntrese en Dios, fije realmente sus pensamientos en Él, reemplazando los mensajes de preocupación con la verdad, porque el Señor no le fallará.

Jesús, confieso que estoy sorprendido respecto a la cosas que pienso. Ayúdame a reemplazar con tu verdad los pensamientos que me causan preocupación. Amén.

LLAMADOS A PREDICAR

Id por todo el mundo y predicad el evangelio a toda criatura.

MARCOS 16:15

Se nos dice que hay ciertas actividades que son la voluntad de Dios para todo creyente, y una de ellas es el ministerio activo. Cada cristiano está llamado a predicar el evangelio a otras personas tanto con palabras como con hechos, y a hacerlo bajo el liderazgo del Espíritu Santo.

Eso no significa que todo cristiano esté llamado a ser pastor, evangelista o misionero. Más bien, como seguidores de Jesús, nuestra misión es pedirle todos los días que guíe nuestros pasos a fin de que vayamos exactamente por donde Él quiere que andemos. Debemos ser sensibles a su guía: hablar con quien nos ordene que hablemos, actuar cuando nos lo mande y reprimirnos cuando nos diga que esperemos o que guardemos silencio.

Esto puede parecernos abrumador y hacernos sentir inadecuados para hablar a otros acerca de Jesús. Pero recordemos que Dios nos creó para que cumplamos lo que nos ha encomendado (Efesios 2:10). Nuestra labor no es mostrar nuestra brillantez, sino permitir que el Señor brille a través de nosotros.

Así que no tema. Aquel que lo incita a hablar en su nombre le proveerá las palabras que necesita para glorificarlo (Lucas 12:12).

Jesús, guíame hoy y cada día para ser el testigo que quieres que sea. Dame el valor y las palabras a fin de llevar a muchos hacia ti. Amén.

LEVANTÉMONOS Y MARCHEMOS

¿Por qué clamas a mí? Di a los hijos de Israel que marchen.

ÉXODO 14:15

Hagamos hoy lo que creemos que Dios nos ordena hacer, independiente de si estamos seguros o no del rumbo que nos indica. Si el Señor nos muestra que debemos dar un paso de fe, que llamemos a alguien, que escribamos una carta, o cualquier otra cosa, hagamos caso. Si Él dice: «Estad quietos, y conoced que yo soy Dios», dispongamos el tiempo y escuchémoslo.

Desde luego, podríamos cuestionar: «¿Qué pasa si hago lo que Dios pide y me equivoco, por lo que no cumplo exactamente con lo que Él quiere que haga?». Entonces tengamos la seguridad de que Él nos corregirá el curso y nos mostrará qué hacer. Así como es más fácil conducir un automóvil que ya está en movimiento que otro que se encuentra estacionado, es más fácil para Dios posicionar a alguien que está en movimiento y dispuesto a obedecer, que lograr que una persona reticente se levante y se mueva.

Confíe en que Dios lo llevará al próximo lugar de servicio que tiene para usted. Él le revelará las puertas que desea que atraviese, pero primero debe cruzar las que ya le ha abierto.

**Jesús, marcharé y haré lo que digas,
confiando en que corregirás mi rumbo.
Ansío hacer tu voluntad, Dios mío. Amén.**

DIOS SATISFACE

Me haces falta como la lluvia a la tierra seca.

SALMOS 143:6, NBV

Solo Dios puede satisfacer todas nuestras necesidades con su infinito poder, amor y sabiduría. Por tanto, si esperamos que alguien más lo haga, nuestro enfoque estará equivocado. Esa puede ser la causa de algunos de los vacíos que sentimos; y se debe a que ninguna persona, grupo u organización está equipada para satisfacernos plenamente. Sin duda, nadie satisfará las profundas necesidades interiores que son vitales para nuestro sentido de plenitud. El alcance de la interacción humana siempre queda corto, específicamente debido a que hay aspectos de nuestras vidas que están hechos para interactuar con Dios y solo con Él.

Sin embargo, al permitir que el Señor sea nuestra Fuente de realización, su presencia mejora enormemente nuestras relaciones, ya que Él entiende quiénes somos y qué necesitamos para llenar nuestros corazones. Dios cura esas heridas que nos hacen reaccionar con miedo e ira. También nos da discernimiento para saber amar a los demás como Él lo hace.

Las personas pueden y deben amarse y ayudarse, pero nadie debería pensar alguna vez que esto puede satisfacer los profundos anhelos de otras almas. Sin embargo, Dios sí puede hacerlo. Miremos hacia Él, llevémosle a otras personas y permitamos que nos llene por completo.

Jesús, gracias por comprenderme. Sé
mi Fuente, Señor. Enséñame a depender
de ti para mis necesidades. Amén.

GARANTÍAS

*Te haré entender, y te enseñaré el camino en que debes
andar; sobre ti fijaré mis ojos.*

SALMOS 32:8

Animémonos hoy con estas tres realidades sobre los planes de
Dios para nosotros:

Primero, el Señor nos mostrará su voluntad. Nuestro Salvador
asume la responsabilidad de indicarnos cómo vivir cada día. Sin
embargo, es responsabilidad nuestra hacer lo que nos pide. Si Él
ordena seguir adelante, debemos cumplir, confiando en que organiza
las circunstancias de nuestra vida y provee para nuestras necesidades.

Segundo, Dios está comprometido con nuestro éxito. Desde que
nacemos el Señor ha obrado en las circunstancias de nuestras vidas
a fin de que cumplamos los propósitos que nos tiene. Se mantiene
firme en su deseo de enseñarnos a conseguir todo aquello para lo
cual nos creó.

*Tercero, Dios nos corregirá y redireccionará cuando demos un
paso en falso.* Sin importar lo mal que nos comportemos, Él tomará
las piezas destrozadas de nuestras vidas y, con el pegamento de su
amor incondicional, las volverá a unir. Nos asegura sin ninguna
excepción: «Te tomaré exactamente allí donde te encuentras, y con
mi ayuda y fortaleza te mostraré cómo vivir el resto de tu vida».

**Jesús, gracias por estar comprometido con
tu maravilloso plan para mi vida. Enséñame a
vivir de tal manera que te glorifique. Amén.**

BUENOS CAMBIOS

Por la noche durará el lloro, y a la mañana vendrá la alegría.

SALMOS 30:5

Una de las equivocaciones que usted y yo podemos cometer es desesperarnos porque nuestra situación no cambia; los sufrimientos, las cargas y los retos aumentan. Esto puede hacernos creer que Dios nos ha olvidado o que no tiene ningún buen plan para nosotros.

No obstante, los cambios son inevitables, forman parte de nuestras vidas diarias. Podemos interpretar esto como algo negativo, porque a veces experimentar cambios significa perder personas y cosas que amamos. Pero lo que debemos recordar es que el Señor Dios es parte de nuestra historia. En un momento puede transformar de manera absoluta nuestras situaciones en formas que nunca imaginamos que fuera posible. Hizo esto a lo largo de las Escrituras por Abraham, Moisés, David, José y muchos otros.

Jesús le habló a Pablo en el camino a Damasco, y a partir de ese momento todo fue diferente (Hechos 9:1–19). Pablo había sido un crítico e incrédulo perseguidor de la iglesia. Pero unos pocos momentos en presencia del Señor vivo bastaron para cambiar toda su perspectiva, vida, propósito y destino eterno.

Dios también puede transformar las circunstancias de su vida. Así que no se desespere. Tenga paciencia y observe cómo el Señor actúa en aquello que le concierne a usted.

―― ᏙᏙ ――

Jesús, sé que puedes intervenir en mis circunstancias y transformarlas. Mi esperanza está puesta en ti. Amén.

Lo que es bueno

Los que buscan a Jehová no tendrán falta de ningún bien.

Salmos 34:10

Hoy puede haber en nuestro corazón algo por lo que hemos estado orando durante bastante tiempo. Por tanto, nos preguntamos si a Dios le agrada lo que le pedimos.

No hay nada malo con tener deseos, especialmente si se alinean con la voluntad del Señor. Es más, en ocasiones tendremos anhelos que nuestro Padre celestial estará ansioso por cumplir, ya que enriquecen el plan que Él tiene para nosotros.

De igual manera, el versículo de hoy promete que si buscamos a Dios no careceremos «de ningún bien». Sin embargo, ¿qué significa realmente esto? Comprendamos que el Señor llama *bueno* a algo si nos produce un beneficio útil, enriquecedor, auténticamente satisfactorio y eterno.

Pero muchas veces nosotros mismos nos encargamos de definir lo que nos conviene, por lo que podríamos sentirnos tentados a dudar de Dios cuando no está de acuerdo con nosotros. Pero solo Él puede ver el ámbito completo de nuestras vidas y lo que realmente nos beneficia.

Por tanto, sea que Dios responda sí o no a la petición que le hace, tenga la seguridad de que Él actúa para nuestro máximo beneficio. De hecho, a menudo lo salvará de lo que está bien a fin de que usted disfrute de lo que es mejor.

Jesús, confiaré en tu sabiduría para darme lo que es bueno y retener lo que no me conviene. Gracias por protegerme y proveer para mí. Amén.

APTOS PARA LO BUENO

*El Dios de paz que resucitó de los muertos a nuestro
Señor Jesucristo [...] os haga aptos en toda obra buena
para que hagáis su voluntad, haciendo él en vosotros lo
que es agradable delante de él por Jesucristo; al cual sea
la gloria por los siglos de los siglos. Amén.*

HEBREOS 13:20–21

¿Hay alguna tarea a la que Dios está llamándolo que parezca superar las habilidades que usted tiene? ¿Le dice al Señor: «No puedo hacer esto», aunque sabe que es la voluntad de Él?

Dios lo llamará a emprender tareas difíciles porque está enseñándole a no depender de sus propios dones y habilidades. Más bien, el Señor quiere que aprenda a descansar únicamente en Él. Quiere fortalecer su fe, desarrollar su carácter, y transformarlo a la imagen de Jesús.

Por tanto, si creemos que Dios nos ha llamado a hacer para Él algo que consideramos demasiado grande, es probable que tengamos razón. Pero entendamos que Dios nos lleva en esa dirección a propósito y para nuestro bien, a fin de fortalecernos y prepararnos para cosas aún mayores. Así que no temamos, por imposible que pueda parecer nuestra misión. Avancemos con Dios y confiemos en que Él nos preparará y proporcionará todo lo que nos haga falta.

Jesús, sabes que me siento inadecuado
para la tarea que tengo por delante. Pero
eres más que adecuado y te agradezco
porque veré tu poder en acción. Amén.

RENDIDOS A DIOS

*Les ruego que dediquen toda su vida a servirle y a hacer
todo lo que a él le agrada.*

ROMANOS 12:1, TLA

El Señor no solo quiere cosas *de* nosotros, nos quiere a *nosotros*. Su deseo no es simplemente que hagamos sacrificios, sino que nos rindamos totalmente a Él para poder usarnos.

Esto significa que lo que debemos llevar hoy delante del altar no son tan solo nuestros actos externos. No solo se trata del diezmo, de un hábito particular o de algún objeto preciado. Nuestro corazón (mejor dicho, todo acerca de nosotros) es el sacrificio que el Padre celestial demanda.

Recordemos lo que el Señor declara: «Misericordia quiero, y no sacrificio, y conocimiento de Dios más que holocaustos» (Oseas 6:6). La palabra para *misericordia* es la expresión hebrea *chesed* y puede traducirse como *amor, bondad, lealtad* y *fidelidad*. Se trata de amor expresado a través de una vida piadosa y tiene su origen en una relación con el Padre. Es una palabra íntimamente asociada con el carácter de Dios, y de eso se trata: Él desea que reflejemos su carácter (Romanos 8:29).

Dios desea que su fruto espiritual de amor, gozo, paz, paciencia, benignidad, bondad, fe, mansedumbre y templanza fluya a través de nosotros (Gálatas 5:22–23). Eso es siempre para Él mucho más importante que sacrificios externos.

Jesús, te pertenezco. No sé todo lo
que esto significa, pero enséñame a
rendirme por completo a ti. Amén.

FEBRERO

SEA UN REFLEJO DE JESÚS

*A los que antes conoció, también los predestinó para que
sean hechos conforme a la imagen de su Hijo.*

ROMANOS 8:29, RVC

La voluntad de Dios para nosotros es que nos parezcamos a Jesús: que reflejemos su carácter, sus propósitos y su misión. Este proceso de transformarnos a la imagen de Cristo se desarrolla a medida que nos presentamos cada vez más como sacrificio santo al Señor (Romanos 12:1–2).

No obstante, la capacidad de lograr esto depende de tener un buen entendimiento de quién es Dios realmente. Él es el Señor, el todopoderoso y omnisciente Creador de todo lo que existe, el único Dios verdadero y eterno, nuestro Salvador, quien merece nuestra sincera devoción y alabanza. No solo nos creó con esmero, sino que nos redimió en amor. Y debido a que nos otorga vida tanto terrenal como eterna, tiene el derecho de obrar para su gloria a través de nosotros como sus embajadores.

Este no es un proceso fácil. Pero puedo testificar que es vida en todo su esplendor. Los planes que el Señor tiene para nosotros aventajan lo que alguna vez podríamos imaginar. Por consiguiente, confiemos en que Dios nos transforme, seamos sensibles a cualquier cosa que nos pida y andemos en su voluntad.

Señor, ayúdame por favor a aferrarme a
todo lo que quieres que entienda y a que
sepa cómo deseas que te sirva. Ayúdame
a ser como Jesús. Me rindo a ti. Amén.

LIDERAZGO EN ORACIÓN

El Señor muestra su camino a los humildes.

SALMOS 25:9, RVC

Hay momentos en que no sabemos cómo orar. Ya sea por el cansancio de nuestra alma o por la complejidad de nuestras circunstancias, sencillamente no encontramos las palabras. Lo único que podemos hacer es clamar: «Jesús, te necesito».

Esto nos hará sentir muy frágiles e inquietos, pero no nos desesperemos, porque nos hallamos en un buen lugar. Dios está obrando a través de nosotros y de nuestra situación en una manera nueva que tal vez no podamos controlar o comprender; simplemente debemos confiar en Él. Además, Dios nos mostrará que Él es todo lo que necesitamos, y que incluso es Aquel que ora a través de nosotros.

Romanos 8:26-27 promete: «El Espíritu nos ayuda en nuestra debilidad; pues qué hemos de pedir como conviene, no lo sabemos, pero el Espíritu mismo intercede por nosotros con gemidos indecibles. Mas el que escudriña los corazones sabe cuál es la intención del Espíritu, porque conforme a la voluntad de Dios intercede por los santos».

Aceptemos esto hoy pidiéndole al Espíritu Santo que nos dé las palabras para orar. Dios está haciendo una nueva obra en nosotros y nos lleva a un territorio desconocido. Dependamos del Señor que es quien nos guía en su divina voluntad y hacia una comunión más profunda con Él.

ᒍᒚ

**Jesús, muéstrame, por favor, qué orar.
Confío en que me guíes. Amén.**

GUÍA DE NUESTRO CAMINO

Tú, que eres recto, allana el sendero del justo.

ISAÍAS 26:7, LBLA

¿Estamos conscientes de que Dios se regocija en nosotros y nos ama con amor eterno? No debemos tener miedo de lo que pasará mañana, porque el Señor ha salido delante de nosotros, allanándonos el camino que recorreremos. Podemos andar victoriosamente en esta vida sabiendo que el Soberano del universo está con nosotros, guiándonos en cada paso que damos y llevándonos a lugares de esperanza y victoria.

¿Por qué es importante comprender esta verdad? Porque así como Dios tiene un plan para nosotros, lo que más le gusta al enemigo es impedir que lo cumplamos. Su objetivo es evitar que alcancemos todo nuestro potencial, por lo que hará todo lo posible por llenarnos de miedo, dudas y desánimo. No permitamos que se salga con la suya.

Por el contrario, una vez que haya revisado su rumbo de acuerdo con la Palabra de Dios y haya sacado tiempo para buscarlo a través de la oración, estará listo para dar un paso adelante. El Señor lo guiará resueltamente por la senda que debe tomar. Esto no significa que no enfrentará dificultades, ya que las adversidades que encuentre serán herramientas que Dios utilizará para refinarlo y hacer su futuro aún más brillante. Así que siga adelante con esperanza y confianza.

Jesús, confío en ti. Llévame a terreno llano mi Señor, mi esperanza está en ti. Amén.

VISIÓN GRANDIOSA

*Para poner en libertad a [...] los hombres [y] anuncien
[...] el nombre del SEÑOR.*

SALMOS 102:20–21, LBLA

¿Ha tenido alguna vez miedo de acercarse al Padre, ha sido reticente a descubrir lo que Él realmente piensa de usted? En verdad, interactuar con un Dios santo puede hacer sentir vulnerable a cualquiera. Vemos esto en la historia de Isaías. En el momento en que entró en la presencia del Señor, el profeta se sintió abrumado por su propio pecado (Isaías 6:1–7).

Sin embargo, como nos damos cuenta por el relato de Isaías, esta convicción que sentimos en la presencia de Dios no es para nuestra condenación; más bien, está destinada a liberarnos, fortalecernos y prepararnos para una visión mayor (Isaías 6:8).

Dios nos ofrece su gran amor con la finalidad de transformarnos mediante el poder de su Espíritu Santo, establecernos en nuestra fe y prepararnos para los grandes retos que ha planificado para nosotros. Por tanto, sentimientos de convicción de pecado no indican que Dios nos condena o rechaza, nada de eso (Romanos 8:1). Él siempre nos muestra amor y perdón, independientemente de lo que hayamos hecho. Al respecto, nuestro Padre nos asegura que nuestra vida le importa y que ve en nosotros más de lo que nosotros mismos vemos. Así que cada vez que temamos en su presencia, recordemos esa verdad. Volvámonos de inmediato a Él y experimentemos su amor y sus propósitos que siempre son mayores que los nuestros.

───── ∩⌒ ─────

**Jesús, gracias porque tu corrección solo
es para refinarme, no para condenarme.
Envíame a cumplir tu voluntad. Amén.**

DIOS HABLA

*Dios habló muchas veces y de varias maneras a nuestros
antepasados por medio de los profetas.*

HEBREOS 1:1, NBV

Una de las mayores frustraciones para muchos creyentes es
su capacidad de escuchar a Dios. Se preguntan cómo puede
alguien saber con certeza que recibirá una promesa o respuesta de
parte del Señor, especialmente cuando los días transcurren sin confirmación o las circunstancias se ponen mal. Después de todo, Él es
Dios y nosotros no lo somos. Incluso en nuestras interacciones con
otras personas, a quienes podemos oír con nuestros oídos físicos,
confundimos lo que nos dicen. Además, Dios es espiritual: no podemos verlo, tocarlo o sentarnos cara a cara con Él. ¿Cómo podemos
asegurar que lo escuchamos a Él y no a nuestro propio corazón?

No obstante, el Señor nos habla seriamente y quiere comunicarse
con nosotros. Nos pide que nos acerquemos a Él y nos promete que
permitirá que lo entendamos (Jeremías 33:3). Aún así, debemos comprender que *creer* que Dios nos habla es tanto la clave como también
una de las mayores diferencias entre una persona que experimenta la
vida cristiana extraordinaria y fructífera, y alguien que solo practica
la religión. Por tanto, si desea conocer y caminar en la voluntad del
Padre para usted, «pida con fe, no dudando nada». Él le hablará en
una forma en que usted podrá escuchar (Santiago 1:6).

**Jesús, creo que hablas. Ayúdame a escucharte.
Confírmame tu voluntad. Amén.**

NO ESCUCHAR POR INCREDULIDAD

¿Creéis que puedo hacer esto?

MATEO 9:28

A menudo he dicho que escuchar a Dios es esencial para andar con Él. Sin embargo, hay momentos en que pensamos: *He estado atento y no logro oír nada de parte del Señor.* ¿Por qué no lo oímos? Durante los tres días siguientes consideraremos tres razones comunes por las que esto ocurre.

La primera es: *El Señor ha hablado y no podemos creer su respuesta, por lo que pensamos que lo escuchamos mal.* Este es un problema de fe. Las deficiencias, las circunstancias adversas y las mentiras plantadas en lo profundo de nuestros corazones nos han convencido de que Dios realmente no se manifestará. No logramos ver cómo responderá a todo aquello que hemos pedido; por tanto, hacemos caso omiso a lo que hemos percibido.

Esto sucedió cuando el pueblo de Israel salió de Egipto y viajó hacia la tierra prometida. Al llegar, descubrieron que los residentes de esa región eran numerosos y muy fuertes. Los israelitas se asustaron tanto por sus enemigos que se rindieron sin siquiera tratar de apoderarse de su herencia (Números 13).

No cometamos la misma equivocación, pues podríamos perder la promesa. No necesitamos saber cómo Dios logrará lo que nos ha prometido. De lo que debemos estar seguros es que Él nunca ha incumplido su palabra. Escuchémoslo y confiemos en lo que nos dice.

Jesús, creo en ti; sé que puedes hacer todo lo que has dicho. Confírmame tu palabra. Amén.

NO ESCUCHAR DEBIDO AL DESAGRADO

Hacer tu voluntad, Dios mío, me ha agradado.

SALMOS 40:8

Tal vez creamos que nuestro deseo es cumplir la voluntad de Dios; sin embargo, ¿queremos cumplirla de veras? ¿O estamos empecinados en que Él haga las cosas a *nuestra* manera? Sea que nos demos cuenta o no, a menudo esta es una de las razones por las que no hacemos caso a lo que Dios nos dice: *Él ha hablado y su respuesta nos desagrada, por lo que nos negamos a aceptarla.*

Hay ocasiones en que el Señor nos pide que hagamos cosas difíciles como perdonar a alguien que nos ha ofendido, sacrificar algo que nos importa, o llevar una carga que creemos que limitará nuestra libertad. No logramos ver cómo lo que Dios ordena es clave para que la voluntad divina se cumpla en nuestras vidas. Por tanto, hacemos caso omiso a lo que nos dice.

Sin embargo, comprendamos que el solo hecho de pasar por alto el mandato de Dios no significa que su orden desaparezca. Él no exige que entendamos su voluntad, sino que la obedezcamos, por irrazonable que nos parezca. El Padre no nos pediría que cumplamos una disposición, a menos que vea algo importante en nuestra vida que requiera dicha acción. Dios no pasará a la siguiente fase hasta que hagamos lo que nos pide.

Entonces, cada vez que usted se bloquee para escuchar al Padre, regrese siempre a lo último que le dijo y hágalo, aunque no le encuentre sentido.

Jesús, deseo cumplir tu voluntad, perdóname, por favor, por oponer resistencia. Ayúdame a hacer lo que dices. Amén.

NO ESCUCHAR A CAUSA DEL TIEMPO

Al tiempo de tu buena voluntad; oh Dios, por la abundancia de tu misericordia, por la verdad de tu salvación, escúchame.

SALMOS 69:13

U na tercera razón por la que a veces no tenemos respuesta de parte de Dios es que *el Padre todavía no ha hablado*. En otras palabras, el Señor tiene la disposición de hablarnos, pero es posible que hayamos puesto límites artificiales de tiempo sobre cuándo debe hacerlo; y Él sabe que aún no necesitamos esa información o que nos haría daño.

Esta es quizás la razón más frustrante cuando buscamos la voluntad de Dios. A veces creemos que tenemos tanto la necesidad como el derecho de conocer la información tan pronto como la pedimos. Pero con frecuencia debemos esperar debido a propósitos ocultos a nosotros.

Sepa que su Padre celestial siempre está obrando, pero el tiempo en que las situaciones se dan tiene que ver por completo con propósitos divinos. Él orquesta en lo invisible su provisión para nosotros en maneras, lugares y con personas que no podemos imaginar. Por tanto, las demoras que enfrentamos en escucharlo no significan una negación del deseo del Padre de hablarnos respecto a un asunto particular; más bien, son parte integral de su estrategia de disponer todos los detalles y posicionarnos para su plan.

Por lo tanto, anímese. Dios está obrando activamente en favor suyo. No renuncie a buscarlo. Él conoce el tiempo exacto en que usted debe escucharlo.

Jesús, confío en ti. Esperaré tu tiempo perfecto con expectativa y esperanza. Amén.

ACEPTANDO EL LLAMADO

El amor de Cristo nos constriñe [...] y por todos murió,
para que los que viven, ya no vivan para sí, sino para
aquel que murió y resucitó por ellos.

2 CORINTIOS 5:14–15

En ocasiones se me acercan personas para decirme que creen que Dios las ha llamado al ministerio. Me preguntan: «¿Cómo puedo tener la seguridad de que Dios está llamándome a servirle?». Por supuesto, hay muchas cosas que suelo decirles, como la necesidad de que identifiquen sus dones espirituales y de que sirvan en el lugar en que se encuentran mientras disciernen la voluntad del Señor.

No obstante, la evidencia más contundente de que supuestamente usted debe servir a Dios en un área determinada es que sienta en lo más profundo de su ser una increíble compulsión de hacerlo. Usted se siente obligado a entregar su vida al servicio de Jesús y es incapaz de imaginarse haciendo cualquier otra cosa que no sea vivir para Él.

Entonces, si le pregunta al Padre si lo ha llamado a predicar el evangelio o a servirle en alguna forma, considere si hacer alguna otra cosa es incluso una opción para usted. Sin duda, puede tener dones en otras áreas. Pero si descubre que su motivación interna está en servirle y dar a conocer a otras personas el nombre de Jesús, entonces sí, Dios está llamándolo.

Jesús, con todo lo que me has dado no puedo concebirme haciendo algo diferente a vivir para ti. Digo sí a tu llamado. Guíame en servirte. Amén.

NUESTRO FIEL SUMO SACERDOTE

Era necesario que Jesús fuera igual a sus hermanos en todo sentido. Se hizo como nosotros para poder ser sumo sacerdote fiel y compasivo en su servicio a Dios.

HEBREOS 2:17, PDT

¿Estamos conscientes de que Jesús simpatiza con nosotros y comprende todo lo que nos ocurre? Permitamos que esta increíble idea se asimile en nuestra mente. Tal vez a veces sintamos que nadie entiende nuestros interrogantes más recónditos, nuestros sueños sublimes y nuestras heridas más profundas; pero Jesús entiende todo eso. Él sufrió todo lo que padecemos: rechazo, ridículo y hasta dificultades dentro de su familia terrenal. Además, siente compasión por nosotros.

Mejor aún, Jesús no solo sabe por qué hacemos lo que hacemos, sino que también conoce *lo que se requiere* para ayudarnos a caminar en su voluntad. Como Aquel «que fue tentado en todo según nuestra semejanza, pero sin pecado» (Hebreos 4:15), nuestro Salvador está muy consciente de las tácticas que el enemigo intentará usar para sacarnos de la senda divina y hacernos pecar. Él comprende por qué nos aferramos a hábitos poco saludables con el afán de protegernos. Y tiene el mejor plan, uno sin igual en toda la tierra con el que busca liberarnos y enseñarnos a caminar en su voluntad.

Jesús, gracias por entenderme cuando nadie más lo hace. Te alabo por ser mi sabio y amoroso Sumo Sacerdote delante de Dios. Amén.

ELECCIÓN DE
PRIORIDADES DIVINAS

Yo sé los planes que tengo para ustedes, planes para su bienestar y no para su mal, a fin de darles un futuro lleno de esperanza.

JEREMÍAS 29:11, DHH

En lugar de enfocarnos en nuestros deseos, volvamos hoy la atención a lo que Dios anhela: los planes y prioridades que tiene para nuestras vidas. Después de todo, lo que deseamos generalmente nos lleva a comprender lo que no podemos llegar a ser o ejecutar en nuestras propias fuerzas. Pero al enfocarnos en lo que el Señor nos permite lograr, y obedecerle, comprenderemos que es Él quien asume total responsabilidad por nuestras necesidades.

La razón por la que este cambio de enfoque es importante es que ninguna posesión, relación o situación que podamos alcanzar nos cura o nos satisface emocional o espiritualmente. ¿Por qué? Porque Dios nos hizo para sí mismo. Sin duda, el Señor quiere que tengamos buenas relaciones con otras personas, pero ante todo nos creó para estar en comunión con Él. Cuando tratamos de satisfacer nuestras necesidades sin tener en cuenta a Dios, nuestros propios esfuerzos solo producen desengaño, desánimo, desilusión y desesperación.

Amigo lector, solo Dios puede llenar el vacío de su corazón. Solo Él es suficiente para satisfacer sus más profundas necesidades de aceptación, amor y valía. Y solo cuando se vuelve hacia Él es que estas necesidades se satisfacen y lo llevan a sentirse realizado. Así que permita que sea Dios quien establezca el camino y las prioridades.

Jesús, decido seguir los planes que tienes para mí. Guíame, Señor. Amén.

ELIJAMOS EL AMOR DE DIOS

De tal manera amó Dios al mundo, que ha dado a su Hijo unigénito, para que todo aquel que en él cree, no se pierda, mas tenga vida eterna.

JUAN 3:16

La decisión más importante que usted tomará en la vida es una decisión de amor: si recibirá o no el amor de Dios para salvación. Las decisiones que siguen son parecidas: si amará a Dios y, por extensión, a los demás.

No obstante, lo que debe saber sobre el amor de Dios es que es absoluto: divino, eterno y sacrificial. El interés que tiene por nosotros no flaquea ni cambia con el tiempo. Él no se ve afectado por circunstancias o situaciones. Su amor por nosotros nunca disminuye.

De igual manera, todo lo que podamos decir sobre Dios mismo debemos decirlo sobre su amor: que es sabio, poderoso y está presente siempre con nosotros. Su amor penetra nuestras heridas más profundas y hace que sanemos, cambiemos y crezcamos. Si permitimos que su amor ingrese en nuestro ser, nos tomará por completo: corazón, alma, mente y fuerzas.

¿Está dispuesto a recibir el amor de Dios? ¿Ha aceptado ya tal amor? ¿Ha permitido que le inunde cada área de la vida y lo transforme? Si no es así, debería hacerlo, porque absolutamente nada es mejor ni llena nuestros vacíos como el asombroso amor del Señor.

Jesús, recibo tu amor y te adoro como mi Salvador, mi Señor y mi Dios. Tienes todo de mí, límpiame y cámbiame en tu amor eterno. Amén.

ESFUERZO PERDIDO

Con amor eterno te he amado; por tanto, te prolongué mi misericordia.

JEREMÍAS 31:3

¿Ha sentido a lo largo de su vida que necesita ganarse el derecho de ser amado y aceptado por otros? En nuestro mundo quebrantado, esta es una conclusión natural. Sin embargo, este tipo de pensamiento es realmente destructivo al relacionarnos con Dios. Esto se debe a que ponemos nuestro esfuerzo en ganar la aprobación que Él ya nos dio, en lugar de simplemente dedicarnos a conocer a Aquel que nos ama. El resultado final de tal enfoque de vida resulta en un esfuerzo agotador y contraproducente y en una frustración implacable. Por mucho que nos sacrifiquemos, el vacío nunca se llena.

¿Por qué no funcionan nuestros esfuerzos? Porque Jesús ya manifestó: «Consumado es» (Juan 19:30). La aceptación que anhelamos ya se nos ha provisto; por tanto, actuar como si tuviéramos que ganarla, en realidad, muestra irrespeto hacia el regalo que el Salvador nos dio.

Por tanto, amigo lector, deje de luchar. Mire hacia Jesús, quien lo ama libremente, y busque conocerlo. Reconozca que usted no tiene que hacer nada excepto recibir lo que Él está dándole; alábelo por ese gran regalo. Nunca más volverá a tener un corazón hambriento.

Jesús, perdóname por tratar de alcanzar tu gracia. Por favor muéstrame tu rostro, ayúdame a conocer tu corazón y enséñame a recibir tu amor. Señor Jesús, te adoro. Amén.

AMADO

Hemos conocido y creído el amor que Dios tiene para con nosotros. Dios es amor; y el que permanece en amor, permanece en Dios, y Dios en él.

1 JUAN 4:16

¿Cree usted en el amor que Dios le tiene? ¿Confía en el amor del Señor, diferente al del ser humano que es poco fiable y puede lastimarlo? El amor divino es incondicional y siempre obra para el bien del ser amado.

La razón por la que Jesús dejó su hogar celestial, tomó forma de siervo, llevó una vida terrenal empobrecida y sacrificial, y luego padeció una de las muertes más horribles de la historia fue tener una relación con nosotros. Le importamos tanto que desea que lo conozcamos y añora vivir con nosotros para siempre.

Puesto que estamos conscientes de nuestras fallas, fracasos e incluso razones de por qué otros no deberían preocuparse por nosotros, es posible que en este momento dudemos del amor de Dios. El dolor por el rechazo puede ser tan profundo que aceptar el amor incondicional de Dios puede ser todo un desafío. Pero eso no cambia la realidad de que Jesús nos ama profunda y eternamente, y sin fallarnos. Usted no puede evitar que el Señor lo ame. Así que deje de decirse que Dios no lo ama, si lo ha dicho antes. Eso no es cierto. Acepte el amor del Padre y ámelo por lo que Él ha hecho.

Jesús, a veces simplemente siento que no te merezco. Pero me has hecho aceptable. Ayúdame a conocer la plenitud de tu amor. Amén.

AMÉMOSLO

Amarás al Señor tu Dios con todo tu corazón, y con toda
tu alma, y con toda tu mente.

MATEO 22:37

Los últimos días hemos conversado sobre cómo aceptar el amor de Dios. Sin embargo, ¿por qué deberíamos corresponderle su amor? Sabemos que amar al Señor es un mandato, pero Él es Dios y no necesita nada que podamos ofrecerle (Hechos 17:25). ¿Por qué es importante entonces que le expresemos amor?

La razón no es tanto para el bien de Dios, sino para el nuestro. Al adorarlo percibimos cuán profundamente nos ama y descubrimos en quiénes está convirtiéndonos. Nos damos cuenta de que debido a que nos creó, Él conoce nuestras limitaciones, motivaciones y debilidades. Dios no se preocupa simplemente por nosotros, sino que de manera activa nos invita a unirnos a Él, dándonos significado, satisfacción, propósito y esperanza. También nos damos cuenta de que todo lo que Dios hace es para nuestro bien.

Por último, al expresarle afecto a nuestro Señor aprendemos a amarlo como Él lo hace, y a dar y recibir amor de la manera más satisfactoria y divina posible.

Entonces, ame a Dios. Aunque no esté seguro de cómo hacerlo, simplemente disponga su corazón y exprésele cuán maravilloso es y lo agradecido que está por contar con Él.

Jesús, te amo; ¡mereces muchísimo mi adoración!
Enséñame a amarte más cada día. Amén.

UNIÓN ÍNTIMA

Yo soy el camino, y la verdad, y la vida; nadie viene al Padre, sino por mí.

JUAN 14:6

P odríamos pensar en el versículo de hoy en términos de salvación, pero también se aplica a la vida cristiana. Jesús quiere ser *nuestro* camino, *nuestra* verdad y *nuestra* vida. En Él y a través de Él se halla la voluntad del Padre para nosotros.

Así que nunca debemos pensar erróneamente: *Dios no está realmente interesado en enseñarme, guiarme o revelarme su voluntad.* Sí, sin duda lo está, más de lo que podamos imaginar (Romanos 8:32). El Señor no solo presta atención a las circunstancias grandiosas e impactantes de nuestra vida, sino que también está pendiente de los más pequeños detalles que escapan a nuestra atención. Él se preocupa por las cargas, los retos y los conflictos que nos inquietan.

Lo que Dios más quiere es una relación personal con usted, en la que camine con Él en un unión tan íntima que sienta constantemente su presencia. Sí, el Señor anhela eso. Es más, por eso es que le ha dado su propio Espíritu para que viva dentro de usted y lo dirija.

Jesús, gracias por ser mi camino, mi verdad y mi vida. Ayúdame a fijar los ojos en ti y a confiarte toda circunstancia de modo que yo pueda ser un reflejo de tu amor y tu gracia a los demás. Amén.

CONFÍE EN SU SEÑOR

Jehová te pastoreará siempre, y en las sequías saciará tu alma, y dará vigor a tus huesos.

ISAÍAS 58:11

Al poner nuestra confianza en Jesús no solamente lo aceptamos como Salvador, sino también como nuestro Señor. Esta nueva relación e identidad requerirá que nos entreguemos cada vez más a Él y renunciemos voluntariamente a lo que conforma la seguridad y satisfacción de este mundo en que hemos confiado.

Puede que nuestro corazón ansíe satisfacción financiera, social, relacional o sexual, o que deseemos aliviar nuestro sufrimiento con comida u otras sustancias. Sin embargo, las posesiones materiales y las soluciones terrenales no pueden llenar nuestros profundos e inquietantes vacíos ni curar nuestras heridas. Por eso es que Jesús les dijo a sus discípulos: «Buscad primeramente el reino de Dios y su justicia, y todas estas cosas os serán añadidas» (Mateo 6:33). Todo lo que necesitamos realmente ya es nuestro en Cristo.

Entregarnos a Jesús no significa perder algo, sino estar firmemente encaminados hacia la mejor existencia posible. ¿Será esta vida perfecta y sin problemas? No. Pero nuestro Salvador nos da siempre mucho más de lo que las soluciones terrenales pueden proporcionar; y nadie podrá quitarnos lo que Él nos otorga.

Jesús, quiero confiar en ti como mi Señor. Gracias por enseñarme a entregarte todas las áreas de mi vida y por satisfacer mis necesidades más profundas. Amén.

QUEBRANTO PARA TENER LIBERTAD

Con su sapiencia se abrieron los abismos, y destilaron las nubes su rocío.

PROVERBIOS 3:20, RVC

A veces cuando experimentamos pruebas podemos creer erróneamente que Dios nos ha rechazado o que nos castiga de alguna manera. No obstante, una de las formas en que el Señor nos ayuda a convertirnos en sus discípulos es a través del proceso de quebrantamiento.

El quebrantamiento es el método de Dios para tratar con nuestra dependencia de todo aquello que no sea Él a fin de conseguir satisfacción y seguridad. Por comprometidos que podamos estar con Dios, siempre lidiaremos con la inclinación a hacer las cosas a nuestra manera y no a la suya. Por eso, Jesús intenta conseguir que cada aspecto de nuestras vidas esté sometido a su voluntad, permitiendo épocas de dificultad que nos liberan de falsas fuentes de identidad para mostrarnos lo defectuosas que realmente son. De igual manera, Él obra a través de nuestras pruebas para transformarnos a su semejanza y darnos propósito, convirtiéndonos así en representantes piadosos preparados para todo lo que Él ha planeado.

Jesús derriba continuamente obstáculos dentro de nosotros hasta que nos rindamos por completo y confiemos plenamente en Él. Por eso es que lo animo a estudiar a diario la Palabra de Dios. Porque a través de las Escrituras, Cristo le habla a su corazón, lo fortalece y lo anima a medida que lo libera de todo aquello que lo mantiene atado. Él le enseña la verdad que lo hace realmente libre (Juan 8:32).

Jesús, ser quebrantado es doloroso, pero sé que estás liberándome. Amén.

ATENTOS AL AMOR

El Padre mismo os ama, porque vosotros me habéis amado.

JUAN 16:27

¿Estamos conscientes de que Dios desea comunicarnos diariamente su gran amor? El Señor quiere hacernos saber cuánto significamos para Él y cuánto se deleita en relacionarse con nosotros. Su amor puede llegarnos en forma de una bendición o provisión inesperada, de una llamada de un ser querido, de la bondad de un extraño, de un pasaje bíblico favorito o una canción, o del abrazo de un niño. Sea lo que sea, cada día Dios tiene una manera nueva de mostrar lo profundamente preocupado que está por nosotros.

Sin embargo, a menudo podríamos perdernos las insinuaciones del Señor porque no las buscamos o porque evitamos la comunión con Él. Nos quejamos de lo que nos falta y nos enfocamos tanto en nuestros problemas y nuestras cargas que nos olvidamos de escucharlo. Al proceder así desperdiciamos todas las razones que Él nos ha dado para alegrarnos... y son muchas.

No haga eso; más bien, esté atento al amor de Dios. El Amante de su alma nunca se queda sin maneras únicas y profundamente conmovedoras de decirle que usted le interesa. Esté atento y sea agradecido, porque hay muchas cosas maravillosas que Él desea comunicarle.

Jesús, ¡gracias por amarme! Me alegro por todas las maneras en que te preocupas por mí. Amén.

ADECUADOS

Tú me observaste cuando en lo más recóndito era yo formado.

SALMOS 139:15, NBV

¿Ha tratado alguna vez de mezclarse con otros esperando que lo acepten? Usted hace a un lado su identidad y sus fortalezas únicas con la finalidad de pertenecer a algo. Esto no solo es agotador, sino que en lo más profundo usted se siente perdido y aislado.

Amigo lector, Dios lo creó exactamente como Él quiso: con la personalidad, los dones y el temperamento que puso en usted. Cuando intenta ocultar su verdadero yo pretendiendo calzar con otros, debe detenerse y preguntarse: *¿Por qué tengo tanto miedo de ser yo mismo? ¿Qué valor me proporciona esta persona o grupo de gente que merezca negar quien soy? ¿Qué creo que ganaré con esto? Si no pueden aceptar realmente mi verdadero yo, ¿vale la pena estar con ellos?*

Lo más probable es que, sin importar las ventajas que esa persona o grupo traiga a su vida, no valdrá la pena el costo para su propio corazón. Negar aquello para lo cual Dios lo formó significa cortar el flujo de poder y propósito que el Señor le ha dado. Eso lo perjudica, sofoca la creatividad y limita la influencia que usted podría tener. Por tanto, terminará aislándose de la misma intimidad que desea con tanta intensidad. No proceda de esta manera.

Jesús, la forma en que me diseñaste es excelente. Ayúdame a aceptar todo aquello que deseas que yo sea. Amén.

A ESCUCHAR LA PALABRA

Escucharé lo que hablará Jehová Dios; porque hablará paz.

SALMOS 85:8

Cada vez que lea las Escrituras piense en lo que el Espíritu Santo puede estar comunicándole a través de ellas. No se limite tan solo a preguntar: *¿Cómo soluciono mi problema?* En lugar de eso, en oración tenga en mente las siguientes preguntas:

Señor, ¿cuál es el contexto de lo que estoy leyendo? Ayúdame a comprender el fundamento y el núcleo de lo que se ha escrito. ¿Estás revelándome algo sobre tu carácter, tu relación conmigo o tu provisión? ¿Existen actitudes, creencias y hábitos que socavan mi bienestar o mi relación contigo?

Señor, ¿qué deseas comunicarme hoy? Haz que esos versículos y principios sobresalgan y ayúdame a enfocarme en todo lo que deseas que yo sea. ¿Hay acciones o pasos que estás revelándome a través de tu Palabra? ¿Cómo deseas que aplique lo que estoy leyendo? ¿Qué quieres lograr en mí y por medio de mí?

Su Padre celestial le hablará. Le recordará cosas que desea solucionar en usted. Sin importar de qué se trate, no haga caso omiso a lo que le diga. Por el contrario, siga obedeciendo todo aquello que Jesús le pida, ya que en lo más profundo, eso significa cumplir la voluntad divina.

Jesús, quiero escuchar lo que tengas que decirme. Ayúdame a entender lo que me comunicas a través de tu Palabra. Amén.

CREÁMOSLE

Dios no nos ha dado un espíritu de temor y timidez sino de poder, amor y autodisciplina.

2 TIMOTEO 1:7, NTV

C reer *en* Dios y *creerle a Dios* son dos cosas distintas, y es importante que entendamos la diferencia a fin de llevar una vida cristiana victoriosa. Creer *en* Dios es declarar: «Sé que Él existe». Pero *creerle a Dios* es confiar en lo que Él ha dicho acerca de sí mismo, de nosotros y de la relación que desea tener con los suyos. Esto va más allá de nuestra salvación y nos lleva a tener mayor fe en Jesús para *cada* detalle de nuestras vidas.

Por ejemplo, el versículo de hoy significa tener plena confianza en que el miedo no proviene del Señor, pero sí la confianza; es decir, esa sensación de pertenencia y claridad. Así que podemos tener la seguridad de que Dios nos dará fortaleza, amor y sabiduría para enfrentar lo que pueda venir.

¿Le cree hoy a Dios? ¿Confía en que no hay ninguna razón verdadera para temer? Sí, las circunstancias que usted atraviesa pueden parecer abrumadoras, pero Él lo acompaña a través de todas ellas (Isaías 41:10). Así que anímese y tenga fe en que con la ayuda del Señor nada será imposible para usted (Mateo 17:20).

Dios, sé que gran parte de mi lucha es que no te creo de veras. Ayúdame en mi incredulidad, mi Señor y mi Salvador, pues eres digno de toda mi confianza. Amén.

RECIBA LA SABIDURÍA DIVINA

Si alguno de vosotros tiene falta de sabiduría, pídala a
Dios, el cual da a todos abundantemente y sin reproche,
y le será dada.

SANTIAGO 1:5

¿Se ha encontrado alguna vez sin ningún sentido de dirección en sus decisiones? ¿Ha llegado a pensar: «Simplemente no sé qué debo hacer»? De ser así, dese cuenta de que el Señor está pidiéndole que lo escuche.

Dios quiere ayudarnos. Desea ser generoso en dirigirnos y en fijar el rumbo de nuestra vida. Así que, si no sabemos qué hacer, la mejor solución es buscar siempre al Señor. Eso no significa que nos sentemos sin hacer nada, sino más bien que estemos atentos a cómo Dios nos responde o qué nos revela en nuestra situación actual.

Podríamos decir: «He buscado a Dios, pero no me contesta». La clave es: «Pida con fe, no dudando nada» (Santiago 1:6). Tal vez el verdadero problema es que no tenemos fe en que el Señor nos responderá o en que la respuesta que nos ha dado sea correcta.

Amigo lector, Dios es fiel. Deje de dudar. Haga lo que Dios le dijo últimamente que hiciera y manténgase buscándolo. Él le mostrará qué hacer, y lo hará de manera generosa.

Jesús, te pido tu sabiduría y confiaré en lo que dices. Sé que me guiarás correctamente. Amén.

TORMENTAS INTENCIONALES

¿Quién es éste, que aun el viento y el mar le obedecen?

MARCOS 4:41

C uando las circunstancias de nuestra vida son caóticas y confusas, podemos sentirnos muy inseguros y asustados. Podríamos preguntar: «¿Qué está pasando? ¿Ha perdido Dios el control?». Tal vez nos preguntemos si el Padre se ha olvidado de nosotros o si hemos cometido algo malo.

Esto les ocurrió a los discípulos en Marcos 4. Jesús les dijo que zarparan hacia el otro lado del mar de Galilea. Sin embargo, para sorpresa de ellos, surgió una fuerte tormenta que sacudió con violencia la barca. ¿Cómo reaccionaron? «Maestro, ¿no tienes cuidado que perecemos?» (Marcos 4:38).

Si somos sinceros, debemos admitir que a veces le preguntamos lo mismo a Dios. El caos produce miedo en nosotros porque a nadie le gusta sentirse fuera de control. No obstante, cuando esos momentos llegan, debemos recordarnos un hecho inquebrantable: Dios tiene un plan y siempre tiene el control.

Jesús envió a los discípulos a la tempestad, hizo que esta se calmara y los llevó a salvo a su destino. Él también nos ayudará. Y tal como hizo con ellos, Jesús puede haber permitido esta tormenta para mostrarnos cuán bueno, fiel y poderoso es realmente.

Jesús, eres Dios y siempre tienes el control.
Me entrego y entrego esta tormenta
en tus manos amorosas. Amén.

Dios nos mostrará qué camino seguir

Enséñame a hacer tu voluntad, porque tú eres mi Dios;
tu buen espíritu me guíe a tierra de rectitud.

Salmos 143:10

Dios nos muestra su plan cuando le buscamos. Decidamos ahora mismo creer esta simple realidad: su carácter es revelarse a nosotros y revelarnos su voluntad.

Pensemos en esto: si el Señor quiere que recorramos un camino particular, entonces Él asume la responsabilidad de guiarnos y prepararnos para dicha tarea. Dios entiende que la senda puede volverse confusa desde nuestra limitada perspectiva terrenal, y sabe bien que las decisiones que enfrentamos son difíciles y complejas. Pero como Padre bueno y fiel, que ve perfectamente lo que está por delante y lo que necesitamos para enfrentar el futuro, está más que dispuesto a ayudarnos. Muchas veces nos asegura esto en su Palabra.

Dios afirma en Salmos 32:8: «Te haré entender, y te enseñaré el camino en que debes andar; sobre ti fijaré mis ojos». Por tanto, al tratar de descubrir qué es lo mejor para usted, anticipando obstáculos y oportunidades que no puede vislumbrar en un futuro incierto, no confíe únicamente en su sabiduría limitada. Dependa de la guía de su Padre amoroso. Él ciertamente le mostrará lo que debe hacer.

Jesús, necesito tu guía. Confío en que me reveles el sendero. Amén.

ESCUCHAR A DIOS A TRAVÉS DE LAS ESCRITURAS

Lámpara es a mis pies tu palabra, y lumbrera a mi camino.

SALMOS 119:105

Dios desea que conozcamos y cumplamos su voluntad, y podemos estar seguros de que en su tiempo nos la hará saber. No obstante, la manera principal en que nos revela sus propósitos es siempre a través de la Biblia, que es su libro completo de instrucciones de cómo debemos vivir. Meditar en la Palabra de Dios es absolutamente esencial para recibir su consejo. Ella ilumina la senda que debemos seguir.

Por eso, una de las mejores cosas que podemos hacer al leer las Escrituras es preguntar: «Señor Dios, ¿qué me estás diciendo? ¿Cómo quieres que aplique esto a mi vida? ¿Padre, qué se supone que debo aprender?».

Debemos tener presente que cuando mostramos un corazón receptivo y dócil, el Espíritu Santo obra de forma sobrenatural por medio de las Escrituras con el fin de guiarnos, prepararnos, corregir nuestra manera errónea de pensar, convencernos de pecado, influir en nuestras decisiones o detenernos cuando nos alejamos de la voluntad de Dios (2 Timoteo 3:16–17). Él nos ayuda a ver la realidad de nuestras circunstancias y a manejarlas de tal manera que le demos honra.

> Jesús, mientras abro hoy tu Palabra, ayúdame a escuchar lo que dices y a aplicar lo que deseas que aprenda. Gracias por hablarme a través de tu Palabra. Amén.

¿POR QUÉ LA PALABRA?

Toda la Escritura es inspirada por Dios, y útil.

2 TIMOTEO 3:16A

C omo vimos ayer, la Biblia habla de lo que el Padre desea que hagamos y nos ayuda a lograrlo. Es su libro de instrucciones para vivir. Pero lo que la hace tan poderosa es que es *inspirada*; literalmente, las Escrituras son *el aliento* de Dios. Así es como el Señor escribió los sesenta y seis libros usando aproximadamente cuarenta siervos a lo largo de las épocas. Dios respiró divinamente la Palabra, inspirando a través de su Espíritu a los autores para que la escribieran.

La Biblia no se originó con personas; provino de la mente de Dios y sus principios llevan poder de lo alto. Es por eso que sigue siendo tan poderosa, aunque los autores bíblicos vivieron en culturas y épocas completamente distintas a las nuestras. Las Escrituras se originaron de una Fuente exterior a ellas y, en realidad, fuera del tiempo mismo (Isaías 46:10).

Esto es lo que hace que la Biblia sea diferente a cualquier otro libro en el mundo, porque fluyó del corazón de Dios y no del hombre. Gracias al Señor, debido a que esto es verdad, el Espíritu Santo puede hablar por medio de ella directamente a nuestras circunstancias. Esto es lo que hace que las Escrituras sean *útiles*; son prácticas y beneficiosas porque a través de ellas Dios siempre nos guía a lo más exaltado y mejor para nosotros.

Señor Jesús, ¡ciertamente las Escrituras
son poderosas! Transfórmame y guíame
a lo más exaltado y mejor a través de
tu maravillosa Palabra. Amén.

LA OBRA DE LA PALABRA

Para enseñar, para redargüir, para corregir, para instruir en justicia.

2 TIMOTEO 3:16

L a Palabra de Dios es inspirada y provechosa en todas las maneras en que el Señor quiere obrar en nosotros. Él obra a través de las Escrituras para:

Enseñar. Aunque no haya nadie más que nos instruya, Dios se revela por medio de las Escrituras. Nos revela sus caminos, cómo seguirlo y cómo honrarlo en nuestras decisiones. También nos enseña acerca de nosotros mismos y de otras personas, así como a tener relaciones saludables y a manejar todas las situaciones que enfrentamos.

Redargüir. Dios pone al descubierto a través de la Biblia actitudes, creencias y hábitos que socavan nuestro bienestar y nuestra relación con Cristo, convenciéndonos del camino equivocado a fin de que podamos cambiar de rumbo (Juan 8:32).

Corregir. Dios también nos ayuda a través de la Palabra a seguir el camino correcto, nos restaura, mejora nuestra vida y nuestro carácter, y nos hace completos como sus hijos.

Instruir en justicia. Por último, Dios nos prepara a través de las Escrituras, renovando nuestra mente, haciendo que nuestra fe se profundice, sanando las fortalezas más profundas y transformándonos a la semejanza de Cristo. La obra de Dios por medio de la Palabra es poderosa, porque en última instancia nos prepara para todo lo que desea hacer por medio de nosotros.

Jesús, ¡tu Palabra es un regalo! Gracias por obrar por medio de ella para enseñarme, redargüirme, corregirme e instruirme en justicia de modo que yo pueda disfrutar todo lo que has planeado para mí. Amén.

EL EFECTO DE LA PALABRA

A fin de que el hombre de Dios sea perfecto.

2 TIMOTEO 3:17

C on frecuencia oigo decir a las personas que temen hacer la voluntad de Dios porque no se sienten adecuadas para lo que el Señor les pide que lleven a cabo. Les asusta que se demuestre que son débiles, ineficaces, indignas e incapaces. Sin embargo, esta es otra razón por la que las Escrituras son muy importantes para conocer y cumplir la voluntad de Dios, ya que a través de ellas el Señor nos lleva a estar plenamente preparados, adecuados, completos y perfectamente aptos para las tareas que nos esperan.

Lo que el Padre hace a través de su Palabra es recordarnos nuestra nueva identidad en Cristo: que somos hijos amados del Dios todopoderoso (Romanos 8:16), formados como sus obras maestras (Salmos 139:13–14), creados para buenas obras (Efesios 2:10), fortalecidos por el Espíritu Santo (Efesios 1:13–14; Filipenses 4:13), dotados de toda bendición espiritual (Efesios 1:3), favorecidos con acceso continuo al trono de la gracia (Hebreos 4:16) y llamados a ser partícipes de su llamado celestial (Hebreos 3:1).

Las Escrituras nos recuerdan quiénes somos en verdad y de dónde procede realmente nuestro éxito. Pablo escribe: «Nuestra competencia proviene de Dios, el cual asimismo nos hizo ministros competentes» (2 Corintios 3:5–6). Debido a esa verdad podemos ciertamente cumplir los maravillosos propósitos que el Señor ha diseñado a fin de que andemos en ellos.

Señor, gracias por tu Palabra y porque a través de ella me das poder para servirte. Amén.

MARZO

LA INSTRUCCIÓN DE LA PALABRA

Enteramente preparado para toda buena obra.

2 TIMOTEO 3:17

Durante los últimos días hemos visto que la Palabra es realmente central para conocer y hacer la voluntad de Dios. No podemos vivir la vida cristiana separados de las Escrituras. El Señor actúa a través de ella a fin de prepararnos, dándonos todo lo que necesitamos para así poder completar toda buena obra.

A veces lo más difícil para cualquiera de nosotros es terminar bien. Experimentamos momentos en nuestras vidas en que sentimos que no podemos continuar u obtener lo que se nos ha pedido alcanzar. Las cargas se vuelven demasiado pesadas, las decisiones demasiado complejas, los retos demasiado desalentadores y el camino demasiado desconcertante. Nos preguntamos si tenemos lo necesario para seguir adelante o si sencillamente deberíamos darnos por vencidos.

No obstante, lo que la Palabra hace en tales casos es ayudarnos a terminar el viaje. Nos entrena para tener «puestos los ojos en Jesús, el autor y consumador de la fe» (Hebreos 12:2). A través de las Escrituras Dios nos concede el alimento espiritual que nos nutre, proporcionándonos la sabiduría y energía que necesitamos para continuar cada día y enfrentar los obstáculos que acechan nuestro sendero.

Jesús, gracias por obrar mediante tu Palabra a fin de prepararme para toda buena obra, incluida la duración del trayecto. Resistiré sabiendo que siempre estás conmigo. Amén.

ESCUCHEMOS A DIOS A TRAVÉS DE LAS CIRCUNSTANCIAS

Las circunstancias en que me he visto, han redundado en el mayor progreso del evangelio.

FILIPENSES 1:12, LBLA

En ocasiones Dios nos habla por medio de las circunstancias de nuestra vida. Los sucesos que experimentamos no suceden al azar; al contrario, el Señor los permite para sus buenos propósitos. Él obra continuamente en nuestra vida para dirigirnos en su voluntad y cumplirla a través de nosotros.

Esto es particularmente significativo para entender cuándo deben terminar ciertas relaciones o cuándo se vuelve negativa nuestra situación. El Señor actúa tanto por medio de puertas cerradas como de puertas abiertas. A menudo podemos desanimarnos o confundirnos por las posibilidades y bendiciones que Dios parece alejar de nosotros. No obstante, si nos enfocamos únicamente en lo que *no podemos* llevar a cabo, es frecuente que no identifiquemos las oportunidades y bendiciones que Él ya nos ha proporcionado.

Por tanto, cuando haga un inventario de sus circunstancias, no se desespere; más bien, busque activamente cómo Dios puede estar guiándolo a través de lo que sucede. ¿Ha bloqueado el Padre en forma temporal o permanente el camino delante de usted? ¿Se debe esto a que le tiene preparada una senda distinta? ¿Qué oportunidades está poniéndole a disposición? ¿Está enseñándole algo nuevo? Permita que el Padre lo dirija e infunda vida a todas las circunstancias que enfrenta. La puerta correcta se le abrirá.

Jesús, lléname de poder por medio de tu Espíritu Santo para comprender lo que estás haciendo en medio de mis circunstancias. Amén.

CONSEJOS DE LOS DEMÁS

Oirá el sabio, y aumentará el saber.

PROVERBIOS 1:5

Hay momentos en la vida que anhelamos el consejo de un amigo o un ser querido piadoso. Queremos que alguien hable con nosotros durante las dificultades que enfrentamos y nos recuerde todo lo que Dios ha provisto. No hay absolutamente nada malo en esto. Es más, a ningún cristiano se le ha pedido que «obre por cuenta propia» en su camino de fe. Estamos llamados a vivir en comunidad.

Sin embargo, y una vez dicho eso, debemos tener cuidado respecto a quién escuchar. La mayoría de las personas tendrá una opinión sobre el rumbo que debemos tomar, y por lo general nos orientarán en la dirección equivocada. La última persona de quien desearíamos recibir consejo es de aquella que desobedece continuamente al Padre.

Más bien, es esencial que busque a otros que obviamente están sometidos al Padre y le obedecen. Busque cristianos que comprendan con claridad cómo escuchar a Dios, que tengan relaciones fuertes con el Señor y vivan bajo su voluntad. Usted querrá alguien que evidentemente esté recorriendo el camino que Dios ha preparado, y que pueda ayudarle a hacer lo mismo.

Jesús, quiero ser sabio respecto a quién debo escuchar. Guíame hacia otras personas que anden contigo y me ofrezcan consejo sabio. Amén.

EL CONTENIDO DEL CONSEJO

Escucha el consejo y acepta la corrección, para que seas sabio el resto de tus días.

PROVERBIOS 19:20, LBLA

Debemos tener cuidado siempre que busquemos recibir consejo de otros. Según vimos ayer, el consejo solo debe provenir de cristianos que sepan con claridad cómo escuchar a Dios y que tengan una relación sólida con Él.

Desde luego, sin importar cuán piadosos sean nuestros amigos, nunca les pidamos que tomen decisiones por nosotros. Lo que debemos buscar es la voluntad del Padre, no simplemente el próximo paso que debamos dar. El proceso de descubrir el plan del Señor para nuestra vida tiene que ver con volvernos dependientes de *Él*, no de lo que otros piensen. Por tanto, preguntemos: «¿Tienes idea de qué puede estar diciéndome Dios en base a las Escrituras o en la forma en que lo has visto actuar en tu propia vida? ¿Qué dice la Palabra de Dios acerca de la decisión que debo tomar?».

Al estar comprometido en ayudarnos a seguir obedientemente a Jesús, un consejero piadoso estará motivado a guiarnos a la verdad, incluso aunque cause incomodidad o duela. Por tanto, busque personas cuyo deseo sea que usted tenga una relación fuerte con Cristo. Esas son las relaciones que lo ayudarán a experimentar la vida de la mejor manera.

Jesús, dame sabiduría para saber a quién escuchar y qué guía debo recibir. Ayúdame a depender más de ti, no de otros. Amén.

EL RUMBO DE LA CONCIENCIA

*Procuro tener siempre una conciencia sin ofensa ante
Dios y ante los hombres.*

HECHOS 24:16

¿Debemos escuchar a nuestra conciencia? Cada uno de nosotros tiene una conciencia, sea que creamos o no en Jesús, por lo que no necesariamente resulta ser una brújula piadosa para los cristianos. No obstante, bajo las circunstancias correctas, la conciencia puede sernos muy útil cuando buscamos el plan del Padre.

El propósito principal de la conciencia es protegernos, evitando que continuemos en una dirección pecaminosa o incitándonos a hacer lo correcto. La alarma perturbadora que suena dentro de nosotros cuando consideramos seguir una decisión desastrosa puede salvaguardarnos de tomar decisiones insensatas. De igual manera, hay ocasiones en que la conciencia nos recuerda lo que debemos hacer, como disculparnos cuando hemos ofendido a alguien o ayudar a quien padece necesidad. Por tanto, la conciencia nos brinda retroalimentación interior respecto a un curso de acción, pero no necesariamente está diseñada para dirigirnos.

Más bien, nuestra mayor fuente de guía siempre se encuentra en la inmutable Palabra de Dios y la guía del Espíritu Santo. Las Escrituras y el Espíritu que mora en nosotros actúan en unión con la conciencia a fin de guiarnos en la dirección correcta. Por eso es que es muy importante mantenernos siempre conectados a Jesús por medio de la Biblia y en oración. Solamente una conciencia sometida y centrada en Cristo será verdaderamente útil.

Jesús, ayúdame a mantener una conciencia clara
que sea piadosa y esté sometida a ti. Amén.

ENTENDAMOS EL SENTIDO COMÚN

Vivamos en este siglo sobria, justa y piadosamente.

TITO 2:12

¿Puede usted contar realmente con que su sentido común le haga conocer la voluntad de Dios? Le sorprenderá descubrir cuántas decisiones para su vida caen dentro de lo que el Padre ya le ha revelado. Por ejemplo, es aconsejable llevar un estilo de vida saludable, descansar bien y hacer ejercicio. Todo esto está dentro de la voluntad del Señor para usted.

Pero el modo en que Dios puede obrar a través del sentido común es mucho más profundo. Por ejemplo, la gente suele beber para escapar de sus problemas, solo para descubrir que se siente peor al día siguiente y que sus problemas siguen allí. O tal vez las personas traten de obtener lo que les brinda una sensación de valía, libertad y aceptabilidad. Sin embargo, descubren que lo que han adquirido para sí en realidad las hace sentir más vacías, esclavas y solitarias. Sus tácticas no les funcionan.

Por tanto, el sentido común nos ayuda llevándonos a comprender que estamos intentando alcanzar objetivos del modo equivocado o con las personas equivocadas. De este modo, el sentido común confirma que algo no funciona en una forma piadosa y productiva para nosotros, y que a fin de aprender a cambiar nuestra situación, debemos buscar al Señor por medio de la Palabra y en oración.

Jesús, revélame lo que no funciona en mi vida a fin de que pueda buscarte y aprender de ti el camino correcto. Amén.

Obediencia a los estímulos de Dios

Andad en el Espíritu, y no satisfagáis los deseos de la carne.

GÁLATAS 5:16

Si sentimos que el Señor nos mueve en una dirección particular o nos lleva a hacer algo específico, no intentemos razonar. Por supuesto, siempre es importante probar de dónde proviene lo que nos estimula (1 Juan 4:1). Como indica el versículo de hoy, si nuestros deseos son pecaminosos sabemos que no provienen del Espíritu Santo, y viceversa.

Pero siempre podemos tener seguridad si andamos por el Espíritu, si vivimos cada momento dependiendo del Espíritu Santo y siendo sensibles a su voz y obedientes a lo que pide que hagamos. A medida que cada día avanza, escuchemos al Padre hablándonos, y cuando lo haga, obedezcámosle. Por ejemplo, podemos sentir el impulso de huir de algo que nos tienta a caer en pecado, podemos vernos obligados a contactar y animar a alguien que está herido, o podemos sentirnos guiados a hacer algo excepcionalmente inesperado por un extraño. Hagámoslo.

Todas estas son maneras en que Dios nos incita a actuar en su voluntad. Simplemente hagamos lo que nos pide, aunque no comprendamos la razón. Nuestro Padre sabe cómo dirigirnos en la mejor forma posible; así que confiemos en Él y sigamos adelante.

Espíritu Santo, dirige todos mis pasos hoy. Abre mis oídos a tus indicaciones y tu dirección para que pueda glorificar al Salvador. Amén.

EN BUSCA DE PAZ

La paz de Dios gobierne en vuestros corazones.

COLOSENSES 3:15

Q uizás haya oído a personas que afirman «no tener paz», cuando hablan de una decisión particular. Se refieren al hecho de que cuando alguien está fuera de la voluntad de Dios o actuando contra Él, esa persona sentirá fricción espiritual. Pero si se halla en el centro de la voluntad de Dios, se sentirá en armonía con Él.

La mayoría de nosotros podemos señalar aspectos de nuestras vidas que nos causan tensión nerviosa, infelicidad y confusión. Pero independiente de la situación, se nos ha prometido que podemos hallar tranquilidad en Cristo (Filipenses 4:6–7). Sin embargo, la paz sobrenatural que Jesús nos ofrece se basa en nuestro acuerdo con Él. Debemos estar dispuestos a hacer lo que el Señor declara en su Palabra.

Cuando usted somete sus decisiones diarias a Jesús, no solo está en armonía con el Espíritu Santo, sino que también se halla resguardado dentro de la protección de Dios, iluminado con su sabiduría y fortalecido por sus fuerzas. La paz que experimenta puede ser evidencia de estar caminando realmente en la voluntad de Dios. Así que pida que la paz del Señor caracterice su vida, permitiéndole a Él que gobierne su corazón. Jesús será su garantía y seguridad a pesar de las circunstancias que enfrente.

Jesús, conoces las áreas de fricción en mi vida. Gobierna mi corazón y enséñame a tener tu paz. Amén.

CONEXIÓN

*Lo que pido en mis oraciones es que el amor de ustedes
sea cada vez más grande y que su conocimiento y buen
juicio crezcan.*

FILIPENSES 1:9, NBV

¿Cómo podemos encontrarle sentido a todo lo que experimentamos y entender la manera en que Dios desea que
procedamos? Durante los últimos días hemos visto varias maneras
en que Jesús nos comunica su voluntad. Como ya vimos, Él habla por
medio de las Escrituras, de las circunstancias que enfrentamos, del
consejo de cristianos piadosos, de la conciencia, del sentido común,
de estímulos y de la oración. Jesús incluso nos brinda una sensación
de paz y gozo cuando andamos en su voluntad. Además, nos muestra
cómo conectar todo cuando pasamos tiempo con Él en oración.

El Señor puede hablarnos claramente y darnos la capacidad para
hacer cualquier cosa que nos pida. Es más, Él organiza todo lo que
necesitamos (movilizando personas, recursos, situaciones e incluso
cambiándonos a nosotros mismos), todo a fin de llevar a cabo su
maravillosa voluntad en nuestras vidas.

No obstante, debemos *escucharlo*. En nuestros tiempos de oración es necesario dejar de hablar el tiempo suficiente con el fin de
escuchar lo que Jesús tiene que decir sobre lo que nos ha mostrado.
Entonces, una vez hecho eso, debemos aplicar seriamente lo que nos
ha pedido, ya que Dios nos *revela* su plan cuando disponemos nuestro corazón a escuchar y obedecer lo que nos pide.

**Jesús, estoy escuchando. Muéstrame
tu voluntad y guíame. Amén.**

EL ESPÍRITU DE VERDAD

El Espíritu de verdad [...] os guiará a toda la verdad.

JUAN 16:13

¿Hay alguien en su vida que sin ninguna reserva ni advertencia le diga: «Creo en ti, en tus talentos, en tu futuro y en los planes que Dios tiene para ti»? Este es el mensaje del Espíritu Santo hablándole. Él habita en usted y lo guía en la verdad a fin de que todo el potencial que el Señor ha puesto en usted y la promesa que le ha dado puedan producir los máximos resultados.

El Espíritu Santo está completamente comprometido a guiarnos con la finalidad de que lleguemos a ser todo aquello para lo cual Dios nos creó. El término bíblico para esto es *edificación*, Él nos fortalece, madura y prepara para su servicio. El Espíritu afirma continuamente: «Tu vida me importa». De igual modo, nos dirige en toda verdad porque desea darnos poder para triunfar. A menudo nos revelará por qué suceden ciertas cosas y cómo estas calzan en los propósitos más amplios de Dios; también nos dará el entendimiento que necesitamos para ser libres.

Por tanto, cuando usted enfrente situaciones desconcertantes o problemas difíciles, pregúntele al Señor qué debe hacer y qué le está enseñando en la prueba. Luego déjese instruir por el Espíritu Santo. No solamente lo guiará con sabiduría, sino que lo animará respecto a las grandes cosas que desea lograr a través de usted.

Espíritu de Verdad, guíame. Llévame a ser todo lo que pretendes que yo sea. Amén.

UN ENFOQUE CELESTIAL

El mundo pasa, y sus deseos; pero el que hace la voluntad
de Dios permanece para siempre.

1 JUAN 2:17

¿Ha pensado alguna vez en cómo será el cielo? ¿Ha considerado alguna vez que el tiempo que usted pasa aquí realmente es como un soplo en comparación con la eternidad que estará con Dios en su nuevo hogar? Por esto es que a menudo digo que la expectativa del regreso de Cristo debería mantenernos viviendo de manera productiva. El hecho de darnos cuenta de que la manera de comportarnos aquí en la tierra prepara el escenario para el modo en que viviremos y seremos recompensados por siempre en el cielo debería tener un efecto purificador en nuestras vidas.

Como creyentes, somos ciudadanos del reino celestial de Dios y, por tanto, responsables de ser embajadores del Rey de reyes. Si nos mantenemos enfocados en esta verdad estaremos más comprometidos con actuar como el Señor desea que actuemos. Moraremos según las normas superiores de nuestro hogar celestial, a fin de que otros deseen ir allá. La esperanza del cielo debería obligarnos a rendirnos a la obra transformadora de Dios y servirle de manera audaz y sacrificial, entendiendo que «el mundo, tal como lo conocemos, pronto pasará» (1 Corintios 7:31, NBV).

Así que considere hoy con cuidado: ¿cumple usted aquí objetivos temporales o los propósitos celestiales y eternos del Señor? Elija la senda que perdurará. Comience ahora a servir al reino eterno de Dios.

------ ♍ ------

Jesús, ¿cómo quieres que te sirva? Muéstrame lo que debo hacer, Señor, y obedeceré. Amén.

HUMILLÉMONOS

El discípulo no es más que su maestro, ni el siervo más que su señor.

MATEO 10:24

Recordemos hoy que le pertenecemos a Jesús. Cuando lo aceptamos como Salvador, en esencia declaramos: «Quiero tener una relación contigo, Señor Dios». Y al hacerlo reconocimos su autoridad divina.

No digo esto para asustarnos, sino para consolarnos. Jesús desea dirigirnos y enseñarnos a hacer las cosas como Él quiere, lo cual siempre es mejor y superior a todo lo que podríamos imaginar. Sin embargo, es muy importante que reconozcamos que Él es Dios y no nosotros. Por tanto, podemos dejar de tratar de ser fuertes y autosuficientes delante de Él. Santiago 4:10 dice: «Humillaos delante del Señor, y él os exaltará». El Señor nos enseñará a imitarlo, a ser portadores de su imagen, a vivir en sus fuerzas y a andar en la sabiduría de Dios.

Así que baje hoy la guardia delante de Dios. Él es el Señor, el Suficiente, el Redentor. No solo es bueno admitir que usted no puede tener todo bajo control, sino que es fundamental si quiere apoderarse de todo lo que Él le tiene reservado.

Señor Jesús, tú eres Dios y no yo. Vengo humildemente delante de ti reconociendo que soy temeroso y estoy herido, y que necesito tu sabiduría y fortaleza. Ayúdame, Señor. Amén.

SERVIR Y GOBERNAR

Somos embajadores en nombre de Cristo, como si Dios rogase por medio de nosotros; os rogamos en nombre de Cristo: Reconciliaos con Dios.

2 CORINTIOS 5:20

A veces al servir a Dios y buscar su voluntad descubrimos que uno de los mayores retos que enfrentamos se encuentra en la manera de relacionarnos con otras personas. Recordemos siempre que estamos llamados a *servir a los demás* y tener *dominio sobre el mal*. Mucha gente considera esto al revés: gobernar a otros y servir al enemigo imponiendo su propia voluntad en lugar de hacer la voluntad de Dios. No caigamos en esa trampa.

Su papel como discípulo de Cristo es modelar la manera en que Jesús vivió. Él llevó una vida de amor, ministración, perdón, sacrificio, sumisión humilde al Padre y victoria total sobre el poder del pecado. Por esto es que Jesús nos exhorta a emularlo, declarando: «Nadie tiene mayor amor que este, que uno ponga su vida por sus amigos» (Juan 15:13). Sí, usted tiene autoridad sobre el enemigo, está armado con el nombre de Jesús para resistir los asaltos y tentaciones del diablo. Pero cuando se trata de personas, usted es un mensajero de *reconciliación*, no de *condenación*. Alguien que, con una actitud de humildad, llama a la gente a ser salva del pecado. Debido a que el amor de Dios fluye a través de usted, otros responderán sí a Jesús (Juan 13:35).

Jesús, permite que tu amor fluya a través de mí para que otros puedan conocerte y ser salvos. Amén.

LIBRES DE REMORDIMIENTO

Si el Hijo os libertare, seréis verdaderamente libres.

JUAN 8:36

«Desearía no haber hecho eso. Ojalá no hubiera tomado esa decisión o aceptado aquello».

¿Ha mirado alguna vez su vida en retrospectiva y sentido remordimiento? Si es así, es probable que haya experimentado algún tipo de herida emocional que puede caracterizarse por culpa o vergüenza continua. Es comprensible. Al vivir en un mundo caído, estamos sujetos a cometer equivocaciones que dejan marcas dolorosas. Es más, la frase, «Ojalá nunca hubiera...», es un indicador de alerta de que hay algo profundo en nosotros que debemos arreglar delante de Dios.

Como creyentes sabemos que estamos bajo la sangre de Jesús y que nuestros pecados fueron perdonados. Y si hemos confesado nuestras transgresiones y nos hemos arrepentido, sabemos que Él es fiel para perdonarnos y limpiarnos de toda maldad (1 Juan 1:9). Pero recordemos que pecar es en esencia tratar de satisfacer nuestras necesidades a nuestra manera y no a la manera de Dios. Hay algo dentro de nosotros que todavía presenta problemas para confiar en el Señor.

Por tanto, si usted lucha hoy con remordimientos, vaya delante de Dios y pídale que le revele el verdadero origen de su sufrimiento. Él no solamente lo sanará, sino que le enseñará a satisfacer sus necesidades. Pero lo hará a la manera de Él y con la libertad del Señor.

Jesús, solo tú sabes cómo liberarme de estos remordimientos. Mi Salvador, llévame hacia la libertad. Amén.

Verdadera sanidad

Jehová, ten misericordia de mí; sana mi alma.

Salmos 41:4

Cuando Jesús sanó a un paralítico a quien sus amigos bajaron a través del techo, lo primero que le dijo fue: «Hijo, tus pecados te son perdonados» (Marcos 2:5). Jesús, el Señor Dios que conocía mejor al hombre de lo que este mismo se conocía, identificó que el problema principal del paralítico era espiritual. Desde luego, tal declaración sorprendió a todos los que se hallaban alrededor de Cristo. Ante los ojos de estas personas, el problema principal del paralítico era físico.

Esto demuestra que a veces buscamos a Cristo debido a problemas externos: nuestra salud, nuestra economía, las relaciones que tenemos o cualquier otra cosa. No obstante, cuando pasamos tiempo con Jesús en oración, Él corrige lo que hay en lo profundo de nuestras almas. Esto puede sorprendernos porque creemos saber lo que nos causa dolor. Pero Jesús ve el verdadero origen de nuestras heridas.

Por supuesto, el Señor también responde a los problemas externos que le presentamos. Fortaleció al paralítico para que levantara su camilla y se fuera caminando, y puede hacer lo mismo por nosotros. Sin embargo, lo que debe entender es que su Salvador quiere que usted sea sano *por completo*, no solo por fuera, sino de adentro hacia afuera. Así que nunca pase por alto lo que Jesús le dice o lo que señala como el verdadero problema. Confíe en Él como su Gran Médico y acepte su orden de atender las necesidades que tiene.

Jesús, confío en que tú abordas el verdadero origen de mi dolor y me sanas. Amén.

ABANDONÉMOSLO

*Someteos, pues, a Dios; resistid al diablo, y huirá de
vosotros.*

SANTIAGO 4:7

A migo lector, ¿hay algún asunto o comportamiento que Dios
le haya indicado que no debe ser parte de su vida, pero usted
se niega a abandonarlo? No siga luchando contra el Señor, renuncie al asunto. Cada vez que traza una línea entre usted y el Señor
por alguna cuestión, en forma activa elige decepción. Al negarse a
llevar algo ante el altar, por grande o pequeño que sea, limita involuntariamente su relación con Jesús y cierra la misma Fuente de vida,
perdiéndose cosas maravillosas que Él ha planeado para usted. Y
puesto que el Padre se preocupa demasiado por usted como para
dejarlo esclavizado a tal asunto, lo disciplinará.

Nada le agrada más a Dios que nuestra entrega total, y la premia
de manera abundante. Esto se debe a que, más que cualquier otra
cosa, nuestro Padre quiere una relación íntima con nosotros que nos
lleve a la vida abundante. Por tanto, examinemos nuestros corazones
y eliminemos todo lo que se interponga entre nosotros y Jesús. Si hay
algo que para nosotros signifique más que Cristo, nos impedirá experimentar la plenitud de su amor. No nos hagamos daño aferrándonos
a algo que no queremos dejar. Renunciemos a tal asunto e invitemos
a Jesús a que sea todo en nosotros.

**Jesús, no quiero que nada se interponga
entre nosotros. Desarráigalo para que
pueda ser completamente tuyo. Amén.**

ANHELO ÍNTIMO

*Amarás a Jehová tu Dios de todo tu corazón, y de toda tu
alma.*

DEUTERONOMIO 6:5

No hay absolutamente ningún sustituto para la intimidad personal con Dios. Nada se compara a esto, lo cual es la clave para la satisfacción, el propósito y el gozo. En su mayoría, las personas anhelan una vida emocionante y significativa, y la buscan en todos los lugares equivocados: dinero, prestigio y relaciones. Por supuesto, nada de esto llena suficientemente el vacío en nuestros corazones. ¿Por qué? Porque ese vacío interior está destinado a ser habitado solo por la presencia de Dios.

Por tanto, lo único que puede satisfacer el anhelo indescriptible dentro de usted es una relación íntima con su Salvador. Es trascendental tener metas y relaciones, pero su búsqueda principal y más importante debe ser siempre conocer a Cristo. Solo Él puede darle la vida que ansía.

Cuando reflexiono en todo lo que he experimentado en la vida, mi relación con Dios siempre ha sido absolutamente primordial. Él ha estado allí todo el tiempo para consolarme y ayudarme a superar las pruebas de la vida, por difíciles que hayan sido. Y el regalo de su Espíritu que mora en mí me ha guiado en maneras superiores a todo lo que pude haber pedido o imaginado. Sé que eso también será cierto para usted. Así que busque al Señor y hallará todo lo que está buscando.

Jesús, esto es lo quiero: una relación íntima contigo. Acércame a ti, Señor. Amén.

EL DISEÑO DEL CREADOR

Cuando veo tus cielos, obra de tus dedos, [...] ¿qué es el hombre, para que tengas de él memoria?

SALMOS 8:3-4

¿Ha observado alguna vez con asombro a través de un telescopio, maravillándose del universo en el que estamos ubicados de manera tan cuidadosa? La creación de Dios es extraordinaria en su inmenso tamaño y complejidad.

Es correcto asombrarse de la belleza y complejidad del diseño de Dios, de la infinidad de relaciones y sistemas interconectados que se encuentran integrados en la creación. La obra del Señor no es casual. Funciona de acuerdo a un orden muy detallado y analizado. Es evidente que Dios tiene un plan en toda su creación.

Además, el Señor tiene un plan para usted. Su Creador tuvo el mismo cuidado cuando lo formó y lo atrajo hacia una relación con Él. En el diseño del Creador no solo se encuentran las cualidades físicas que usted tiene, sino que también se halla el reino espiritual: la manera en que usted crece en fe y carácter.

Por tanto, enfrente lo que enfrente hoy, tenga esperanza. Observe la complejidad, belleza y maravilla de la creación. Aquel que formó todo esto también está escribiendo su historia. Y tenga confianza en que lo que está haciendo en usted es igual de asombroso y más allá de lo imaginable.

Jesús, gracias por la complejidad, belleza y maravilla de tu plan para mi vida. Me impresionas. Amén.

LO QUE DIOS HA DADO

*De todo árbol del huerto podrás comer; mas del árbol de
la ciencia del bien y del mal no comerás; porque el día
que de él comieres, ciertamente morirás.*

GÉNESIS 2:16–17

C ada vez que leemos el versículo de hoy podríamos sentir la tentación de ir un paso más lejos y pensar en el resultado: Adán y Eva comieron del fruto prohibido, lo que dio como resultado la caída de la humanidad.

Sin embargo, hoy le pido que considere cuánto *permitió* Dios en lugar de lo que prohibió. Él declaró: «De *todo* árbol del huerto podrás comer». No sabemos exactamente cuántos árboles había, si eran cientos o miles de árboles de distintas clases. Pero lo importante es que la primera pareja podía disfrutar todo: almendras, albaricoques, aguacates, anacardos, cerezas, cocos, dátiles, naranjas, limas, higos, guayabas, mangos, nectarinas, aceitunas, duraznos, peras, nueces, caquis, ciruelas, granadas y mucho más. La única restricción era el fruto que les haría daño.

Lo mismo se aplica a nosotros. Podríamos querer enfocarnos en lo que no podemos tener, pero eso inevitablemente nos traerá problemas. Sin embargo, la victoria vendrá cuando nos enfoquemos en todo lo que Dios nos ha otorgado (Filipenses 4:8). Por tanto, propongámonos agradecerle al Señor y alabarlo por todo lo que nos ha proporcionado para nuestro disfrute.

**Jesús, gracias por todas las bendiciones que
me has dado. ¡Fijaré mi mente en ti! Amén.**

REGRESO

Oyeron la voz de Jehová Dios que se paseaba en el huerto, al aire del día; y el hombre y su mujer se escondieron.

GÉNESIS 3:8

Después que Adán y Eva pecaron, Dios siguió buscándolos. No quitó su presencia de ellos para siempre ni los dejó sin explicarles las consecuencias de sus acciones pecaminosas. Al contrario, siguió buscándolos, incluso mientras se alejaban de Él.

Dios actuó con compasión. En primer lugar, no se apareció de repente ni arrojó a Adán y Eva al polvo. Más bien hizo sonidos a fin de que se prepararan para su llegada. De igual modo, el Señor se acercó a ellos en el frescor del día. Esto no fue para beneficio propio, ya que el Señor Dios que formó el sol no se ve afectado por la temperatura, sino más bien para beneficio de Adán y Eva.

Comprenda que así es como Dios se acerca cuando usted peca. No lo deja ni lo abandona, ni le muestra ira. El Señor ha permitido que el sentimiento de convicción en usted lo prepare para enfrentarlo. Y lo invita a su trono de gracia cuando esté listo para volver a tener comunión con Él (1 Juan 1:9). Así que no se esconda; más bien corra hacia Él. Arrepiéntase y regrese a su Dios compasivo.

Jesús, me arrepiento de la irreverencia que te he mostrado. Por favor, perdóname por mis pecados. Gracias por recibirme de vuelta a tus brazos amorosos. Amén.

Suficiente

El hombre no es justificado por las obras de la ley, sino por la fe de Jesucristo.

Gálatas 2:16

En ocasiones usted puede hacer todo lo correcto y aún sentir que la vida cristiana no es suficiente. De hecho, puede asistir a la iglesia, orar y hasta dar con generosidad y aún así seguir sintiéndose vacío. Y si pone su confianza en sus propias actividades y no en Dios, es posible que esté obstaculizando las bendiciones que Él quiere darle. Independientemente de la opinión que los demás tengan, Dios sabe si *usted* lo ama con el servicio que presta o si lo que busca es que los demás lo amen y lo aprueben.

Puesto que nuestro Salvador nos ama, permite que todas las cosas obren para nuestro bien y para su gloria. Eso significa que en las circunstancias actuales que son dolorosas para nosotros, posiblemente Dios esté obrando para hacernos tocar fondo y finalmente acercarnos a Él. El Señor desea mostrarnos amor, llevarnos a una vida fructífera y satisfactoria, influir en quienes nos rodean y prepararnos para la eternidad.

Amigo lector, Jesús es suficiente. La vida que le ha proporcionado es abundante y buena. Deje de intentar ganársela por usted mismo. Renuncie a sus vanos esfuerzos y permita que Él lo lleve a la vida abundante.

Jesús, confieso las áreas en que estoy tratando de ganar tus bendiciones. Ayúdame a amarte más y permite que mi servicio fluya de mi relación contigo. Amén.

PODER EN LA IDENTIDAD

Reconoced que Jehová es Dios; Él nos hizo. [...] Pueblo suyo somos.

SALMOS 100:3

E l entendimiento de *quién* es usted es el timón que dirige casi todas sus acciones. Por tanto, debe creer la verdad acerca de quién afirma Dios que es usted: nueva criatura (2 Corintios 5:17), su hijo (1 Juan 3:1), redimido (Gálatas 3:13), capaz (Filipenses 4:13), digno (1 Pedro 2:9) y amado (Romanos 8:15–16).

Conocer nuestra identidad en Cristo y todo aquello para lo cual nos creó puede transformar todas las ideas basadas en nuestro desempeño y darnos la seguridad absoluta de una autoestima basada en el infinito amor de Dios. Somos creados por manos divinas y nada respecto a nosotros es un error. La huella de Él está en nosotros, y quiere que seamos un reflejo de su gloria y carácter en un mundo que necesita escuchar las buenas nuevas de salvación.

El Señor le revelará por qué fue creado, así como las tareas que le ha asignado en esta vida (Efesios 2:10). Cuando entienda lo amado que es y la grandeza del propósito divino, usted recibirá fuerzas mediante el poder de lo alto que le permitirá vivir para Dios.

Jesús, sigo luchando con sentimientos de inseguridad y baja autoestima. Ayúdame a fijar la mirada en ti y no en mí mismo, porque es en ti que aprendo quién soy realmente. Amén.

CURACIÓN REFERIDA

Jehová Dios mío, a ti clamé, y me sanaste.

SALMOS 30:2

A veces podemos preguntar por qué persisten sufrimientos y el vacío en nuestros corazones, aunque hayamos buscado al Señor y tratado de obedecerle. Sabemos que Jesús es el Gran Médico y que puede ayudarnos. ¿Por qué entonces no lo hace?

No obstante, nuestro problema surge en las áreas en que no le permitimos que se contacte con nosotros o en que no estamos conscientes de que necesitamos su sanidad. A menudo esto se debe a que no nos damos cuenta en dónde se origina realmente nuestro problema. Por ejemplo, podríamos experimentar dolor en la mandíbula. Por tanto, ¿a dónde iríamos? Tal vez la mayoría de personas iría al dentista, ¿verdad? Pero a veces la molestia en los dientes, en realidad, es un paso previo a un ataque cardíaco. En la ciencia médica a esto se le llama *dolor referido*. El *origen* del problema no está en el mismo lugar en que se presenta el síntoma.

Si usted ha luchado reiteradamente con un dolor en cierta parte de su vida y no ha encontrado alivio, puede ser que haya estado enfocándose en el origen equivocado. Pídale a Dios que le revele qué hacer y obedézcale, aunque nada de lo que esté diciéndole tenga sentido. No se sorprenda si Él le pide que haga un cambio que al parecer no tiene nada que ver con el problema que a usted lo aqueja; ya que eso proveerá el alivio que tanto anhela.

Obedeceré cualquier cosa que digas. Sáname, Jesús. Amén.

SIGA CONFIANDO

Invócame en el día de la angustia; te libraré, y tú me honrarás.

SALMOS 50:15

E s fácil confiar en el Señor cuando las cosas van bien. Pero cuando surgen pruebas dolorosas, dejándonos frustrados, confundidos, ansiosos o desesperados, ¿seguimos confiando en Él? Frente a la adversidad, muchas personas cuestionan: *¿Me ama realmente Dios?*, y concluyen que un Padre que ama de verdad no permitiría que tal dificultad les toque la vida. Con frecuencia preguntan incluso si Él está dispuesto a hacer algo respecto a las circunstancias que experimentan.

Pero tengamos hoy la seguridad de que nuestro Salvador no solo puede cumplir cada promesa que nos ha dado en las Escrituras, sino que está dispuesto a hacerlo. Aunque no comprendamos por qué Él permitiría que ciertas situaciones acontezcan, existen tres verdades esenciales a las que podemos aferrarnos, sin importar lo que atravesemos: 1) El amor que Dios nos tiene es perfecto. 2) La sabiduría del Señor es infinita. 3) Nuestro Padre celestial es todopoderoso, es decir, completamente capaz de lograr todo lo relacionado con nosotros.

Así que cuando enfrente dificultades, recuérdese siempre que Jesús tiene en mente lo mejor para usted. Ocurra lo que ocurra, su Dios incondicionalmente amoroso, sabio y todopoderoso lo tiene en la mano y hará que todas las cosas obren para su bien mientras camina con Él.

Jesús, sé que me rescatarás. Gracias porque puedo confiar en ti cualesquiera que sean mis circunstancias. Amén.

CAMINEMOS EN FE

De la manera que habéis recibido al Señor Jesucristo, andad en él.

COLOSENSES 2:6

Andar en Cristo se refiere a la relación dinámica que debemos tener con el Señor. Así como es imposible avanzar estando inmóviles, los creyentes avanzan o retroceden en su vida cristiana. La clave para madurar en la fe se encuentra en el versículo de hoy. ¿De qué manera usted y yo recibimos a Jesús como nuestro Salvador? Por fe (Efesios 2:8–9). Confiamos en la provisión de Cristo en la cruz. La vida cristiana debe «recorrerse», o vivirse, de la misma forma.

Muchas personas andan por vista y sentimientos; pero permitir que nuestros sentidos físicos nos guíen espiritualmente no funciona, porque nunca tendremos toda la información que requerimos. Pero Dios sí la tiene. Por tanto, quiere que confiemos en Él a diario para cualquier necesidad que podamos tener.

Por esto es que a los seguidores de Jesucristo se nos dice que «por fe andamos, no por vista» (2 Corintios 5:7). Debemos dar un paso de fe tras otro, sin saber exactamente a dónde nos llevará, pero confiando en que nuestro Dios omnisciente y amoroso tiene en mente nuestros mejores intereses. Así que andar en fe significa confiarle a Jesús toda circunstancia y creer que Él nos guiará correctamente cada vez, sin excepción.

Jesús, ayúdame a caminar contigo cada día, confiando en que me llevas a la mejor vida. Amén.

CUANDO FALLAMOS

Si fuéremos infieles, él permanece fiel; Él no puede negarse a sí mismo.

2 TIMOTEO 2:13

C uando a Jesús lo arrestaron y llevaron a juicio, Pedro negó tres veces que lo conocía (Mateo 26:69-75). Este fue sin duda un punto muy bajo en la vida del discípulo. Sin embargo, si somos sinceros, podemos identificarnos con Pedro en sentir temor y confusión tan intensos que dudamos de Dios, renunciando incluso a lo que sabemos sobre su carácter amoroso, su sabiduría insondable y su poder de resurrección que puede corregirlo todo.

Ciertamente, Pedro sintió que su fe fallaba de manera tan profunda como usted y yo podríamos llegar a sentir. Pero lo que debemos ver es que Jesús no rechazó al discípulo, y tampoco nos rechaza a nosotros. Aunque Dios no desea que cedamos a la tentación, sabe que no somos perfectos y que habrá ocasiones en que tropezaremos. Pero Él no quiere que nuestros fracasos nos definan. Más bien su aspiración es que nos enfoquemos en Él.

Una de las primeras cosas que Jesús hizo después de la resurrección fue reasegurarle a Pedro el amor y propósito eternos que le tenía. El plan de Dios para su vida no había cambiado, y tampoco ha cambiado el plan para nosotros. Seguimos siendo beneficiarios de su gracia y amor eternos. De modo que si hemos fallado, no nos rindamos ni nos desanimemos. Jesús nunca renunciará a nosotros. Permitámosle que nos restaure.

Jesús, gracias por no renunciar a mí. Restáurame y ayúdame a andar en tu voluntad. Amén.

RECONCILIADOS

Ahora que somos amigos de Dios, él nos va a salvar por medio de la vida de Cristo.

ROMANOS 5:10, PDT

El plan inicial de Dios para nosotros era de comunión íntima, amorosa e ininterrumpida. Pero cuando Adán y Eva decidieron comer del árbol prohibido, por primera vez en su existencia supieron lo que significaba pecar. Se sintieron espiritual y físicamente desprotegidos e indignos de la presencia del Padre. Sintieron lo mismo que ha sentido todo ser humano después de ellos, e hicieron lo que cada individuo ha intentado hacer en algún momento: esconderse de Dios.

No obstante, el Señor actuó con misericordia hacia Adán y Eva, haciéndoles túnicas de piel de animal para cubrir su desnudez (Génesis 3:21), y al hacerles esa vestimenta derramó sangre, presagiando el sacrificio que sería necesario para restaurar la comunión que el pecado había destruido, la muerte de Jesús en la cruz (Romanos 5:12–17).

Dios les dio a Adán y Eva un recordatorio perpetuo, una señal tan cercana para ellos como sus propias pieles, de que incluso en su salida del huerto del Edén y entrada a un mundo caído, el Señor los amó y les diseñó una vida abundante. Y eso es lo que Jesús nos ha dado; debido a que nos ama, nos ha otorgado vida eterna y ha restaurado nuestra comunión con el Padre. Por tanto, deje de huir de Él. Ame a su Dios.

Jesús, ¡gracias por amarme tanto! Ayúdame a conocerte y amarte más. Amén.

ACEPTEMOS LO QUE ÉL NOS HA DADO

Os dio vida juntamente con él, perdonándoos todos los pecados.

COLOSENSES 2:13

C uando Jesús gritó desde la cruz: «Consumado es» (Juan 19:30), sabía lo que decía. El precio de nuestro pecado fue pagado por completo. No hay absolutamente nada que podamos agregar a la salvación que Él nos ha concedido. Y Cristo no solo perdonó nuestro pecado, sino que también nos ha bendecido con todos los beneficios de ser sus hijos amados. Lo único que tenemos que hacer es aceptar lo que nos ha provisto por fe.

Es importante que entendamos esto mientras andamos en la voluntad de Dios. No lo hagamos para ganarnos el favor del Señor, pues ya lo tenemos. De igual modo, no lo hagamos para asegurar nuestro lugar en el cielo; Jesús ya hizo eso por nosotros. Más bien, busquemos el plan de Dios porque esa es la forma de apoderarnos de todo lo que Cristo ha hecho por nosotros.

A través del poder del Espíritu Santo que mora en usted, Jesús le da poder para llegar a ser todo aquello para lo cual Dios lo creó. Al permanecer en el poder de la resurrección de Cristo, podrá hallar en Él toda la fortaleza, la esperanza y el amor que necesita. Por tanto, no tenga miedo de lo que le falta. Siga aferrándose a la nueva vida que se le ha concedido a fin de que pueda saber lo que significa estar completamente vivo.

Jesús, gracias por darme vida y bendecirme. A ti sea todo el honor y la gloria. Amén.

ASUNTOS ESPIRITUALES

Lo que es nacido del Espíritu, espíritu es.

JUAN 3:6

N icodemo fue a ver de noche a Jesús debido a que muchos de sus colegas consideraban que el Maestro no era nada más que un predicador itinerante de baja categoría. Sin embargo, Nicodemo se sintió fuertemente impulsado a buscar a Jesús porque vio que el Señor tenía respuestas verdaderas que los demás rabinos no conocían. Por tanto, el hombre se acercó a Jesús con lo que pensó que era una consulta intelectual, una pregunta que esperaba que Jesús pudiera responder.

Sin embargo, el Señor percibió que lo que Nicodemo realmente necesitaba y ansiaba era una relación auténtica con Dios. Entonces Jesús, entendiendo que esto solo podía suceder si Nicodemo nacía espiritualmente, trató la causa fundamental.

Todos necesitamos ser salvos, nacer con un espíritu nuevo y vivo que pueda interactuar con el Señor. Entonces, ¿cómo ocurre esto? Entendamos que la salvación no se obtiene haciendo lo bueno, uniéndonos a una iglesia ni bautizándonos. Más bien, somos salvos al aceptar que la muerte de Jesús en la cruz fue suficiente para perdonar nuestros pecados y darnos un nuevo espíritu que pueda relacionarse con Dios.

Cualquier dificultad que tenga en mente hoy, sepa que el origen es espiritual, sea que comprenda esto o no. Usted necesita a Jesús. Por tanto, deje que Él se encargue de la profunda necesidad espiritual que hay en su vida, y lo demás vendrá por añadidura.

Jesús, aunque mis problemas parecen terrenales, sé que son espirituales. Ayúdame, Señor. Te necesito. Amén.

SALVADOS EN TODAS LAS COSAS

El que no escatimó ni a su propio Hijo, sino que lo
entregó por todos nosotros, ¿cómo no nos dará también
con él todas las cosas?

ROMANOS 8:32

Nunca ha sido popular hablar de la profundidad de nuestra miseria y desesperación antes que Jesús se convirtiera en nuestro Salvador: estábamos perdidos y espiritualmente muertos en nuestras transgresiones (Efesios 2:1), separados de Dios (Efesios 2:12) y en camino hacia el lago de fuego (Apocalipsis 20:15).

Sin embargo, debemos pensar en esto para poder apreciar lo que se nos ha otorgado y darnos cuenta del corazón con que el Padre nos provee salvación. Dios entendió la profundidad de nuestra pobreza espiritual y nos rescató debido al gran amor que nos tiene. Jesús dio su vida porque le somos muy valiosos. No obstante, si el Señor sacrificó tanto por nosotros, ¿por qué dudamos de Él en otros aspectos de nuestra vida?

Acepte hoy que Jesús sabe lo que es mejor para usted y que lo dirige hacia ese destino. Él ve más allá de lo que usted ve y sabe lo que realmente satisface el corazón. El Señor le ayudará a experimentar la vida abundante que le ofrece. Por tanto, acepte que Él no solamente le otorga salvación eterna, sino que también lo redime *por completo*. Y si usted confía en Él verá cómo será liberado de manera maravillosa.

Jesús, gracias por sacrificar tanto por mí.
Confío en ti en todas las cosas. Amén.

CON NOSOTROS EN TRIUNFO

No estoy solo, porque el Padre está conmigo.

JUAN 16:32

Al enfrentar circunstancias caóticas podemos perder nuestro sentido de esperanza. Podemos sentir como si estuviéramos a punto de perecer mientras nuestra seguridad terrenal se derrumba bajo nuestros pies.

Así les ocurrió a los discípulos cuando Jesús fue arrestado y enviado a la cruz. No solo la esperanza que tenían en Cristo pareció que les fue sofocada, sino que también sintieron la presión intensa de ser perseguidos por haberse relacionado con Él.

Pero Dios tenía en la crucifixión un plan asombroso y eterno con resultados provechosos. Por esto es que Jesús expresó la paz de saber que el Padre se hallaba con Él. El Señor quería que sus discípulos confiaran en que Dios estaba con ellos y sus propósitos se cumplían a la perfección a pesar de cómo lucía la situación en ese momento. Él desea lo mismo para nosotros.

Dios estaba en control y salió victorioso en todo lo que sucedía en la cruz, tal como tiene el control en lo que usted experimenta ahora mismo. El Padre está con usted en medio del caos. Confíe en que Aquel que derrotó la tumba nunca lo abandona y puede mostrarle su poder de resurrección.

Jesús, gracias porque puedo tener esperanza en ti sin que importe cómo se vean mis circunstancias. Siempre estás conmigo. Amén.

ABRIL

TENEMOS GRACIA

Por gracia sois salvos por medio de la fe; y esto no de
vosotros, pues es don de Dios.

EFESIOS 2:8

Algunos días podemos necesitar un poco de compasión, alguien que comprenda nuestras luchas y simpatice con nuestros sufrimientos. Pero tengamos en cuenta que cuando aceptamos a Jesús como Salvador experimentamos la gracia de Dios: su benevolencia para con la humanidad, entregada sin ningún merecimiento de nuestra parte. En otras palabras, Jesús no solo comprende de primera mano el dolor que experimentamos y simpatiza con nosotros (Hebreos 2:17), sino que va más allá para darnos bendiciones que no merecemos.

Gracia es una palabra que sigue siendo un misterio para mucha gente, incluso cristianos. Esto se debe a que en el fondo nos damos cuenta de que merecemos la muerte. Por eso es que a menudo cuestionamos nuestro valor y adoptamos hábitos destructivos. Padecemos las consecuencias de la caída en la forma de tensión nerviosa, confusión emocional, trabajos, dolores, enfermedad, dificultades y envejecimiento. Todo esto hace daño.

Pero de su infinito corazón de amor, Dios ha provisto un medio para que recibamos vida y experimentemos lo que originalmente diseñó para nuestro disfrute. Es por esto que Jesús murió en lugar de nosotros: para que pudiéramos vivir. Eso es gracia. Tenemos la compasión que ansiamos; así que apropiémonos de ella y de la vida por la que nuestro Salvador murió.

ᑭᑕ

Jesús, gracias por tu maravillosa gracia
y tu amor por mí. ¡Te alabo! Amén.

AFERRÉMONOS A LA LIBERTAD

Únicamente de esa manera el Hijo podía libertar a todos los que vivían esclavizados por temor a la muerte.

HEBREOS 2:15, NTV

Muchas personas se pierden lo mejor de Dios por negarse a renunciar a las cadenas de pecado que Cristo ya les quitó. Cada día se esfuerzan al máximo y oran para poder soportar la vergüenza que albergan.

Amigo lector, si así es su vida cristiana, está perdiendo lo que Jesús logró en favor suyo. Cuando Cristo resucitó de los muertos conquistó cada poder que se le oponía (pecado, muerte y todas las fuerzas demoníacas) no solo en ese tiempo, sino para siempre. No queda nada que gobierne sobre usted, excepto su Dios amoroso, sabio y compasivo. El pecado ya no lo posee, su deuda ha sido pagada y ya no lleva vergüenza porque se le ha dado una nueva identidad como hijo del Altísimo.

El Padre desea que usted acepte la libertad y el gozo comprados con la sangre de Jesús. Así que hoy acepte el hecho de que ha sido liberado y tiene todo lo necesario para vencer. Jesús, su triunfante Comandante en jefe, le ha dado la victoria. Regocíjese en Él y acepte la libertad que se le ha ofrecido.

Jesús, gracias por liberarme. Ayúdame a aceptar todo lo que me has dado. Amén.

CELEBREMOS LA RESURRECCIÓN

Sorbida es la muerte en victoria.

1 CORINTIOS 15:54

T al vez usted se pregunte por qué dedicamos tiempo todos los años para celebrar la resurrección. Por supuesto, la razón principal es que Jesucristo, nuestro Señor y Salvador, está *vivo*. Realmente piense en eso y en la esperanza eterna que Él nos confiere.

Jesús murió, fue a la tumba y la conquistó. ¡Derrotó a la muerte *para siempre*! Ningún otro líder religioso en la historia puede hacer tal afirmación, pues todos permanecen bajo el dominio de la muerte. Pero Aquel que amamos, seguimos y servimos *la venció*. Y debido a que Cristo resucitó de la tumba, nosotros y nuestros seres amados creyentes también resucitaremos; disfrutaremos vida eterna con Él en el cielo (Juan 14:1-3).

Pero también celebramos la resurrección porque Aquel que nos salva está activamente disponible para ayudarnos *siempre sin fallar*. Al haber vivido como uno de nosotros, Jesús comprende nuestros temores y fallas, dolores y tristezas. Y sabemos que si venció la tumba por nosotros, cuánto más nos ayudará con ese mismo poder de resurrección en cualquier situación que enfrentemos. Para Él, absolutamente nada le será imposible superar en favor de usted.

Sin duda, ¡este es un motivo para celebrar cada día!

—————— ໑ດ ——————

Jesús, ¡estás vivo! No solo eres un líder histórico, sino que estás aquí conmigo, defendiéndome y proveyendo para mí con tu poder de resurrección. ¡Te alabo, mi Señor vivo! Amén.

CAMINEMOS EN VICTORIA

El Hijo del Hombre será entregado en manos de hombres,
y le matarán; pero [...] resucitará al tercer día.

MARCOS 9:31

Independiente de lo que enfrentemos hoy, podemos caminar en victoria porque Jesús es nuestro ejemplo, y su Espíritu vive en nosotros. Después de todo, ¿cómo pudo soportar Cristo la flagelación, la crucifixión, el peso de todos nuestros pecados, la tumba, y aún mantenerse victorioso? Lo hizo porque tenía una perspectiva eterna, sabía que la resurrección era un hecho consumado incluso antes que ocurriera. Y después de tres días, Cristo resucitó para caminar en victoria, y podemos participar de ese triunfo.

Por medio de la presencia del Espíritu Santo, Dios también nos da fortaleza, poder y seguridad. El Señor promete obrar a través de cada frustración, prueba, reto y obstáculo para encaminar nuestra vida hacia el triunfo, hacia nuestra propia resurrección.

Un día usted verá la maravilla y el esplendor de la obra divina y comprenderá el propósito detrás de cada una de las tribulaciones que ha enfrentado. Al igual que un artista que combina colores oscuros y claros para lograr una hermosa pintura, Dios actuará en su vida para crear una obra maestra. Así que tenga esperanza y camine en victoria.

Jesús, ¡eres victorioso! Y si puedes derrotar la tumba, también puedes vencer, y vencerás, las pruebas que enfrento. Gracias, Jesús, ¡contigo camino en victoria! Amén.

ABRIL 5

YA AMADOS

Como el Padre me ha amado, así también yo os he
amado; permaneced en mi amor.

JUAN 15:9

Comprendamos hoy que Dios nos ama total y completamente, tanto como es posible amar. Nos acepta sin condiciones, disfruta pasar tiempo con nosotros y hasta le gustamos como personas. Somos sus hijos. Nos advierte contra el pecado porque este nos hace daño y no quiere vernos lastimados. Pero cada vez que pecamos, está listo con los brazos abiertos a perdonarnos (1 Juan 1:9).

No podemos ser salvos más de lo que ya lo hemos sido por medio de Jesús, quien ya nos redimió por completo. Cuando Jesús murió en la cruz y resucitó de la tumba, pagó todo el castigo por nuestros pecados; ya no se requiere más sacrificio. Fuimos perdonados íntegramente en el momento que aceptamos a Jesús como nuestro Salvador. No hay nada más que debamos hacer para ganar la aprobación de Dios.

¿Por qué entonces llevar una vida cristiana piadosa? Primero, para decir: «Gracias» por el gran regalo que Jesús nos ha dado. Segundo, para mostrarle amor en agradecimiento. Tercero, para ser sus representantes ante este mundo perdido. Pero también para apoderarnos de las bendiciones que Dios ya nos ha otorgado.

Jesús, gracias porque no tengo que ganarme tu aprobación. Ayúdame a vivir de tal manera que te glorifique. Amén.

ETERNAMENTE SEGUROS

Estas cosas os he escrito [...] para que sepáis que tenéis vida eterna.

1 JUAN 5:13

C ada año durante la Pascua nos centramos en el sacrificio de Jesucristo en el Calvario. De su expiación brota nuestra bendita seguridad de salvación y vida eterna. Muchas personas que confían en Cristo como su Salvador saben que son salvas, pero no tienen certeza de su seguridad eterna: de la obra de Dios que nos garantiza que nuestra redención es para siempre. Creen que su liberación puede perderse de alguna manera por medio de acciones incorrectas.

Sin embargo, si nuestra salvación se basara en *algo* más que la obra consumada de Jesucristo en la cruz, entonces nos encontraríamos en terreno inestable, con muchas dudas. Por esto es que algunos creyentes intentan involucrarse en el proceso de redención mediante buenas obras o conducta apropiada. Lo triste es que siempre están propensos a una fe vacilante, porque sienten que deben ganarse continuamente la buena voluntad del Señor para llegar al cielo.

Amigo lector, ¿lo describe esto a usted? Recuerde que la gracia de Dios en la redención es un *regalo* (Efesios 2:8–9). Si le agrega un solo requisito a esa obra, entonces ya no la recibiría libremente. Estaría pagando por servicios prestados. Así no es como Dios obra en las personas. Absolutamente nada puede revocar lo que usted ha recibido. Acepte la vida eterna permanente que el Señor le asegura.

Jesús, gracias porque mi salvación está eternamente asegurada. ¡Qué regalo más maravilloso me has entregado! Amén.

UNA BASE PARA AMAR

Andad en amor, como también Cristo nos amó, y se
entregó a sí mismo por nosotros.

EFESIOS 5:2

Todos los días Dios puede traer a nuestra vida personas que podrían ser problemáticas e irritantes. No obstante, lo hace como un recordatorio: «Amo a quienes resulta difícil cuidar. Amo incluso a quienes parecen insoportables».

En esto podríamos sentir una convicción incómoda. Después de todo, sabemos las maneras en que nos sentimos desagradables e indignos. Tenemos defectos, fallas y peculiaridades que molestan o indignan a otros. De hecho, podríamos parecernos más a aquellos que nos disgustan de lo que nos gustaría admitir. Pero, aun así, Jesús nos ama y murió por nosotros, tal como murió por ellos. Lo que Cristo hizo por nosotros en la cruz, lo hizo por el peor enemigo que hemos tenido. Es cuando humildemente aceptamos este hecho que podemos comenzar a amar a los demás como Jesús ama.

Por eso, cuando se tope con alguien que le fastidie, pídale a Jesús que le provea su amor por esa persona. Recuerde la gracia que Él le ha dado y agradézcale por estar dispuesto a manifestar el fruto de su Espíritu a través de usted (Gálatas 5:22–23). Luego observe lo que Jesús hace por medio de su corazón dispuesto a amar. Muy bien podría ver el poder de Dios obrando por medio del cambio de comportamiento que experimenta.

Jesús, ayúdame a ver con tus ojos a quienes me disgustan y a dejar que tu amor fluya a través de mí. Amén.

CELEBREMOS LAS VICTORIAS

Van de victoria en victoria, hasta llegar a verte.

SALMOS 84:7, RVC

¿Le han impedido sus dudas experimentar la plenitud de las bendiciones de Dios? Todos hemos enfrentado épocas de no estar seguros de la intervención del Señor en nuestras circunstancias. Nos hemos preguntado si podemos confiar en sus promesas, e incluso hemos cuestionado la eficacia de los principios cristianos que hemos aplicado a nuestras vidas. Sí, en el pasado el Señor se ha mostrado en asuntos importantes, pero nuestras inquietudes generalizadas nos hacen cuestionar si continuará ayudándonos.

Comprendamos que el Señor desea darnos promesas a las que podemos aferrarnos cada vez que enfrentemos un reto. También nos dará pequeñas victorias a lo largo del camino, porque sabe que nuestra falta de confianza en que pueda sacarnos adelante nos producirá sentimientos de inquietud y ansiedad. Por eso, cuando Él nos dé una bendición, por pequeña que sea, no la pasemos por alto debido a asuntos que parecen más importantes. Más bien, regocijémonos por completo, sabiendo que se trata de un anticipo del triunfo venidero.

Por tanto, acepte la bondad del Señor. Deje a un lado sus dudas. Ponga su confianza en la capacidad ilimitada del Dios omnisciente, quien lo ama y entiende completamente, y no le permitirá que experimente la derrota. Porque nunca lo decepcionará.

Jesús, gracias por las victorias que me das a lo largo del camino. Me regocijo en tu ayuda siempre presente. Amén.

SEMBREMOS OBEDIENCIA

No os engañéis; Dios no puede ser burlado: pues todo lo
que el hombre sembrare, eso también segará.

GÁLATAS 6:7

¿Enfrenta usted hoy una decisión que parece difícil? Por complicada que pueda ser la situación, obedézcale a Dios. En ocasiones descubrirá que someterse a la autoridad del Señor implicará tomar decisiones que pueden resultar en rechazo, pérdida o dificultad, y que hacer lo que Él pide requerirá valor. Sin embargo, por difíciles que puedan ser las circunstancias que enfrente, responda a ellas con confianza en Aquel que le ayuda a cumplir la voluntad divina. ¿Ha cometido Dios alguna vez una equivocación, ha llegado demasiado tarde o ha demostrado ser insuficiente? ¡No! Nuestro Padre celestial es todopoderoso y constantemente fiel. Usted puede confiar en que Él lo guiará de la mejor manera.

Recordemos siempre que cosecharemos lo que hemos sembrado, más de lo que sembramos y después de haber sembrado. Si obedecemos a Dios siempre obtendremos lo mejor de Él. Esto puede tardar, pero veremos la provisión divina. No obstante, cuando le desobedecemos, la vida puede parecer temporalmente más fácil, pero a la larga se volverá mucho más difícil. Así que demostremos confianza en Dios cumpliendo su voluntad. Si lo hacemos, sin duda cosecharemos las recompensas que Él nos tiene diseñadas en maneras que superan a las que podríamos imaginar.

Jesús, te obedeceré por difícil que esto sea,
confiando siempre en cómo me guías. Amén.

SIGAMOS MADURANDO

Dejando a un lado las enseñanzas elementales acerca de Cristo, avancemos hacia la madurez.

HEBREOS 6:1, NVI

¿Por qué no nos convertimos en cristianos perfectamente maduros el instante en que aceptamos a Jesús como nuestro Salvador? La verdad es que, aunque hayamos nacido de nuevo con un espíritu nuevo y vivo, debemos desarrollar la capacidad de experimentar y confiar por completo en Dios.

Pensemos en un bebé recién nacido, que tiene capacidad plena para convertirse en un adulto único y especial, con el potencial de caminar, hablar, tomar decisiones, solucionar problemas y demostrar muchas otras habilidades. Aún así, el recién nacido no revela tales destrezas en el momento que nace. Al contrario, las aptitudes intelectuales se desarrollan a medida que el niño madura físicamente. Igual que ladrillos de construcción que se van juntando, otras habilidades se van estableciendo. Muchas habilidades se aprenden a través de lo que se ve modelado, mientras otras requieren práctica intencional.

Lo mismo ocurre espiritualmente con nosotros. Dios nos ha dado el Espíritu Santo para ayudarnos a crecer y aprovechar al máximo todas las bendiciones espirituales que ya nos ha otorgado. Pero el proceso requiere tiempo, enseñanza, entrenamiento y, a menudo, pruebas. El Señor no solo sabe lo que necesitamos, sino también lo que podemos manejar. Por eso es tan importante confiar en que Él nos guíe y que sigamos adelante en nuestras metas cuando nos topamos con sufrimientos propios del crecimiento.

*Padre, gracias por hacerme crecer en la fe.
Confiaré en que me levantarás. Amén.*

PODEROSAMENTE SUYOS

Todo lo puedo en Cristo que me fortalece.

FILIPENSES 4:13

¿Somos conscientes del poder que tenemos disponible en Jesús? Él pone su autoridad, fortaleza y sabiduría a nuestra disposición cada vez que las necesitamos. Es más, el Espíritu Santo mora en nosotros, lo cual significa que todo lo que Jesús es siempre estará presente en nuestra vida, dándonos poder para cada tarea y reto.

El problema no es lo que Jesús nos da, sino lo que sometemos al Señor. A fin de disfrutar la vida y el poder que promete darnos, debemos dejar que nuestro corazón esté totalmente unido con Él. Por esto es que Jesús oró: «Ruego [...] para que todos sean uno; como tú, oh Padre, en mí, y yo en ti, que también ellos sean uno en nosotros; para que el mundo crea que tú me enviaste» (Juan 17:20-21).

¿Ha dispuesto usted su corazón para que sea uno con Cristo, a fin de entregarse continuamente más a Él y glorificarlo en el mundo? Es un glorioso privilegio reflejar al Señor y disfrutar todas las bendiciones que Él le ha dado. Entréguese a Cristo sin reservas (de corazón, palabra, obra y misión) y experimente su poder de resurrección.

Señor Jesús, te pertenezco. Muéstrame cómo ser completamente uno contigo para glorificarte y lograr que otros te conozcan. Amén.

SIGAMOS LA SENDA DIVINA

Andad en todo el camino que Jehová vuestro Dios os ha mandado, para que viváis y os vaya bien.

DEUTERONOMIO 5:33

¿Puede recordar la última vez que fue tentado a hacer lo opuesto de lo que sabía que el Señor quería? En lo profundo, usted entendía lo que estaba bien, pero surgió un debate en su mente: *¿Quiere realmente Dios que renuncie a eso? De seguro, esto no es verdaderamente importante para Él.* Tales pensamientos surgen porque el enemigo sabe que, si puede incitarle a que desobedezca, conseguirá deshonrar a Dios e impedirá los buenos propósitos que Él tiene para usted.

Entienda que la desobediencia envía el mensaje de que usted sabe cómo gobernar su vida mejor que Dios. Sin embargo, las directrices del Padre surgen del interés profundo que tiene en que usted esté bien. Él le pide obediencia no porque sea un tirano, sino porque no quiere que usted se destruya o pierda el gran futuro que le ha preparado. Cuando rechaza lo que Dios le dice, realmente está rechazando el amor que quiere brindarle.

Aunque el amor eterno de Dios por nosotros no cambia, sin duda nuestro pecado interrumpe la comunión con el Salvador. No permitamos que eso ocurra, tomemos la decisión correcta. Nunca perdemos cuando le obedecemos. Por tanto, sometámonos a Dios y elijamos la senda de sabiduría y bendición.

Jesús, tú sabes cuál es el mejor camino para mí. Te obedeceré. Amén.

ÉL LO HARÁ

Al que cree todo le es posible.

MARCOS 9:23

Hay cosas que llevamos ante el Señor y hacen que cuestionemos si realmente quiere ayudarnos. Sabemos que Dios puede hacerlo todo, pero no estamos seguros de si de veras está dispuesto a aliviarnos la carga. Esto es lo mismo que ocurrió cuando un padre llevó su hijo endemoniado a Jesús. El hombre deseaba ver restaurado al muchacho y sabía que Cristo tenía el poder para hacerlo, por lo que le dijo: «Si puedes hacer algo, ¡ten compasión de nosotros y ayúdanos!» (Marcos 9:22, RVC). Jesús contestó que estaba dispuesto a sanar al chico, y entonces el padre declaró: «¡Creo! ¡Ayúdame en mi incredulidad!» (v. 24).

Tal vez comprenda la sincera exclamación de este padre. Humildemente admitió que, aunque creía en la capacidad de Jesús, aún había algunas preocupaciones que interferían con su fe en el Maestro. Lo mismo puede ocurrir con usted. Confía en Jesús, pero se interponen los temores y dudas que lo embargan respecto a sí mismo.

Comprenda que Jesús no espera que usted sea perfecto. Sincérese con Él respecto a su fe vacilante, pero recuerde siempre que el poder del Señor no va y viene junto con la confianza que demuestre en Él. Dios siempre tiene el control, a pesar de cómo nos sintamos. Él es confiable incluso cuando fallamos en nuestra capacidad de confiar. Por consiguiente, dispóngase a creer en Él.

Jesús, gracias por poder ayudarme y estar siempre dispuesto a hacerlo. Creo; ayúdame en mi incredulidad. Amén.

PRUEBAS Y PROVISIONES

Allí los probó.

ÉXODO 15:25

Después que los israelitas fueron liberados de su esclavitud en Egipto y experimentaron un milagroso escape a través del mar Rojo, comenzaron a enfrentar retos como la necesidad de agua. Podríamos preguntarnos por qué permitiría Dios esa carencia en una necesidad diaria tan básica después de darles tan asombrosa liberación. Sin embargo, Dios le reveló a Moisés la razón para esto: probar la fe del pueblo.

Sin embargo, poco después el Señor llevó a los israelitas a Elim, donde había doce manantiales de agua y setenta palmeras. Por supuesto, los números doce y setenta eran significativos: Israel se componía de doce tribus y tenía setenta ancianos. Cada tribu contó con su propio manantial y cada anciano con su propia fuente de alimento. Por tanto, Elim no era solo un lugar de abundante provisión, sino también de importancia providencial. Dios estaba mostrándoles que los cuidaría a la perfección.

Esto también ocurre con usted, especialmente cuando enfrenta sus propias necesidades. La mano del Señor no es demasiado corta para proveerle ni lo ha olvidado, pero desea que confíe en Él en lo que aún desconoce. Así que aproveche cualquier carencia que pueda enfrentar como una oportunidad para que Dios le revele su perfecta provisión.

Jesús, te confiaré mis necesidades y todo lo desconocido, aunque no pueda ver una salida por delante. Amén.

NECESIDADES INVISIBLES

Cristo entró en el cielo mismo, y allí se presenta ante
Dios para pedirle que nos perdone.

HEBREOS 9:24, TLA

A veces podemos tener un anhelo o inquietud interior que no logramos definir. Es más, este puede ser tan sutil y constante que aprendemos a vivir con eso. Pero la verdad del asunto es: algo está destrozado o perdido dentro de nosotros, algo que simplemente no está bien. Y cada vez que intentamos aplacar tal anhelo no logramos hacerlo y terminamos sintiéndonos peor.

La buena noticia es que Jesús lleva ante el Padre todas las necesidades que tenemos, incluso aquellas de las que no nos damos cuenta. Él está muy consciente de nuestras deficiencias, limitaciones y faltas, y comprende las heridas y los patrones de comportamiento que nos mueven. Jesús comprende dónde se originan las motivaciones y los anhelos que tenemos, y reconoce la mejor manera de ayudarnos a crecer. Debido al profundo amor que nos tiene, Jesús lleva todo eso ante el Padre.

No hay oración que Jesús haga a favor suyo que el Padre no escuche o responda, porque Él y el Padre son uno (Juan 10:30). Por eso, aunque a veces no tenga idea de qué orar, no tiene razón para temer. Jesús ya está ayudándole. Él toma medidas a su favor, para su bien y a fin de suplirle sus necesidades.

Jesús, gracias por orar por mí y satisfacer mis necesidades más profundas. Amén.

ACEPTADOS POR COMPLETO

Acéptense mutuamente, así como Cristo los aceptó a ustedes para gloria de Dios.

ROMANOS 15:7, NVI

E l fuerte anhelo interior de ser aceptados, ya sea por parte de nosotros mismos o de otros, puede llevarnos por sendas peligrosas. Podemos participar en comportamientos destructivos con el deseo de demostrar que somos valiosos, deseables, capaces o útiles. Pero cuando una cosa tras otra fracasa en satisfacer nuestras profundas necesidades internas, podemos volvernos adictos a lo que cubre o atenúa nuestro sufrimiento, en lugar de sanarlo.

Amigo lector, sepa que en el fondo de lo que siente hay una profunda necesidad de ser aceptado por Dios. Usted debe entender que fue creado por el Señor con propósito y excelencia (Salmos 139:13–16). No tiene que huir de sus equivocaciones, ya que Él se las perdona por medio de la muerte de Cristo en la cruz. Además, a pesar de su pasado usted tiene un futuro bueno, interesante y maravilloso.

Entonces, ahora mismo repítase: «En Jesús soy aceptado por Dios. Soy quien Él desea que sea. Tengo propósito y valor». Deje de dudar de su valor y de buscar significado a través del pecado. En vez de eso, acepte ser la persona que Dios tiene en mente que sea.

Jesús, gracias por aceptarme. Ayúdame a apropiarme de tu amor. Amén.

IMPEDIMENTOS

Nuestra alma espera a Jehová; nuestra ayuda y nuestro escudo es él.

SALMOS 33:20

Muchos aspectos pueden impedirnos aceptar la voluntad de Dios, pero quiero resaltar aquí dos que son muy comunes: *Poner nuestro enfoque en las cosas de este mundo, y no en Jesús.* Nos apegamos tanto a los asuntos mundanos de posición e identidad que perdemos la visión más global de lo que Cristo desea lograr por medio de nosotros. Y cuando Dios no nos otorga lo que erróneamente creemos que nos da valor, nos desanimamos y somos tentados a pecar (Santiago 1:15). Esto siempre es desastroso.

Tomar un atajo alrededor de la ruta planeada por Dios. Nos cansamos de esperar al Señor e incluso corremos por delante de Él o nos vamos en otra dirección. Sin embargo, recordemos que respetar el tiempo de hacer las cosas es esencial para Dios. Él no cambiará de opinión respecto al plan que tiene para nosotros porque ha preparado entrenamiento y bendiciones que desea hacernos disfrutar.

Si en este día usted siente la tentación de dudar del plan o el calendario de Dios, deténgase y pídale que le hable a su corazón y lo anime mientras espera. Él anhela que finalice el curso que le ha marcado y obtenga la victoria. Así que disponga su corazón en obedecerle y honrarlo, porque esa es la senda sin obstáculos hacia una vida en su máxima expresión.

Jesús, habla a mi corazón. Pongo la mirada en ti y espero, confiando en tu plan y programación. Amén.

PUNTOS CIEGOS

Las cosas secretas pertenecen a Jehová nuestro Dios; mas las reveladas son para nosotros y para nuestros hijos para siempre.

DEUTERONOMIO 29:29

¿Ha pensado alguna vez: *No entiendo por qué las cosas no funcionan para mí?* Todos tenemos puntos ciegos: lugares en nuestras vidas en que sin saberlo permitimos que nos debiliten. Aunque hay muchas cosas respecto a esta vida que nunca conoceremos o entenderemos, pues algunas están reservadas para Dios, Él desea enseñarnos muchas de ellas. Al interactuar a diario con el Señor se nos revelan principios y patrones acerca de cómo funcionamos, cómo relacionarnos con otros y de nuestra necesidad de crecer. Sin embargo, esto significa que debemos estar dispuestos a enfocarnos en Él y obedecerle a medida que leemos las Escrituras y oramos, sin esperar únicamente una respuesta rápida y simple.

Si usted está frustrado en cuanto a la vida o las circunstancias que hoy enfrenta, tome tiempo para estar a solas con el Señor en oración. Pídale que le revele cómo entiende la situación, y los patrones de conducta que la han exacerbado. Él quiere que usted ande en la voluntad buena, aceptable, perfecta y victoriosa que le ha diseñado. Así que disponga su corazón a aprender lo que Dios quiere que asimile, porque cuando lo haga, no será decepcionado.

Jesús, revélame mis puntos ciegos y cómo liberarme de ellos a fin de caminar en tu voluntad. Amén.

FE GANADA EN BATALLA

Vengo a ti en el nombre de Jehová de los ejércitos.

1 SAMUEL 17:45

Todos conocemos la historia del joven pastor que mató al gigante. David enfrentó a su formidable enemigo sin espada, armadura ni experiencia en batalla. Los eruditos bíblicos especulan que Goliat, el gigantesco guerrero filisteo, medía entre dos metros setenta centímetros y tres metros sesenta de alto y pesaba varios cientos de kilos. El hombre estaba fuertemente armado, y el solo hecho de verlo aterrorizaba los corazones de los soldados de Saúl. Según toda opinión razonable, David no era rival para este contrincante.

No obstante, el secreto del triunfo de David no estuvo en su propia habilidad, sino en su disposición de confiar en Dios y obedecerle. De igual modo, David se dio cuenta de que lo aprendido en una situación anterior le ayudaría con lo que enfrentaría en el futuro.

Lo mismo ocurre con nosotros. Dios también tiene un plan para que desarrollemos fe: profundizar nuestra dependencia en Él. Podríamos enfrentar lo que parecen enormes pruebas y dificultades. Pero saber cómo responder apropiadamente a estos retos es fundamental para nuestro crecimiento espiritual. Así que, al igual que David, declaremos que nuestras batallas le pertenecen al Señor. Permitamos que Dios tome nuestra confianza y la haga crecer hasta convertirla en una fe fuerte y poderosa en su nombre, una fe con la capacidad de vencer cualquier enemigo.

Jesús, ¡mis batallas te pertenecen! ¡Triunfo en tu nombre! Fortalece mi fe y guíame a tu maravillosa victoria. Amén.

EN CONTROL

La mente del hombre planea su camino, pero el SEÑOR dirige sus pasos.

PROVERBIOS 16:9, LBLA

Pongámonos a pensar en la verdad de estas declaraciones:
No podemos hacer que otros nos amen.
No siempre podemos salirnos con la nuestra en toda situación.
No podemos poseer todo lo que queremos.
No siempre podemos hacer todo perfecto.
No podemos hacer que todos piensen igual que nosotros.

Si somos sinceros con nosotros mismos, debemos admitir que no nos gusta el hecho de que no podamos controlarlo todo. Pero esta es la buena noticia: Dios *tiene el control total*. Solo Él es omnisciente, omnipresente y omnipotente. Solo Él gobierna toda la creación. Además, nos ama tanto que siempre saca algo bueno de todo lo que enfrentamos.

Así que, cuando alguien no lo ame o no piense igual que usted, cuando no se pueda salir con la suya, cuando no consiga algo que desea o no pueda hacer a la perfección una tarea, anímese. Eso no importa, porque su Dios tiene el control y hace que todo obre para bien suyo.

Jesús, te alabaré en mis contratiempos, en mis pérdidas y en mi falta de control. Mi vida está en tus manos y te la confío. Amén.

DEMOS UN PASO ADELANTE

Sustenta mis pasos en tus caminos.

SALMOS 17:5

¿Qué nos impide cumplir la voluntad de Dios? ¿Nos damos cuenta cuando nos llama? Puede ser que mientras oramos sintamos el apremio de tomar cierto curso de acción. Pero quizás esto nos asuste o nos parezca algo sin sentido.

Con frecuencia las personas le dicen no al Señor porque esperan tener el panorama general de la voluntad de Dios en lugar de caminar con Él paso a paso. Luego esperan y resisten los apremios divinos por temor a lo desconocido. Lamentablemente, si usted hace caso omiso a Dios en las cosas pequeñas durante bastante tiempo, desarrollará resistencia a la voz divina. No deje que eso ocurra.

Aunque hay ocasiones en que el Señor revela sus objetivos definitivos, tales como hacer de Abraham una gran nación (Génesis 12:1-3), la mayoría de veces Él camina con nosotros paso a paso. Recordemos que Dios no le dijo a Abraham a dónde debía ir, solamente que lo guiaría. Abraham debía obedecer un paso a la vez, igual que debemos hacerlo nosotros.

Por tanto, si la voluntad de Dios lo confunde o intimida hoy, regrese a la última vez que lo escuchó claramente y obedezca lo que sea que Él le haya ordenado hacer. Esa sola acción abrirá la puerta para que se apodere de todo lo que el Señor le tiene.

Jesús, quiero hacer tu voluntad. Recuérdame lo último que me pediste que hiciera y dame poder para cumplirlo. Amén.

NECESIDADES BUENAS

¡Clamo a ti desde los confines de la tierra, pues ya mi
corazón desfallece! Llévame a una roca más alta que yo.

SALMOS 61:2, RVC

E ntendamos que Dios no ha permitido las necesidades que experimentamos hoy para hacernos sentir seres humanos defectuosos o incompletos. Al contrario, tales necesidades existen para obligarnos a buscar al Señor. Nos ayudan a comprender que Jesús debe ser parte íntima e integral de nuestra vida con el fin de que tengamos éxito. Podemos confiar en que nos convertirá en las personas completas, productivas y eficaces que quiere que seamos, y eso sucede dentro de los propósitos mayores que Él tiene para nosotros en esta tierra.

En otras palabras, nuestras necesidades son la clave para despejar nuestro verdadero potencial. Al exigirnos superar los retos de la vida por medio del poder del Espíritu Santo, esto nos ayudará a acceder a la fortaleza, el poder y la sabiduría que Jesús ha puesto a nuestra disposición. Al hacerlo somos transformados, es decir, estamos preparados para todo lo que Él ha planeado por anticipado que logremos (Efesios 2:10).

Así que no se lamente de sus necesidades. Más bien, agradézcale a Dios por ellas. Cada vez que experimente un área de carencia que le ocasiona ansiedad, permita que Él le guíe al trono de gracia y a su amoroso Salvador (Hebreos 4:16).

Jesús, gracias por obrar a través de mis necesidades a fin de convertirme en quien anhelas que sea. Amén.

DEJEMOS QUE DIOS NOS GUÍE

Cuando viene la soberbia, viene también la deshonra;
mas con los humildes está la sabiduría.

PROVERBIOS 11:2

¿Se da cuenta de que el orgullo fue lo que hizo que Satanás cayera del cielo? Dios le había dado una hermosa apariencia y lo había creado con la finalidad de que dirigiera la adoración, pero esto no fue suficientemente bueno para el enemigo. En lugar de exaltar al Señor, Satanás quiso ser exaltado. En vez de someterse a la autoridad de Dios, quiso gobernar. Y debido a esto, el enemigo lo perdió todo.

Lo mismo ocurre con nosotros. Todo acto de pecado es insurrección contra Dios, y proviene de nuestro deseo de liderar en lugar de obedecer. Satanás nos tienta a cuestionar la bondad y autoridad de Dios, sugiriendo que no hemos recibido todo aquello a lo que tenemos derecho. Al creer que sabemos más que el Señor, nos salimos del camino que nos ha trazado, buscamos nuestra exaltación y nos olvidamos de lo mucho que Dios nos ha bendecido. Es por esto que el orgullo es una fuerza tan destructiva que nos aleja de la verdadera satisfacción y nos lleva a la ruina personal y a soledad profunda.

Sin embargo, usted puede evitar que el orgullo lo controle. Pídale a Dios que le revele toda área de arrogancia en su vida y humíllese delante de Él permitiéndole que lo guíe. Luego adore al Señor porque ciertamente Él lo exaltará (Santiago 4:10).

Jesús, me arrepiento de mi manera orgullosa de proceder y me someto a tu liderazgo. Eres el único digno de toda mi adoración y alabanza. Amén.

REGOCIJO POR NOSOTROS

El SEÑOR tu Dios está en medio de ti como guerrero victorioso [...] te renovará con su amor, se alegrará por ti con cantos.

SOFONÍAS 3:17, NVI

Somos la obra maestra de Dios, quien nos ha dado su Palabra como testimonio del amor que nos tiene. El Señor se regocija en nosotros, aunque sabe que nuestra vida aún está en proceso de convertirse en todo lo que Él planeó, y aunque aún no seamos lo que llegaremos a ser. Pero Dios sigue dando forma a nuestra existencia y conformándonos a la imagen de su Hijo debido a las cosas maravillosas que ve en nosotros.

Estemos conscientes de eso hoy cuando enfrentemos sentimientos de rechazo y soledad, conflictos con los demás y otros retos relacionales. En medio de las incertidumbres y presiones que nos rodean, Jesús es nuestro Guerrero victorioso que está a nuestro lado para fortalecernos y animarnos. Por tanto, perdonemos a quienes nos han ofendido, confesemos nuestros pecados y adoptemos la identidad que tenemos en Cristo como seres amados, aceptados, redimidos, competentes y deseados.

En lugar de esforzarse por cumplir los valores morales de otras personas, viva para Jesús. El Espíritu Santo le enseñará amorosamente a vivir en tal forma que agrade y honre a Dios, que es la vida en su máximo esplendor.

— 🙏 —

Jesús, gracias por aceptarme y ser mi Guerrero victorioso. Puedo seguir adelante sabiendo que me amas y que tienes una visión para mi vida. Amén.

PERMANEZCAMOS

Yo soy la vid, vosotros los pámpanos; el que permanece
en mí, y yo en él, éste lleva mucho fruto; porque
separados de mí nada podéis hacer.

JUAN 15:5

Hace años caí preso en la trampa de la preocupación, el apresuramiento y el afán. En el centro de mi vida estaba la creencia de que para triunfar en la vida cristiana debía trabajar duro a fin de agradar a Dios. Finalmente llegué al borde del agotamiento y me hallaba completamente vacío.

Pero al meditar en Juan 15:5 descubrí que no era responsabilidad mía afanarme o esforzarme por conseguir algo. Mi parte era someterme a Dios y dejar que Él viviera a través de mí. Con este descubrimiento se me quitó un enorme peso, y la energía y fortaleza que están a disposición en Cristo se volvieron mías.

Si usted está quedándose vacío, oro porque tome en serio este mensaje: la vida y esperanza que desea se encuentran en permanecer en Dios. Al buscar a Jesús y descansar en Él descubrirá que Dios lo va conformando de manera activa a la voluntad y semejanza de Cristo a medida que lo escucha (Filipenses 4:13). Él mejora los talentos que le ha dado, le purifica la mente y lo fortalece para servir en el reino de Dios.

Por tanto, deje de afanarse y permanezca en Jesús. Dios es el responsable de convertirlo en una poderosa vasija de la gracia divina. A usted le corresponder permitir que Él actúe.

Jesús, me someto por completo a ti.
Enséñame a permanecer en ti. Amén.

UNA OBRA SUPERIOR

Estoy convencido de esto: el que comenzó tan buena obra en ustedes la irá perfeccionando hasta el día de Cristo Jesús.

FILIPENSES 1:6, NVI

¿Se da cuenta de que la visión del Señor para usted tiene repercusiones que afectan el reino divino tanto en la tierra como en el cielo? La voluntad de Dios no solo tiene repercusiones para usted como individuo, sino también para los demás. Tal vez no logre comprender el alcance de todo esto porque tales repercusiones continúan dentro de la eternidad.

Es por esto que el proceso que enfrentamos después de aceptar a Cristo como Salvador es de purificación y transformación. Dios destruye los extremos ásperos de obstinación y esclavitud terrenal a fin de revelar todo lo que quiere que seamos. Él nos lleva a una mayor integridad para que podamos reflejar al Señor delante de otros.

Por tanto, es muy importante que nos aferremos a Jesús siempre, a pesar de las pruebas que se nos presenten, y que nos rindamos a la voluntad divina aunque a veces resulte difícil. Nuestra vida importa para Dios y para quienes lo encontrarán y crecerán en Él a través de nosotros. Entonces, no resista lo que el Señor está haciendo. Comprenda que hay un panorama general más amplio y anímese.

Jesús, gracias por influir en la eternidad de otras personas por medio de mí. Me aferro a ti mientras me purificas y acepto tus buenos propósitos. Amén.

DERROTEMOS EL DESÁNIMO

*Invocaré a Jehová, quien es digno de ser alabado, y seré
salvo de mis enemigos.*

SALMOS 18:3

Una de las principales armas de Satanás contra los creyentes es el
desánimo. El enemigo obra en nuestras emociones, tratando de
hacernos creer que no somos dignos del amor, el plan o las bendiciones
de Dios. Nos dice que las pruebas que experimentamos (dificultades
económicas, relaciones difíciles, problemas de salud, o cualquier otra
cosa que enfrentemos) son evidencia de que el Señor nos ha rechazado.
Satanás intenta hacernos sentir derrotados porque si puede lograr que
nos demos por vencidos, habrá neutralizado vasijas potenciales para
la gloria de Cristo.

No obstante, comprendamos que lo único que el enemigo utiliza son engaños. El amor de Dios por nosotros es incondicional y
eterno, basado en lo que Jesús hizo en la cruz. Absolutamente nada
puede separarnos de su amor (Romanos 8:38–39). De igual manera,
Satanás no puede vencer al Señor ni malograr los propósitos divinos
para nosotros. Nuestro enemigo está derrotado y lo único que puede
hacer es *tratar de* socavar nuestra confianza. Pero no debemos permitirle que lo haga.

Amigo lector, los desengaños son inevitables, pero el desánimo es
una decisión, porque ya se nos prometió la victoria (1 Corintios 15:57).
Así que confíe en Dios, quien siempre lo ayuda y permanece a su lado
dándole fortaleza. Él es su Liberador victorioso, independiente de cómo
luzcan las circunstancias. Jesús nunca lo ha defraudado y nunca lo hará.

── ෴ ──

**Jesús, decido confiar en ti a pesar de las
desilusiones y los sufrimientos. Gracias
por otorgarme la victoria. Amén.**

EL REGALO DE LA PAZ

*Tú guardarás en completa paz a aquel cuyo pensamiento
en ti persevera; porque en ti ha confiado.*

ISAÍAS 26:3

Algunas personas han vivido en estado de tensión durante tanto tiempo que no logran recordar cómo es disfrutar la paz de Dios. Sentimientos de ansiedad impregnan sus pensamientos, pues no logran concebir cómo sobrevivirán el día a día.

Sin embargo, esta no fue la manera en que el Señor pretendía que viviéramos. La paz es un regalo que Dios da a cada uno de nosotros, un fruto de su Espíritu que Él desea que caracterice nuestras vidas (Gálatas 5:22-23). Debido a esto, la tranquilidad que sentimos, o la falta de ella, actúa como árbitro de Dios en nosotros. Si tenemos una verdadera sensación de calma interior, entonces tenemos la seguridad de hallarnos en el centro de la voluntad de Dios. Si hay falta de paz, algo se encuentra fuera de lugar.

Por tanto, si usted se siente agobiado e inquieto en este día, deténgase y pídale a Dios que le revele qué está pasando, y preséntele sus cargas (Filipenses 4:6-7). Él puede llevarlo a dar un paso de fe, consolarlo en medio de su dolor, pedirle que sea valiente en sus tribulaciones o que le entregue toda preocupación (Salmos 55:22). Si lo hace, llega la tranquilidad. Así que enfrente lo que enfrente, permita que la presencia permanente de Dios le conceda paz.

**Te necesito, Señor. Te entrego mis
preocupaciones. Por favor, sé mi paz. Amén.**

LA PERSPECTIVA INVISIBLE

*Jehová da la sabiduría, y de su boca viene el
conocimiento y la inteligencia.*

PROVERBIOS 2:6

Nuestra situación puede parecer confusa porque quizás estemos confiando en nuestra comprensión limitada de las cosas (Proverbios 3:5–6). Si confiamos únicamente en el conocimiento humano, terminaremos teniendo graves problemas. Debemos tener en cuenta que Dios obra en lo invisible, en el reino espiritual que no podemos percibir, y que idea recursos que ni siquiera sabemos que existen.

¿Por qué permitiría el Señor que estas cosas estén ocultas a nosotros? Porque quiere extender nuestra fe llevándonos a buscarlo en medio de todo lo que nos sucede. Tomemos en cuenta que el Padre no anhela que vivamos confinados a una existencia terrenal día a día. Por el contrario, desea que aprendamos a vivir en los planes superiores con Él, donde crezcamos espiritualmente y nos apoderemos de las bendiciones divinas, convirtiéndonos en poderosos embajadores para el reino del Señor.

Dios se preocupa por usted y desea llevarlo a un nivel que está más allá de lo que pueda imaginar. Él se interesa en cada aspecto de su vida, incluso en los que no percibe. Así que tome tiempo para pedirle al Señor que le muestre la dirección que debe tomar y espere que le responda. Dios entenderá las circunstancias que vive y le mostrará el camino que debe seguir.

Jesús, enséñame a ver mis circunstancias desde tu perspectiva. Me someto a ti en medio de lo que experimento hoy. Amén.

DEMOS AMOR

Dad, y se os dará; medida buena, apretada, remecida y
rebosando darán en vuestro regazo; porque con la misma
medida con que medís, os volverán a medir.

LUCAS 6:38

¿Necesitamos amor hoy? Por supuesto, el primer lugar al que siempre debemos acudir es Dios. Pero a veces lo que necesitamos es a «Jesús encarnado». Ansiamos que los demás nos muestren compasión y cuidado.

No obstante, debemos entender que la manera de poder satisfacer nuestra necesidad de amor no es exigiéndolo, sino dándolo. Derramar amor a los demás prepara nuestra alma para recibirlo en forma sobrenatural. Por tanto, encontremos un lugar donde podamos servir a otros en el nombre de Jesús. Involucrémonos en un ministerio de alcance que ayude a las personas y se preocupe por ellas desinteresadamente. Luego, incluso antes de levantarnos en la mañana, pidámosle al Señor que nos llene de compasión, sabiduría y fortaleza para realizar al menos una acción cada día que beneficie a otra persona. No tenemos que conquistar el mundo. Simplemente demostremos a los demás que son importantes para Dios.

Usted no tiene nada que perder y sí mucho que ganar. Así que confíe hoy en que Dios le ayudará, y después esfuércese por hacer algo que sea de ayuda para alguien más o le muestre amor a esa persona.

Jesús, abre mis ojos a las necesidades de otros
y ayúdame a amarlos como tú lo harías. Amén.

MAYO

MANTENGÁMONOS FIELES

*El SEÑOR anotó en un libro de memorias los nombres de
los que honran y respetan su fama.*

MALAQUÍAS 3:16, NBV

L legó una época en que los judíos hablaban duramente contra el Señor, expresando: «Servir a Dios es cosa inútil» (Malaquías 3:14, DHH). El pueblo elogiaba a quienes mostraban desobediencia y orgullo, en vez de buscar avivamiento y restauración. Cuando una nación se vuelve contra el Señor le es muy difícil mantenerse fiel.

Tal vez entendamos esa presión al observar cómo la sociedad se aleja de Dios. Pero el Señor nos pide que sigamos caminando con Él y nos sometamos a su voluntad. A veces podemos pensar que Dios está pidiendo demasiado debido al costo que conlleva ser cristianos, pero teniendo en cuenta todo lo que nos da ahora y en la eternidad, en realidad pide muy poco. A cambio de una obediencia imperfecta y a veces vacilante que le ofrecemos, Dios nos concede todo lo que tenemos: vida, salud, relaciones, protección, provisión, sabiduría, talento, dotación espiritual, creatividad, poder de resurrección y un espíritu nuevo mediante el cual podemos tener comunión con Él. Además, el Señor nos llama sus hijos y su especial tesoro.

Sí, la vida puede ser retadora cuando otros se vuelven contra el Señor. Pero Él siempre es digno de seguirlo, independiente del precio. Entonces no tema. Manténgase fiel y obedezca a Dios.

───────── ༖ ─────────

**Jesús, te seguiré por difícil que esto
sea, pues confío en ti. Amén.**

ACEPTADOS POR DIOS

*No tengo yo mayor gozo que este, el oír que mis hijos
andan en la verdad.*

3 JUAN 1:4

La actitud de Dios siempre es aceptarnos. Cada vez que estamos
dispuestos a volvernos al Señor, Él está listo para recibirnos,
pues nos ama sin reserva, tal como somos. Ciertamente, Dios quiere
que caminemos en la senda divina y que respondamos amándolo.
Esto no se debe a que desee controlarnos, sino a que el Padre, en su
perfecta e ilimitada sabiduría, sabe bien que tiene el mejor sendero
para nosotros ahora y en la eternidad. Es por eso que nos anima a
caminar en su voluntad para *nuestro* bien, no para bien de Él.

Esto se ilustra en una historia que escuché acerca de un niño que
fue adoptado cuando tenía diez años de edad. Estaba teniendo dificultades para sentirse aceptado en su nueva familia, hasta que llegó
el día en que su padre le dijo: «Estos son tus deberes». El muchacho
declaró: «Cuando me dieron responsabilidades como a los demás
chicos, supe que era realmente parte de la familia».

Lo mismo ocurre con usted. Parte de caminar en la aceptación
de Dios será aceptar las tareas que le asigna. Esto no se debe a que
si cumple con sus deberes se esté ganando el amor del Señor, sino a
que podrá ver su lugar especial, irreemplazable y satisfactorio en la
familia de Dios.

Jesús, gracias por aceptarme. Ayúdame
a caminar en tu voluntad y a ser
parte vital de tu familia. Amén.

LO ÚNICO QUE NECESITAMOS

Aunque ande en valle de sombra de muerte, no temeré
mal alguno, porque tú estarás conmigo.

SALMOS 23:4

Nuestro Padre celestial está a nuestra disposición todo el tiempo. Nunca está demasiado ocupado para escuchar nuestras oraciones. Más bien, se deleita en tener comunión íntima con nosotros, y se nos acercará más cada vez que estemos dispuestos a pasar tiempo con Él.

Recuerdo una ocasión en que me sentía abrumado por los problemas que enfrentaba y me hallaba particularmente solo. Comencé a derramar mi corazón delante de Dios diciéndole cómo me sentía y cuán triste me encontraba. De repente, pareció como si el Señor mismo estuviera de pie a mi lado, y no tuve dudas de que así era. Su presencia, aunque invisible, era tangible. Fue como si el Señor hablara a mi corazón: *Me tienes. ¿No soy suficiente para ti?*

Respondí: «Sí, Señor, lo eres».

Dios también es suficiente para usted. No importa cómo se sienta, cómo lo hayan rechazado los demás, cuánto lo hayan ofendido o cuán solo crea estar, siempre puede contar con el Señor. Él es suficiente para satisfacer todas sus necesidades. Así que hágale caso a Aquel que puede llenar de veras su corazón. Clámele a Jesús y permita que Él sea todo lo que usted necesita.

Jesús, gracias por estar siempre conmigo
y ser exactamente lo que necesito. Me
aferro a ti, mi Salvador. Amén.

NUESTRO ABOGADO

Si alguno hubiere pecado, abogado tenemos para con el Padre, a Jesucristo el justo.

1 JUAN 2:1

A sí que volvimos a equivocarnos. Hemos pecado. Hemos hecho lo que Dios nos ha ordenado que no hiciéramos. ¿De qué manera podemos ahora enfrentar al Señor?

Cada vez que pecamos sentimos que hemos fallado y que Dios no seguirá amándonos. Sin embargo, es ahora cuando debemos animarnos y darnos cuenta de todo lo que Jesús ha hecho por nosotros. Él no solo es nuestro Salvador; también es nuestro Abogado. Cuando nos redimió, sabía que no podíamos vivir a la perfección. Por eso se encarnó, para experimentar igual que nosotros las presiones que usted y yo enfrentamos. Por tanto, Él comprende cuán profundamente pueden afectarnos nuestras heridas y temores, y por qué a veces nos volvemos al pecado para atenuar nuestro dolor. No obstante, Jesús también sabe que nuestra iniquidad no es la solución para nuestras heridas y ansiedades, pues solo profundiza la desesperación que ya está allí.

Entonces, Jesús nos defiende incluso cuando le fallamos (1 Juan 1:9). ¿Por qué? Porque murió para liberarnos y está comprometido a terminar la obra que comenzó.

Por tanto, si peca, no se asuste. Regrese al Salvador y arrepiéntase. Corra de nuevo a sus brazos amorosos y permita que Él lo libere por completo.

Jesús, te confieso mi pecado y regreso corriendo a ti. Enséñame a vivir en tu libertad. Amén.

DOMINIO SOBRE LOS DEMONIOS

Mayor es el que está en vosotros, que el que está en el mundo.

1 JUAN 4:4

A veces oigo a personas hablando sobre demonios y me sorprende el poder que les atribuyen. Aunque es cierto que creo en el poder demoníaco, no le tengo miedo. Estoy unido a Aquel que es mucho más grande que todas las fuerzas juntas del infierno, todas ellas no pueden compararse de ninguna manera con Dios. El diablo se halla en desigualdad ante el Señor y siempre bajo su dominio. El enemigo nunca obtendrá una victoria sobre nuestro Dios, quien siempre es muchísimo más poderoso y sabio.

Por tanto, como creyentes no debemos darle tanto mérito a las fuerzas espirituales del mal como solemos hacer. Sí, estas fuerzas pueden ejercer influencia en nosotros, razón por la que debemos llevar todo pensamiento cautivo a Cristo (2 Corintios 10:5). También debemos permanecer bajo la protección de Dios obedeciendo sus mandatos, a fin de que el poder demoníaco no se afiance en nosotros. Sin embargo, los demonios están dentro de los confines de la autoridad de Dios y no pueden dañarnos en ninguna manera que esté más allá de lo que el Señor permita.

Así que no tenga miedo. Sométase a Jesús, Aquel que ha conquistado el pecado y la muerte, y usted estará seguro bajo su cuidado.

Jesús, eres más grande que cualquier fuerza en la tierra o en el cielo. Guárdame en el centro de tu voluntad y bajo tu protección. Amén.

NO DISCUTAMOS CON EL DISPUTADOR

¿Dónde está el sabio? ¿Dónde está el escriba? ¿Dónde está el disputador de este siglo?

1 CORINTIOS 1:20

A yer analizábamos el hecho de que el Señor tiene dominio sobre las fuerzas del mal y que siempre saldrá victorioso. A fin de aferrarnos a esto debemos entender que la manera en que el enemigo nos socava es debatiendo con nosotros si lo que Dios ha dicho es cierto. Lo hace para tentarnos a dudar del Señor (Génesis 3:1–3).

En este punto es importante que no subestimemos la eficacia del enemigo como rival. Satanás ha argumentado con las más grandes mentes a lo largo de la historia desde que el mundo comenzó, y con frecuencia ha ganado. Su objetivo es hacernos pensar demasiado en un asunto hasta que estemos totalmente obsesionados y confundidos al respecto. No nos deja dormir. No logramos sacar el asunto de nuestra mente, pues aparece en cada pensamiento y cada conversación. Es entonces cuando podemos confundirnos hasta el punto de ya no confiar en el Padre.

No caiga en la trampa del enemigo. Deje de intentar resolverlo todo, porque lo único que realmente estará haciendo será debatir con el enemigo, y él es mucho mejor en eso que usted. Más bien, resístalo citando la Palabra de Dios y expresando su confianza en que el Señor siempre lo lleva a la victoria (Proverbios 3:5–6).

Jesús, no me apoyaré en mi entendimiento, sino que confiaré en ti totalmente, sabiendo que siempre me llevas al triunfo. Amén.

ÚTIL

Los sacrificios de Dios son el espíritu quebrantado; al
corazón contrito y humillado no despreciarás tú, oh
Dios.

SALMOS 51:17

A veces podemos sentirnos vetados de servir a Dios debido a nuestro pasado. Sin embargo, recordemos que Moisés mató a un egipcio, pero el Señor sacó de Egipto a su pueblo por medio de Moisés. David cometió adulterio con Betsabé e hizo asesinar a Urías, el esposo de ella, pero Dios lo conservó como rey sobre Israel. María Magdalena estuvo una vez llena de demonios, pero Jesús confió en María para que hablara a los discípulos sobre la resurrección. Saulo fue un perseguidor cruel de la iglesia, pero el Señor obró a través de él como el apóstol Pablo a fin de llevar el evangelio a los gentiles.

Esta fue la diferencia en las vidas de estas personas: cuando tuvieron un encuentro con Dios, le dijeron sí. Estuvieron dispuestas a volverse de sus propios caminos pecaminosos para obedecer lo que el Señor decía. No siguieron siendo lo que eran. En lugar de eso, eligieron ordenar sus vidas según los designios de Dios y seguir los planes que Él les tenía preparados.

Lo mismo puede ocurrir con usted. Dios no llama a los preparados, sino que prepara a los llamados. Obra por medio de individuos caídos y destrozados con el fin de mostrar la gloria divina. Así que vuélvase de su pecado y siga al Señor. Confíe en que Él lo convertirá en algo tan maravilloso como lo que ha hecho con otras personas.

Jesús, gracias por perdonar mis fallas y transformar mi vida en una vasija para tu gloria. Amén.

PODEROSO POTENCIAL

Con gran poder los apóstoles daban testimonio de la resurrección del Señor Jesús, y abundante gracia era sobre todos ellos.

HECHOS 4:33

¿Nos damos cuenta del gran potencial que Dios nos ha dado? Las oportunidades para nuestra vida son enormes, mucho más grandes de lo que podríamos llegar a imaginar. La mayoría de personas no comprende lo que el Señor puede hacer a través de ellas, por lo que subestiman enormemente el potencial que poseen. Como resultado, se engañan, logran menos de lo que podrían y no tienen sueños suficientemente grandes.

Pero podemos tomar posesión de todo lo que Dios creó para nuestro disfrute. Eso no se limita a cómo alcanzar grandes logros, sino más bien a que experimentemos la profundidad espiritual y el poder de Moisés, Josué y Elías. Con el Señor podemos aferrarnos a una relación satisfactoria, fructífera y trasformadora de la historia que pocos individuos experimentan, no porque Dios limite la disponibilidad, la presencia o su autoridad divina, sino porque pocos se comprometen a conocerlo en una intimidad y comunión tan profunda.

Usted no tiene por qué perder su potencial, y puede conseguir todo lo que Dios le tiene. El Señor es infinito, y cuando fluye a raudales dentro suyo le transmite su poder, sabiduría y fortaleza. No hay límite respecto a cómo Él puede multiplicarle sus esfuerzos a fin de que logre los propósitos que quiere que usted alcance.

Jesús, ¡quiero todo lo que tienes para mí! Enséñame a amarte y servirte, mi Salvador. Amén.

PERFECCIÓN A TRAVÉS DEL AMOR

*Si nos amamos unos a otros, Dios permanece en nosotros,
y su amor se ha perfeccionado en nosotros.*

1 JUAN 4:12

Perfeccionismo es la actitud que nos hace creer que las tareas deben realizarse todo el tiempo de manera impecable para que una persona reciba aceptación. Esta es una trampa terrible. El problema con el perfeccionismo es que, en primer lugar, ubica el valor de una persona en sus logros y no en la identidad que Cristo le ha dado. En segundo lugar, los perfeccionistas suelen enfocarse tanto en sus metas que se distancian de sus relaciones. Por último, el perfeccionismo es simplemente insostenible: nadie puede ser impecable el 100% del tiempo.

Si usted se encuentra atrapado por el perfeccionismo, puede sentirse miserable, nervioso, agotado y destrozado. Pero entienda que Jesús ya se perfeccionó a favor suyo. Lo que Él desea ahora es simplemente que disfrute una relación más profunda con Él y se le una en los propósitos que quiere hacerle alcanzar, amando con humildad a los perdidos y sufriendo en nombre del Señor.

Dios no espera que seamos perfectos; es más, Él sabe que no podemos serlo. Lo que quiere es que descansemos en su amor y lo mostremos a los demás. Así que dejemos de poner sobre nosotros normas que Él nunca pretendió; si lo hacemos, en realidad extraviamos por completo los propósitos divinos. En lugar de eso, abandonemos nuestras tendencias perfeccionistas, seamos transparentes en nuestro quebrantamiento y permitamos que el amor de Dios fluya a través de nosotros.

Jesús, sé que para ministrar a los demás no
necesito ser perfecto, sino simplemente amar.
Permite que tu amor fluya a través de mí. Amén.

SIGAMOS CONFIANDO

A los que aman a Dios, todas las cosas les ayudan a bien.

ROMANOS 8:28

D ios pudo haber evitado lo que nos ocurrió, pero no lo hizo. A fin y al cabo, Él es todopoderoso y la creación entera está bajo su autoridad. Y debido a que el Señor no intervino, albergamos dudas en nuestros pensamientos. Sabemos que Jesús nos ama, pero ahora nos preguntamos qué significa realmente esto. Confiamos en la promesa del Señor de satisfacer nuestras necesidades, pero lo desconocido es tan grande que nos ha infectado con desconfianza en el corazón. Lo único que sabemos en este momento es que tenemos más preguntas que respuestas.

A veces no hay soluciones fáciles, especialmente cuando el dolor es profundo. Sin embargo, lo que podemos saber con seguridad es que nuestro Padre celestial es bueno y amoroso. Absolutamente nada toca nuestras vidas sin algún beneficio, por revestido de misterio que pueda estar en el momento. Dios quiere enseñarnos, purificarnos y transformarnos a su semejanza. No nos olvida ni nos abandona; más bien, en todas las cosas nos recluta para sus más grandes bendiciones.

Así que no se desanime hoy. No se aferre a sus dudas, sino a la verdad de que Dios todavía interviene en su vida y que usted aún le importa. Confíe en que de alguna manera Él está haciendo que todo esto obre para su bien, porque sin duda es así.

**Jesús, no lo comprendo todo,
pero confiaré en ti. Amén.**

ENTREGUEMOS LAS RIENDAS

Por tu nombre me guiarás y me encaminarás.

SALMOS 31:3

He montado una cantidad de caballos que parecían saber lo que yo deseaba con solo un pequeño movimiento de mi parte. Estaban entrenados, eran obedientes y tenían un espíritu animado. Montarlos era un placer. Por otra parte, he tenido un par de caballos difíciles de controlar. No hacían lo que yo quería, por mucho que lo intentara. Algunos eran obstinados porque no los entrenaron apropiadamente, pero otros eran así porque al domarlos estropearon sus espíritus.

Al pasar tiempo con estas nobles criaturas, a menudo pensaba en los paralelos con el modo en que respondemos a Dios. Cuando somos sensibles y sumisos a las indicaciones divinas estamos llenos de gozo, aunque recorramos terrenos difíciles. Pero cuando somos obstinados y nos resistimos a todo, hasta los senderos más fáciles se vuelven difíciles.

¿Es sensible hoy a las indicaciones del Señor, o está luchando contra Él? Dios quiere que usted se le una en esta gran aventura de vida. Él conoce el mejor camino a seguir y la manera de sortear los obstáculos de tal forma que no estropeen el espíritu. Depende de usted que cada recorrido se convierta en gozo o sufrimiento. Deje que Él tome las riendas.

Jesús, someto a ti las riendas de mi vida. Hazme sensible a tus indicaciones a fin de que pueda obedecerte por completo. Amén.

ELIJAMOS LA VOLUNTAD DEL SEÑOR

Venga tu reino. Hágase tu voluntad, como en el cielo, así también en la tierra.

MATEO 6:10

E l Espíritu Santo seguirá obrando en nuestra vida hasta llegar al punto en que podamos declarar: «No se haga mi voluntad, sino la tuya, Señor. Mi vida está en tus manos. Haré cualquier cosa que quieras que haga». Dios nos lleva al lugar en que podamos someterle todo aspecto de nuestras vidas (relaciones, ideas, sentimientos, deseos y sueños), sabiendo que nos guía hacia lo mejor.

El propósito del Señor en esto no es hacernos daño, sino ayudarnos a aceptar que su camino es extremada, abundante y abrumadoramente mejor que el nuestro. Porque cuando nos disponemos a cumplir lo que nos pide, sentimos grandes deseos y entusiasmo por cumplir la voluntad de Dios con energía, esperanza, resistencia y una fe que mueve montañas para el bien de su reino.

Así que no desprecie ni resista el entrenamiento del Señor, pues Él desea moldearlo y refinarlo para poder obrar a través de su vida. Los retos que usted enfrenta se le han dado porque el Espíritu Santo entiende que son necesarios para llevarlo a la sumisión con el fin de edificarlo. El objetivo del Señor es liberarlo y que llegue a convertirse en quien Él anhela que sea, y así mostrar su sabiduría, poder, energía, gozo, entusiasmo y visión.

> Señor, quiero tu voluntad. Sé que tu camino siempre es extremada y abrumadoramente mejor. Amén.

SALUD DOBLE

En su enfermedad, restaurarás su salud.

SALMOS 41:3, LBLA

En cierta ocasión escuché a un médico describir la doble naturaleza de su trabajo. Parte de su labor consistía en limpiar lo que no debía estar allí: cortar tejidos enfermos o eliminar la infección del cuerpo. El segundo aspecto de su tarea estaba en promover el proceso de curación: ayudar al cuerpo a restablecerse. Por medio de medicación o rehabilitación el médico crea un ambiente en que el cuerpo pueda fortalecerse.

En la vida cristiana, tanto limpiar como reconstruir son aspectos necesarios para completar el proceso de sanidad. El Espíritu Santo utilizará convicción y castigo para eliminar lo que no debe haber en nuestra vida ahora que tenemos una relación con Dios. Esto es doloroso, porque lo que elimina es a menudo algo en lo que confiamos para comodidad, seguridad o valía terrenal, pero que en realidad mina nuestra salud espiritual. No obstante, una vez que nos sometemos a este proceso de limpieza, Dios nos reconstruye dándonos fortaleza, valor y resistencia para aceptar la plenitud del plan que nos tiene.

¿Se encuentra usted en una de estas fases o en ambas? ¿Está el Señor liberándolo de la esclavitud y edificándolo para el servicio? No tenga miedo. Su Gran Médico sabe exactamente lo que hace con el fin de convertirlo en miembro sano y fructífero del cuerpo de Cristo.

———— ༄ ————

**Jesús, gracias por curarme espiritualmente.
En verdad eres mi Gran Médico. Amén.**

ESPEREMOS CON ESPERANZA

Alma mía, en Dios solamente reposa, porque de él es mi esperanza.

SALMOS 62:5

E xpresemos hoy nuestra seguridad en que Dios está obrando todo para nuestro bien. Lo último que el Padre celestial quiere que hagamos es que nos desesperemos o que esperemos en forma pasiva que todo salga bien. Desdichadamente, esto es lo que muchas personas hacen: con escepticismo y quejándose todo el tiempo esperan que el Señor les abra alguna puerta.

En lugar de eso, usemos los momentos de espera en nuestra vida para orar y conocer mejor a Dios. Alabemos a nuestro Padre celestial por todo lo que ha hecho en el pasado, lo que está haciendo ahora y lo que hará en el futuro. De igual manera, usemos este tiempo para prepararnos aplicando activamente las Escrituras a nuestra vida y ayudando a otros a conocer a Jesús.

Puesto que Dios tiene un plan para usted, sepa con certeza que Él usa hasta las circunstancias más difíciles que experimenta con el fin de alistarlo para los objetivos más grandes que le ha asignado. A medida que camina con Él, lo moldea y lo lleva a cumplir los propósitos divinos, los cuales se le ajustan a la perfección y satisfacen su alma. Desde su perspectiva humana puede parecerle que está desorientado, pero tenga la certeza que desde el punto de vista divino se halla encarrilado y siguiendo la senda del Señor. Así que hable con fe de lo bueno que Dios tiene para usted.

Jesús, confío en que estás haciendo que todo obre para mi bien. Amén.

UN OBSTÁCULO A LA VOLUNTAD PERSONAL

Buscad primeramente el reino de Dios y su justicia, y todas estas cosas os serán añadidas.

MATEO 6:33

¿Hay alguna motivación en su vida que tome el lugar de Dios en su corazón? Quizás sea alcanzar cierto nivel de posición o disfrutar determinada clase de relación. Usted sabe cuál es dicha motivación porque consume sus pensamientos, sus oraciones y le hace pasar noches en vela. Desdichadamente, esto también puede estar evitando que cumpla los planes de Dios.

En el centro de lo que quisiéramos conseguir está la *voluntad personal*, el impulso incontrolado dentro de nosotros que nos exige seguir nuestro propio camino. Así que al pensar en descubrir la voluntad de Dios debemos ser conscientes de que nuestras mentes pueden estar tan invadidas con nuestras propias metas, que podemos volvernos insensibles a los requerimientos del Señor. No permitamos que esto ocurra.

Dios quiere satisfacer los anhelos más profundos que usted tiene en su corazón. Sí, puede que Él tenga una manera distinta de satisfacer su alma de la que usted hubiera elegido. Pero anímese, el Señor no es insensible ante los deseos que tiene, de hecho, los responde más plenamente de lo que pueda imaginar. No obstante, tome en cuenta que Dios siempre está vigilante para asegurarse de que nada ni nadie distinto a Él se instale en el trono de su corazón, lugar que le corresponde únicamente al Señor. Haga entonces de Dios su motivación primordial y entréguele cada uno de sus anhelos.

Jesús, revélame cualquier obstinación que esté obstaculizando tu propósito en mí y tomando el lugar que te corresponde en el trono de mi corazón. Amén.

EL OBSTÁCULO DEL CONSEJO POCO SABIO

Bienaventurado el varón que no anduvo en consejo de malos, ni estuvo en camino de pecadores.

SALMOS 1:1

¿Estamos conscientes de las maneras sutiles o explícitas en que nuestros amigos y seres amados pretenden dirigirnos? Sea que nos demos cuenta o no, las personas a nuestro alrededor influyen en nuestras decisiones y siempre tienen una opinión cuando debemos tomar una decisión. El problema es que probablemente esta gente sepa menos que nosotros cuál es la voluntad de Dios para nuestra vida. Tamizan lo que ven en nosotros a través de sus personalidades, necesidades, parámetros y perspectivas. Por tanto, no podemos confiar en otras personas para descubrir el plan que el Señor tiene para nosotros.

Aun así, ¿podemos recurrir a amigos piadosos en busca de consejo sabio acerca de lo que la Biblia dice en cuanto a la situación que experimentamos? Por supuesto que sí. Pero debemos ser muy prudentes respecto a quién hablarle sobre lo que nos inquieta. La influencia impía de otras personas puede llevarnos a tomar decisiones erradas e incluso a alejarnos del camino del Señor.

Entonces, cuando encuentre bifurcaciones en el camino en las que no sepa qué hacer, no haga entre sus amistades o familiares una votación pública con relación al curso de acción que debe tomar. Escuche a Dios.

Jesús, revélame lo que no te agrada y, por favor, protégeme del consejo poco sabio. Impídeme seguir el camino de pecadores. Guíame en tu senda, Señor. Amén.

DETECTEMOS EL CONSEJO INCORRECTO

Los pensamientos de los justos son rectitud; mas los consejos de los impíos, engaño.

PROVERBIOS 12:5

¿Cómo podemos detectar un mal consejo? Es más fácil de lo que podemos comprender. Por lo general, los consejeros malos mencionan poco o nada a Dios o retuercen el mensaje para que se ajuste a sus propias ideas. La guía que dan se basa más en lo que creen y es aceptable para la cultura que en lo que el Señor ha enseñado que es sabio y verdadero. De hecho, los consejeros poco sabios pueden sugerir un curso de acción que se encuentra muy lejos de ser bíblico.

De igual modo, los consejeros imprudentes pueden recomendarnos leer material que no es cristiano o criticar a las personas piadosas que conocemos. Además, al interactuar con ellos podemos notar ausencia de oración. Recordemos que el objetivo que los motiva no será ayudarnos a encontrar la voluntad de Dios ni que sometamos a Él las decisiones que debemos tomar. Más bien, podrían querer decirnos lo que deseamos escuchar a fin de ganarse nuestra confianza y aprobación y hacernos dependiente de ellos, o incluso controlarnos.

Así que tenga cuidado y evite consejeros que exhiban un estilo impío de vida. Esto se aplica tanto a profesionales como amigos, creyentes e incrédulos. Si alguien no vive en sumisión a Cristo es dudoso que pueda dar algún consejo piadoso.

Jesús, a veces los malos consejos son muy sutiles, por lo que es difícil reconocerlos. Revélamelos, por favor, y ayúdame a obedecerte en todo. Amén.

CONOZCAMOS LOS CAMINOS DEL SEÑOR

*Muéstrame, oh Jehová, tus caminos; enséñame tus
sendas.*

SALMOS 25:4

Una de las razones por las que a veces no entendemos la forma en que el Señor obra en nuestras vidas es que no lo conocemos realmente ni frecuentamos sus caminos. Podríamos decir: «He recibido a Jesús como mi Salvador. De seguro lo conozco. ¿Qué más debo comprender?». Pero si tan solo conocemos a Jesús como Redentor, y no como nuestro Gran Médico, Señor de señores, Buen Pastor, Sumo Sacerdote, Guerrero Poderoso y todas las demás formas en que nos ministra, estaremos perdiéndonos mucho acerca de su voluntad y de cómo actúa. Peor aún, tal vez no confiemos en Él con la profundidad que deberíamos porque, en realidad, no conocemos su carácter ni lo mucho que se preocupa por nosotros.

Recordemos que conocer la voluntad de Dios significa comprender cómo *piensa Él* en cuanto a la situación que vivimos. Esto hace que aprender de Él y de sus principios sea absolutamente crucial para la búsqueda del plan divino. Mientras menos conozcamos sobre Él, menos sabremos cómo escucharlo, lo que significa que escucharemos menos de Él. Por el contrario, mientras más entendamos acerca de Cristo y de quién es Él, más podremos percibir su actividad en las circunstancias que experimentamos. Por tanto, disponga su corazón a conocerlo.

***

Jesús, quiero conocerte y amarte más. Muéstrame
tus caminos. Pongo mi esperanza en ti. Amén.

EL OBSTÁCULO DE LA INCREDULIDAD

No pudieron entrar a causa de incredulidad.

HEBREOS 3:19

¿Confiamos en que Dios nos habla sobre cada aspecto de nuestra vida? ¿Creemos de veras que Él aún hoy se comunica, que interactúa en forma personal con nosotros y nos ayuda en aquello que nos interesa profundamente?

Todos podríamos querer responder a tales preguntas: «¡Por supuesto que sí!». Quizás incluso estaríamos de acuerdo en que las Escrituras nos proporcionan pautas morales para vivir. Pero existen muchos cristianos que no creen realmente que Dios habla, y lo demuestran con sus acciones. Cuando el Padre se comunica personalmente con ellos respecto a algún aspecto fundamental en sus vidas, no le obedecen. Hacen caso omiso a las exhortaciones que el Señor les hace, ya sea por ser demasiado costosas o porque tienen miedo. Pero en el fondo, esto es incredulidad: dudas relacionadas con el carácter y la sabiduría del Señor. Y eso es pecado.

Amigo lector, puede ser un gran reto cuando lo que Dios le revela no tiene sentido o lo asusta en alguna manera. Pero el solo hecho de que usted no comprenda o no le guste el plan del Señor no le da derecho de dudar de él. El Señor Dios le habla. Si usted quiere caminar en la voluntad divina tendrá que superar las dudas y los temores y dar un paso adelante en fe.

Jesús, ayúdame a confiar en ti aunque me cueste mucho y me cause miedo. Amén.

EL OBSTÁCULO DE LA FALTA DE MERECIMIENTO

Me guiará tu mano, tu fuerza me sostendrá.

SALMOS 139:10, NBV

E s posible que alguna vez nos hayamos preguntado: *¿Por qué habría de hablarme el Señor? No soy importante. No soy alguien que merezca su guía. ¿Por qué debería pensar que Dios tiene algo que decirme?* Debemos comprender que nuestros sentimientos de inferioridad pueden impedir que escuchemos al Señor; tal vez no creamos que esto tenga algo que ver con su voluntad, pero así es. Si tenemos una mala autoimagen y no entendemos nuestra identidad en Cristo, nosotros mismos podríamos estar evitando que Él nos dé lo que nos tiene reservado.

Esto puede parecer injusto y hacernos pensar: *No puedo evitar lo que siento acerca de mí.* Sin embargo, de lo que se trata es de la manera en que vemos a Jesús y por qué es tan importante que aceptemos quiénes somos en Él. Cristo nos da su Espíritu con la finalidad de que more en nosotros para que tengamos una relación activa y vibrante con Dios. Él nos hace dignos de su amor e interés. Ciertamente, ¡Dios tiene mucho que decirnos en cuanto a cada detalle de todo lo que experimentamos!

Así que deje de dudar. Acepte lo que quiere comunicarle Aquel que murió por usted. Él lo ama y tiene mucho que decir en cuanto a todo lo que ideó para su vida.

Jesús, gracias por hacerme digno y hablarme. Te escucharé. Amén.

EL OBSTÁCULO DEL AJETREO

Los rectos morarán en tu presencia.

SALMOS 140:13

¿Estamos tan ocupados sirviendo a Dios que no tenemos tiempo para estar con Él? Todos tomamos decisiones cuando organizamos nuestras agendas, y a menudo podemos mostrar que el Señor es nuestra última prioridad si analizamos cuánto tiempo pasamos separados de Él.

Esto puede ocurrirle a cualquiera. He conocido pastores que se han mantenido tan ocupados «sirviendo al Señor» que no podían saber cuándo tuvieron su último tiempo de quietud o cuándo lo escucharon por última vez. Ciertamente, podrían haber orado por otros o leído la Biblia buscando un sermón, pero eso no es lo mismo que tener comunión profunda e íntima con el Señor. Lamentablemente, estos ministros llenen sus vidas con tantas actividades que no tienen tiempo de buscarlo. Y si no tienen un momento para inclinarse delante de Dios y entender su voluntad, entonces realmente no saben lo que Él desea que hagan.

Solo lo que se hace en obediencia a Dios perdura y marca una verdadera diferencia. Así que si no le consulta al Padre qué quiere que haga, entonces gran parte de lo que anda buscando puede ser en vano. No cometa esa equivocación. Invierta en lo perdurable, pasando tiempo con Dios.

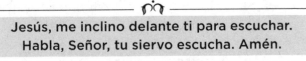

Jesús, me inclino delante ti para escuchar.
Habla, Señor, tu siervo escucha. Amén.

LO QUE REALMENTE IMPORTA

*Misericordia quiero, y no sacrificio, y conocimiento de
Dios más que holocaustos.*

OSEAS 6:6

Lucas 10:38–42 describe que Jesús fue a visitar una familia que amaba: Lázaro, María y Marta. Cuando llegó a la casa, María dejó todas sus ocupaciones para dedicarse a escucharlo. Sin embargo, Marta se mantuvo distraída con todo lo que aún tenía que hacer, por lo que continuó con sus quehaceres. También se sintió menospreciada porque María no le ayudaba con las tareas.

En una cultura como la de ese tiempo en que se valoraba la hospitalidad, la reacción de Marta era comprensible. Debido al respeto que le tenía, ella quería que su hogar fuera lo más confortable y acogedor posible para Jesús. Sin embargo, cuando Marta se quejó de María, Jesús replicó: «Marta, Marta, afanada y turbada estás con muchas cosas. Pero sólo una cosa es necesaria; y María ha escogido la buena parte, la cual no le será quitada» (Lucas 10:41–42).

De esta historia aprendemos que las expectativas de Dios para nosotros pueden ser muy distintas de las que tenemos para nosotros mismos. Sí, Él quiere que le sirvamos. Pero su mayor deseo es que pasemos tiempo con Él, porque sabe que nuestro servicio eficaz fluye de nuestros momentos de comunión profunda e íntima con Él.

Jesús, pongo mi corazón en ti. Háblame, ayúdame a amarte más y guíame a servirte como deseas. Amén.

EL OBSTÁCULO DE
LA AMARGURA

Señor mío, favoréceme por amor de tu nombre; líbrame,
porque tu misericordia es buena.

SALMOS 109:21

¿Guarda usted algún resentimiento hacia Dios? ¿Ha pensado alguna vez: *¿Dónde se hallaba Dios cuando me sucedieron estas cosas horribles? ¿Por qué no me protegió?* Al experimentar pruebas difíciles, en nuestro interior pueden arraigarse profundas raíces de miedo y amargura que erróneamente le atribuimos al Señor. En consecuencia, la ira dirigida hacia Dios puede convertirse en uno de los mayores obstáculos para conocer la voluntad divina. Esto se debe a que, mientras mantengamos resentimiento y hostilidad hacia el Señor, nos será imposible escuchar lo que Él declara. Puede que Dios nos hable de amor y bondad, pero si la falta de perdón gobierna nuestro corazón, descubriremos que es difícil creer lo que nos dice.

Pero, amigo lector, su Dios no es cruel con usted. Él es amoroso, amable, sacrificial y sabio. Sí, puede que haya permitido que circunstancias dolorosas lo afecten, pero no necesariamente las *ocasionó*, y sin duda no le desea ningún mal. De igual modo, Dios no habría permitido que la prueba le afectara si no hubiera beneficio para usted en tal dificultad. Por tanto, suavice su corazón hacia el Señor y permita que le hable. Dios quiere sanarlo con misericordia. No se aleje de Él. Al contrario, invítelo a iluminar los lugares sombríos.

Jesús, por favor, echa fuera de mí la ira. Sé
que me muestras amor y bondad. Amén.

EL OBSTÁCULO DEL PECADO ALBERGADO

Nuestro viejo hombre fue crucificado juntamente con él, para que el cuerpo del pecado sea destruido.

ROMANOS 6:6

¿Se da cuenta que albergar pecado es uno de los mayores obstáculos para escuchar la voz de Dios? Nó descarte eso como algo que ya sabe. Tómelo en serio. El pecado habitual le nubla la mente, impidiéndole escuchar lo que Dios tiene que decirle.

Desde luego, todos pecamos y batallamos con la tentación. No obstante, llega un momento en que pasamos de *cometer* un pecado a *anidarlo*, es decir, que lo aceptamos como parte de quienes somos y nos creemos con derecho a practicarlo. Esto sucede cuando Dios señala algo en nuestras vidas y lo ignoramos. Él nos declara: *Esto está haciéndote daño. Pero quiero liberarte y satisfacer realmente lo que necesitas en tu vida. Abandona este hábito destructivo.* Sabemos exactamente de qué se trata porque al instante nos viene a la mente. Pero nos hemos esclavizado a ese pecado y no queremos abandonarlo.

Ese pecado albergado está nublando su visión, dividiendo su mente y distrayéndolo de la vida abundante que su Padre desea para usted. Él le tiene algo mejor. Así que abandone ese pecado, asuma la responsabilidad y reciba la ayuda que lo llevará hacia la libertad, confiando en que Dios le suple sus necesidades en una manera profundamente más satisfactoria de lo que jamás imaginó.

Jesús, me arrepiento. Ayúdame a ser libre. Amén.

PODADOS

A todas las ramas que dan fruto, las poda para que den todavía más fruto.

JUAN 15:2, NBV

A veces hay personas, privilegios y bendiciones que se alejan de nuestro lado sin ninguna explicación. De pronto se han ido y nos preguntamos si hemos cometido algo malo o si Dios está castigándonos. No obstante, animémonos. Jesús nos dijo por anticipado que cada creyente fructífero sería podado para mayor eficacia. Él corta las ramas sobrantes, reenfocando nuestras vidas con el fin de que sean aún más productivas para el bien del reino de Dios.

Un aspecto en que podemos experimentar esta poda es en nuestras heridas pasadas. Sea que lo comprendamos o no, podemos estar amando a otros con emociones estropeadas, siendo atraídos a situaciones malsanas y hasta destructivas para nosotros, lo que nos impide aceptar los propósitos del Señor para nosotros. Entonces, Dios revela nuestros apegos dañinos cortándolos de nuestras vidas y mostrándonos cuánto perjuicio nos causan.

El proceso de poda no es fácil, pero es necesario. Dios le ama demasiado como para dejarlo vivir en esclavitud o permitir que a causa de heridas antiguas se pierda el plan que le ha destinado. Él lo podará a fin de curarlo. Así que no lo resista. Entienda que esto es para su bien y que le dará mayor productividad de la que jamás imaginó.

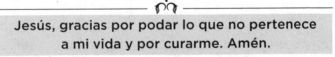

Jesús, gracias por podar lo que no pertenece a mi vida y por curarme. Amén.

PERSEVEREMOS

Sé sobrio en todo, soporta las aflicciones, haz obra de
evangelista, cumple tu ministerio.

2 TIMOTEO 4:5

Perseveremos hoy. No nos rindamos, pase lo que pase. Sigamos buscando a Dios y su voluntad. Hagamos eso comprendiendo que las dificultades que enfrentamos no significan automáticamente que debamos cambiar de dirección. Los problemas que soportamos pueden retrasar el logro de nuestros objetivos, pero no necesariamente son un callejón sin salida. Dios nos enseña en nuestros momentos de derrota algo que nos ayudará a triunfar más adelante. Pablo no interpretó los acontecimientos trágicos de su vida como una razón para dejar de avanzar. Él sabía lo que Dios lo llamaba a hacer y estaba comprometido en lograrlo. Nosotros también debemos actuar así.

Además, no confundamos el hecho de experimentar reveses con ser unos fracasados. Nuestras equivocaciones, pérdidas, retos y derrotas son solo temporales; no definen quiénes somos. En vez de eso, miremos hacia el Señor a fin de determinar la verdad sobre nuestra identidad: somos hijos perdonados de Dios, quien tiene un propósito y esperanza eternos para nosotros.

Por medio del poder y la sabiduría del Espíritu Santo que habita en usted, su Padre celestial le dará la capacidad de mantenerse en el camino. No se rinda. Acérquese al Señor y permita que su poder y su amor lo sustenten.

Jesús, ayúdame a perseverar incluso
cuando surjan problemas. Quiero
honrarte en todo lo que hago. Amén.

TESTIGOS AMABLES

Me seréis testigos [...] hasta lo último de la tierra.

HECHOS 1:8

¿Cómo llegamos a conocer a Jesús como nuestro Salvador? Muchas personas aceptaron a Cristo debido a la influencia amable y amorosa de algún cristiano amigo o compañero de trabajo. Por eso, es muy importante tratar a los demás con respeto y aceptación. No sabemos cuándo podremos hablarles del evangelio y querremos que la relación que mantengamos con esas personas sea una puerta abierta que Dios pueda usar para salvación.

Por supuesto, esto puede ser un reto, en especial porque a veces los no creyentes actúan con normas y valores contrarios a los de los cristianos. No obstante, a pesar de tales diferencias, recordemos que lo más importante acerca de una persona es si conoce o no a Jesús. Las diferencias políticas desaparecerán en la eternidad, y Dios es responsable de cambiar la conducta pecaminosa, pero el testimonio que demos en la vida de alguien tiene implicaciones eternas. Esto no significa que debamos tolerar la impiedad, pero tengamos en cuenta que no somos responsables de cambiarla.

Todo el mundo necesita al Señor, incluso las personas que al parecer resisten toda propuesta piadosa que se les hace. No obstante, siga expresando el amor y la gracia de Dios por medio de palabras y acciones. El Señor obrará a través de usted para cambiar las vidas de otros en una manera maravillosa y eterna.

--- ♔ ---

Jesús, ama a otros a través de mí y ayúdame a guiarlos a tu salvación maravillosa por medio de mis palabras y acciones. Amén.

ILUMINEMOS NUESTRO MUNDO

Hagan brillar su luz delante de todos, para que ellos
puedan ver las buenas obras de ustedes y alaben al Padre
que está en el cielo.

MATEO 5:16, NVI

L a luz siempre ha sido símbolo de vida y algo importante para sobrevivir. En la antigüedad, la mujer israelita revisaba sus lámparas durante la noche con el fin de asegurarse de que la luz se mantuviera fuerte y enviara el mensaje: «Todo está en orden».

No obstante, nunca debemos subestimar la importancia de la luz espiritual de Cristo que brilla a través de sus seguidores. Jesús quiere que nuestras vidas sean como poderosas lámparas que envíen evidencia de su presencia y faros para los que están en oscuridad. Cuando las personas nos ven deberían percibir la luz de Cristo y ser atraídas hacia Dios.

Considere entonces, ¿pueden las personas que lo rodean ver a Jesús a través de las palabras y la conducta que usted expresa? ¿Hace su existencia que otros quieran conocer más acerca del Señor? Quizás su vida no sea lo que debería ser en este instante. Tal vez esté desanimado o se sienta inadecuado o derrotado por las circunstancias que enfrenta. Pero recuerde que Jesús alimenta su lámpara. Él es Aquel que brilla a través de usted y le recuerda que «todo está en orden». Así que asegúrese de que su luz permanezca fuerte y vuélvase hacia Él en busca de la fortaleza y sabiduría que necesita, ya que Él es la Luz de la vida y quiere iluminar el mundo a través de usted.

Jesús, que otros vean tu luz en mí y te conozcan como su Señor y Salvador. Amén.

TODO VIENE DE DIOS

Las riquezas y la gloria proceden de ti, y tú dominas
sobre todo; en tu mano está la fuerza y el poder, y en tu
mano el hacer grande y el dar poder a todos.

1 CRÓNICAS 29:12

¿Sabemos cómo recibir fortaleza cuando las cosas se ponen difíciles o nuestro futuro parece estar en peligro? ¿Sabemos cómo descansar cuando toda nuestra esperanza terrenal falla? Si no lo sabemos, encontremos hoy consuelos en las Sagradas Escrituras, las cuales proveen un maravilloso recordatorio de que todo lo bueno viene de Dios (Santiago 1:17). Por tanto, cuando surjan problemas, centrémonos de inmediato en Él.

El Señor es omnisapiente y todopoderoso. Por tanto, debemos saber que en Él está disponible todo lo que necesitamos para superar nuestras circunstancias. De igual modo, el Señor es el Buen Pastor que por naturaleza es tierno y compasivo, y participa íntimamente en la vida de su pueblo. Puesto que nos ama, se acerca a nosotros y nos lleva en brazos cuando estamos demasiado cansados para avanzar.

Por último, recuerde que su Dios es el Gobernante Supremo de toda la creación y que todo lo que experimenta ya se ha incluido en los grandes planes que Él tiene para usted. Por tanto, cuando sus problemas parezcan insuperables, sométalos a Dios, quien es poderoso, compasivo, sabio y está a su disposición. No hay nadie como Él, y nadie mejor en quien confiar.

Jesús, gracias por otorgarme tu
fortaleza. Eres siempre mi esperanza,
pase lo que pase en mi vida. Amén.

PREPARADOS PARA RECIBIR BENDICIÓN

Dichoso aquel a quien tú, Señor, corriges; aquel a quien instruyes en tu ley.

SALMOS 94:12, NVI

Dios tiene un buen propósito para cada situación y carga que enfrentamos. Esto puede parecernos extraño si nuestra vida es ajetreada y dolorosa, o se ha descontrolado. Pero comprendamos que no hay coincidencias con Él. Dios es el Arquitecto detrás de cada bendición que llega a nuestro camino, y muchas veces eso se inicia ayudándonos a entender lo frágiles que somos cuando actuamos por cuenta propia. Por tanto, no debemos preguntar si Dios realmente tiene un plan para nuestra vida. Lo tiene y con un nivel de detalle que ni siquiera podemos concebir.

Así que esa tarea adicional, ese doloroso recordatorio, ese conflicto, esa dificultad añadida, nada de eso es una sorpresa para el Señor. En momentos de prueba y dolor, animémonos porque Él nos ha permitido aquello para darnos un entendimiento más profundo de Él. Dios está dedicado a bendecirnos con el desarrollo de nuestro carácter, con fe y esperanza, y con alguna buena dádiva que permanecerá siempre con nosotros.

El Señor Dios está preparándolo para bendecirlo no necesariamente en sentido material, sino de manera espiritual y emocional. Así que no desprecie las presiones y las pruebas; más bien, acéptelas con la gracia divina. Y manténgase atento a todo lo que Él hará por usted.

ღ

Jesús, confío en ti. Gracias por las bendiciones que me das a través de estas pruebas. Amén.

LA RELACIÓN DE FE

Sin fe es imposible agradar a Dios; porque es necesario
que el que se acerca a Dios crea que le hay, y que es
galardonador de los que le buscan.

HEBREOS 11:6

A través de años de caminar con Dios, Abraham desarrolló la capacidad de ver al Señor más allá de sus dificultades inmediatas. Sabía que Dios le tenía grandes planes. Sabía que Él podía superar cualquier obstáculo. Por eso, cuando el Señor ordenó a Abraham que sacrificara a su hijo Isaac en el altar, el hombre no se quejó ni se encogió de miedo. Confió en que el Señor tenía propósitos importantes al hacerle tal petición. Abraham creyó que Dios cumpliría todo lo que había prometido (Génesis 15:6).

En el ejemplo de Abraham vemos dos aspectos que son esenciales para llevar una existencia motivada por fe. Primero, debemos creer que Dios existe, que es real, verdadero y confiable. Segundo, debemos creer que Él es fiel para cumplir lo que ha prometido. A través de nuestra relación íntima con Dios estamos plenamente convencidos de su carácter santo y amoroso, ya que Él actúa solo para nuestro bien.

Si ha estado tratando de desarrollar su fe, habiendo fracasado, puede deberse a que ha intentado edificarla sobre el fundamento equivocado. La fe no es un objetivo que usted pueda esforzarse por alcanzar, sino que llega cuando se relaciona personalmente con Dios y experimenta quién es Él. Así que aumente su fe. Conozca a Dios y crea.

Jesús, creo en ti. Ayúdame a
conocerte y amarte más. Amén.

JUNIO

MÁS QUE ADECUADOS

Por esto creerán que se te ha aparecido Jehová.

ÉXODO 4:5

Todos los grandes santos en la Biblia (Abraham, Moisés, Josué, David, Pedro, Pablo y otros) se sintieron inadecuados para las tareas que Dios les daba. Sabían que por su propia cuenta eran incapaces de lograr lo que el Señor les pedía. Pero también sabían que «para Dios todo es posible» (Mateo 19:26).

Tome por ejemplo a Moisés. Aunque el Señor lo llamó de manera milagrosa desde la zarza ardiente, Moisés tuvo miedo de no poder liberar a Israel de la esclavitud egipcia. Su timidez no estaba solo en confrontar a los poderosos egipcios. Moisés estaba seguro de que los israelitas también lo rechazarían, ya que declaró: «He aquí que ellos no me creerán, ni oirán mi voz» (Éxodo 4:1).

Comento todo esto hoy porque tal vez se sienta inadecuado y poco preparado para hacer todo lo que Dios lo ha llamado a hacer. Pero anímese, usted es totalmente insuficiente, pero *Él es más que suficiente.* El reto que enfrenta existe para revelar la asombrosa existencia *de Dios* a través de usted. Y cuando el Señor le dé el éxito y obtenga el triunfo divino, todos sabrán que fue Dios quien estuvo a su lado todo el tiempo. Él obtendrá la gloria y usted la victoria.

Jesús, sigo adelante con fe. Sé que eres más que adecuado para esta tarea y que mereces todo el honor y toda la gloria. Amén.

LIBERTAD EN EL PERDÓN

Si perdonáis a los hombres sus ofensas, os perdonará también a vosotros vuestro Padre celestial.

MATEO 6:14

¿Hay alguien a quien debamos perdonar hoy día? Si estamos teniendo problemas al respecto, recordemos los beneficios que el perdón nos brinda.

Primero, perdonar a los demás es la única manera de vencer los sentimientos negativos que nos mantienen cautivos. Le damos a Dios la oportunidad de reemplazar el resentimiento y el dolor con preocupación, piedad o compasión hacia otras personas. Segundo, el Señor puede ayudarnos a aceptar a quien nos ofendió sin sentir la necesidad de retribuirle de la misma forma. Él nos da entendimiento de por qué ese individuo actuó como lo hizo: nos hace comprender la actitud de la persona y los problemas subyacentes que la hicieron tener ese comportamiento. Dios nos ayuda a aceptar al ofensor como es, tal como Jesús hace con nosotros. Tercero, el resentimiento puede ocasionar que seamos egocéntricos, que nos enfoquemos en nuestras heridas en vez de amar a los demás. A través del perdón, Dios puede reorientarnos para ministrar e interesarnos por ellos.

El perdón es un proceso que puede ser doloroso; sin embargo, usted no puede darse el lujo de aferrarse a un espíritu de falta de perdón. Debe perdonar a los demás y descubrir lo que significa realmente ser libre. Perseverar y mantener la mirada en Aquel que lo perdonó, será una fuerza liberadora como ninguna otra que haya experimentado. Así que perdone.

Jesús, decido perdonar hoy como tú me has perdonado. Aumenta mi amor y mi comprensión hacia quienes me han ofendido. Amén.

NO HUYAMOS DE DIOS

Aunque nuestros pecados nos abruman, tú los perdonas todos.

SALMOS 65:3, NTV

Tras desobedecer a Dios, Adán y Eva se encontraron en una situación nefasta. Su primera reacción fue huir y esconderse debido al miedo y los sentimientos de indignidad que experimentaron. Huyeron de Dios. En lugar de acercársele para restablecer la relación, evadieron cualquier interacción con el Señor. Finalmente, al ser confrontados por haber comido del árbol del conocimiento del bien y el mal, se negaron a aceptar su responsabilidad y se culparon entre sí por la transgresión.

Leemos la historia de Adán y Eva y vemos todo lo que hicieron mal. No obstante, si somos sinceros, debemos admitir que hacemos lo mismo. Cuando pecamos, en lugar de reconocer y confesar nuestro pecado, con frecuencia buscamos maneras de escondernos de Dios, evitando los problemas que Él quiere tratar en nuestras vidas. Y cuando nos presentamos delante de Él, a menudo echamos la culpa a otros. Sin embargo, cada uno de nosotros es responsable de sus acciones, independiente de las circunstancias o de quién más se encuentre implicado en el asunto.

No permita que la culpa o la vergüenza lo alejen del Señor. Tal como Dios buscó a Adán y Eva para restaurar la comunión, lo busca a usted también. Deje de esconderse. Vuélvase a Dios, acepte la responsabilidad y reciba el perdón que le ofrece. Nada bueno viene de huir del Señor.

Jesús, revélame mi pecado para poder arrepentirme. Sé que me liberas con tu perdón. Amén.

OREMOS EN LA VOLUNTAD DEL SEÑOR

Esta es la confianza que tenemos en él, que si pedimos
alguna cosa conforme a su voluntad, él nos oye.

1 JUAN 5:14

¿Anhelamos orar de manera más eficaz? Muy a menudo escuchamos peticiones al Señor por provisión, protección o bendición. Pero hay otra forma muy poderosa de orar. Cuando usamos las Escrituras para hablarle a Dios, nuestra petición contiene la propia autoridad divina.

Consideremos Colosenses 1:9–10: «No cesamos de orar por vosotros, y de pedir que seáis llenos del conocimiento de su voluntad en toda sabiduría e inteligencia espiritual, para que andéis como es digno del Señor, agradándole en todo, llevando fruto en toda buena obra». Sea que oremos esto por nosotros mismos o por otros, lo hacemos de acuerdo con Cristo. Él quiere dar suficiente información a nuestros ávidos corazones para confiar en Él y seguirlo, para conducirnos de manera tal que lo exaltemos.

Por tanto, cuando vaya delante del Señor, abra las Escrituras, las cuales usted sabe que son las mismas ideas y palabras de Dios, y permita que lo guíen a entender los planes y propósitos del Señor. Entonces podrá interceder con confianza, sabiendo que está en la voluntad divina.

Jesús, guíame a las Escrituras que deseas que ore, y que tu voluntad se haga en mi vida. Amén.

CÓMO GANAR LA BATALLA

Tenemos lucha [...] contra huestes espirituales de maldad.

EFESIOS 6:12

E s importante comprender que siempre hay un conflicto espiritual rugiendo a nuestro alrededor para que podamos combatir el pecado de modo eficaz y vivir como le agrada al Señor.

La batalla que enfrentamos existe en tres áreas. *En primer lugar, tenemos un enemigo interior.* Nuestros corazones se alejaron de Dios desde la caída en el huerto del Edén. Esto significa que, mientras permanezcamos en nuestros cuerpos terrenales, siempre estaremos tentados a hacer lo malo. Gracias a Dios, el Espíritu Santo nos atrae continuamente hacia el Señor. *En segundo lugar, tenemos un enemigo exterior* que está representado por las creencias y filosofías impías del mundo (1 Juan 2:15). Como creyentes, estamos llamados a ser sal y luz para quienes nos rodean sin permitir que las costumbres mundanas que los manejan influyan en nosotros o nos distraigan de Cristo. *En tercer lugar, tenemos un enemigo maldito: el diablo.* El deseo de Satanás es reemplazar a Dios como el señor de nuestra vida y deshonrar a Jesús por medio de nosotros. Resistámoslo exaltando siempre al Salvador.

Los soldados exitosos entienden a sus enemigos para poder derrotarlos. Por tanto, esté consciente de lo que enfrenta en esta batalla espiritual. Manténgase firme en Cristo armándose con la Palabra de Dios y buscando su protección y sabiduría.

———— ๓ ————

Jesús, los enemigos espirituales hay que enfrentarlos con armas espirituales. Protégeme y enséñame a exaltarte en todo. Amén.

VIVAMOS EN VICTORIA

Prosigo a la meta, al premio del supremo llamamiento de Dios en Cristo Jesús.

FILIPENSES 3:14

¿Deseamos vivir en la victoria que Cristo nos ha concedido? Si esperamos terminar bien y vivir siendo más que vencedores en el nombre de Jesús, debemos exhibir las siguientes características: *Valor*, para estar dispuestos a arriesgarnos a fallar. Aunque es natural que deseemos parecer fuertes y capaces, Dios se deleita en fortalecernos en medio de nuestras debilidades, de modo que Él reciba la gloria. *Confianza*, para saber que incluso cuando Dios nos llama a una misión que rebasa nuestra capacidad, podremos realizarla porque Él nos dará poder para cumplir su voluntad. *Compromiso* en el trayecto, para comprender que el Señor promete guiarnos, proporcionarnos todo lo que necesitamos y fortalecernos a lo largo del camino. *Persistencia*, para entender que el camino que recorremos está lleno de distracciones, oposición y obstáculos que intentarán hacernos desistir, pero que Jesús merece que resistamos. *Concentración*, para olvidar lo que queda atrás y avanzar hacia lo que hay por delante a causa de quien nos llama (Filipenses 3:13-14).

La clave para triunfar en esta carrera es un deseo ardiente de honrar a Cristo y alcanzar la meta. Así que no se rinda ni se conforme con la gratificación inmediata que el mundo ofrece. Comprenda la magnitud del premio que le espera y siga adelante.

Jesús, ayúdame a vivir en tu victoria:
con valor, confianza, compromiso,
persistencia y concentración, de modo
que puedas recibir la gloria. Amén.

ACCESO CONSTANTE

Conforme al propósito eterno que hizo en Cristo Jesús
nuestro Señor, en quien tenemos seguridad y acceso con
confianza por medio de la fe en él.

EFESIOS 3:11-12

¿No sería maravilloso que pudiéramos llamar a un pastor o consejero cristiano confiable en cualquier momento para cualquier cosa que nos preocupe? Todos anhelamos tener a alguien a quien respetemos, que sea sabio y piadoso, a quien le revelemos las inquietudes de nuestros corazones, que valore nuestras ideas y que nos ayude siempre a tomar buenas decisiones. Gracias a Dios podemos tener esa clase de relación con Jesús, quien está con nosotros en todo momento.

Jesús está continuamente disponible para nosotros para cualquier cosa que necesitemos. Él llevó una vida pura y sin mancha en la tierra, comprende las presiones y tentaciones que enfrentamos y sabe cómo ayudarnos a superar todo eso. De igual manera, Él sabe cómo es el cielo, qué requerirá de nosotros y qué se necesita para prepararnos con el fin de ir allí. Lo mejor del cielo es que Jesús se halla a la diestra del Padre, pero Él también está presente con nosotros siempre a través de su Espíritu Santo.

En otras palabras, Jesús ofrece un consejo mejor, más sabio, más oportuno y más eficaz que el que cualquiera pudiera darnos. Así que regocíjese en el acceso que se le ha dado y disfrútelo cada día.

Jesús, gracias por salvarme y aconsejarme.
¡Eres muy bueno conmigo! Amén.

SALIR EN FE

Que vuestra fe no esté fundada en la sabiduría de los hombres, sino en el poder de Dios.

1 CORINTIOS 2:5

Uno de los aspectos que puede evitar que nos consolidemos en la voluntad de Dios es ser renuentes a asumir riesgos. Preferimos ir a lo seguro reuniendo tantos hechos como sea posible, analizar nuestras opciones y emprender algo solo si estamos razonablemente seguros del resultado. No queremos experimentar pérdidas o angustias, y nos da miedo parecer insensatos o incompetentes, incurrir en dificultades financieras o enfrentar peligros físicos. Desde un punto de vista humano, tiene sentido eliminar las incertidumbres.

Pero desde la perspectiva de Dios, salir de nuestras zonas cómodas es absolutamente necesario para nuestro crecimiento en la vida cristiana. Por supuesto, desde el punto de vista del Señor no hay verdadera incertidumbre, pues Él tiene control sobre todas las cosas y nunca dejará de cumplir sus propósitos.

¿Está pidiéndole Dios que dé en fe un paso en algo que parece no tener sentido? Recuerde que su madurez espiritual se verá obstaculizada si se niega a someterse a Dios. El Señor comprende los temores y la timidez que experimenta, pero aún así espera obediencia. Por tanto, dé el paso de fe y observe lo que Dios hace para desarrollar la relación entre usted y Él. Ciertamente, Dios nunca lo defraudará.

👣

Jesús, aunque no comprenda, te obedeceré, sabiendo que el centro de tu voluntad es el lugar más seguro donde estar. Amén.

CONSUELO EN TIEMPOS SOMBRÍOS

Tú encenderás mi lámpara; Jehová mi Dios alumbrará mis tinieblas.

SALMOS 18:28

De un día al otro José perdió casi todo: familia, hogar y libertad (Génesis 37). Qué sorprendido y rechazado debió haberse sentido cuando sus hermanos lo vendieron y fue llevado a Egipto como esclavo. Nadie habría culpado a José por sentirse devastado.

Así es la vida a veces. Los cambios repentinos nos llevan a épocas sombrías en que sentimos que hemos perdido todo. No entendemos los propósitos de Dios e incluso podemos preguntarnos si Él nos ha abandonado. Pero el Señor no se olvidó de José, y tampoco nos rechaza. Incluso siendo esclavo en tierra extraña, José experimentó el favor de Dios. Y por su vida sabemos que una clave para atravesar tiempos tenebrosos es aprovechar la presencia constante del Señor con nosotros.

Amigo lector, tenga la seguridad de que le pertenece para siempre a Jesús debido al Espíritu Santo que mora en usted y que le fue concedido de manera permanente en la salvación. Ninguna circunstancia, sufrimiento o pérdida puede separarlo del amor de Dios (Romanos 8:38–39). No está solo en este tiempo lúgubre. Así que dé gracias a Cristo por prometerle estar a su lado, porque Él lo sostiene en la dificultad y lo levantará a su debido tiempo, tal como hizo con José.

Jesús, me consuelas, me guías y me sostienes en tiempos difíciles. Sé que me liberarás de mis tribulaciones. Alabo tu maravilloso nombre. Amén.

SUPEREMOS EL SILENCIO

Bienaventurado aquel cuya transgresión ha sido
perdonada, y cubierto su pecado.

SALMOS 32:1

¿Ha experimentado alguna vez un tiempo en que Dios no le haya hablado? La mayoría de las veces, cuando el Padre está callado se debe a que hay algo en nosotros que ya nos mostró y con lo que desea tratar. Tome en cuenta que dije «la mayoría de las veces», pues esto no se aplica siempre. Pero, por lo general, cuando tenemos problemas en escuchar al Señor se debe a que hay algo que Él ya nos ha dicho, pero que no le hemos hecho caso, como si hubiéramos barrido el asunto debajo de la alfombra, negándonos a resolverlo.

Si este es el caso, entendamos la importancia de enfrentar el problema, porque es crucial para nuestra salud espiritual. Solo conseguimos lastimarnos cuando no renunciamos a nuestra adicción, a nuestras acciones pecaminosas o a nuestros dañinos mecanismos de evasión.

Cuando he experimentado tales tiempos y he tratado con las actitudes o conductas en cuestión, la voluntad de Dios se me ha clarificado. Lo mismo le ocurrirá a usted. Por tanto, lo más sabio que puede hacer es elevar a Dios la oración que sigue y obedecer cualquier cosa que Él le revele.

Señor, examina mi corazón. Muéstrame qué hay en mi existencia que me ciega a tu voluntad. Y dame fortaleza y sabiduría para alejarme de actitudes y comportamientos pecaminosos que me impiden seguirte en obediencia total y sincera. Amén.

AGRADEZCAMOS

El que sacrifica alabanza me honrará; y al que ordenare
su camino, le mostraré la salvación de Dios.

SALMOS 50:23

Agradecer y hacer una confesión positiva de fe en Dios pueden ser una fuerza poderosa en nuestra vida. Esto no significa hablar con jactancia o reclamarle al Señor liberación aparte de su voluntad expresada para nosotros. Más bien, mostrar gratitud a Dios por su fidelidad y provisión es un indicio de nuestra sumisión a su voluntad a pesar de las esperanzas o expectativas que tengamos.

Puede ser que las cosas no estén resultando como creíamos, que estemos lidiando con circunstancias adversas. Sin embargo, debido a que servimos al Señor y Salvador resucitado, sabemos que por difícil que sea lo que enfrentemos, Dios es más grande y finalmente nos liberará. Nos bendecirá mientras lo busquemos. Nos guardará, nos protegerá y nos llevará a un lugar de productividad y esperanza. Por tanto, tengamos siempre un motivo para alabar.

Con esto en mente, tome tiempo hoy para exaltar y adorar a Dios. Dígale a Jesús que confía en que Él se llevará las cargas que lo afligen y lo ayudará en cada dificultad. Agradézcale por toda bendición en que pueda pensar, porque su Dios no le ha fallado ni le fallará nunca. Alabarlo allanará el camino para la liberación que usted necesita.

Te agradezco y te alabo de todo corazón,
Jesús, confiando en que siempre me
guías correctamente. Amén.

OBEDIENCIA TOTAL

Si alguno me sirve, sígame. [...] Si alguno me sirviere, mi Padre le honrará.

JUAN 12:26

La verdadera obediencia a Dios significa hacer *lo que* dice, *cuando* lo dice, *como* lo dice, *mientras* lo dice, *hasta* que se cumpla lo que dice. Lamentablemente, a veces perdemos este concepto. Podemos racionalizar y mostrar obediencia parcial, que en realidad es desobediencia, hasta el punto de perdernos las mejores bendiciones de Dios.

Entonces, si nos preguntamos por qué, a pesar de que tratamos y tratamos, en ocasiones las cosas no resultan como quisiéramos, la respuesta podría estar en analizar cuán sometidos estamos al Señor y sus propósitos. Si experimentamos frustración espiritual, podría haber un área de desobediencia en nuestra vida con la que todavía no hemos tratado. Quizás Dios nos ha pedido que hagamos algo, y en respuesta desobedecemos o solo hemos hecho parte de lo que nos pidió... en el tiempo y a nuestra manera y no bajo las condiciones del Señor.

Reflexione con cuidado en lo que está haciendo. ¿Hay alguna faceta particular de su vida en que el Señor continuamente le llama la atención? Cuando acude a Él en oración, ¿surge reiteradamente la misma cuestión? Si el Señor quiere tratar algo en usted, no siga haciendo las cosas a *su* manera sino como *Él* pide. Sométase a Dios, porque cuando lo haga todo lo demás encajará.

Jesús, quiero obedecerte. Revélame dónde te he fallado para poder someterme a ti por completo. Amén.

EN CONSTRUCCIÓN

Ahora que habéis sido libertados del pecado y hechos
siervos de Dios, tenéis por vuestro fruto la santificación,
y como fin, la vida eterna.

ROMANOS 6:22

Sin importar lo mucho que nos hayamos equivocado, comprendamos que somos un proyecto en desarrollo. Dios está moldeándonos en los seres con quienes desea vivir y tener comunión para siempre. Debido a esto, tenemos la esperanza de que mañana no seremos los mismos que somos hoy. Si seguimos caminando con Dios, seremos más como Cristo, con más de su carácter, gracia, sabiduría y poder. Los errores que cometemos no representan nuestra identidad; en quiénes nos convertimos es lo que se supone que debemos ser siempre.

Jesús está escribiendo su historia en nuestra vida. Edifica valor eterno en nosotros replicando su carácter, preparándonos para buenas obras y estableciendo su reino en nosotros. Por eso los errores que cometemos no representan el final. Aún estamos en construcción.

Puede que no le guste quién es hoy en día, y eso está bien, porque Dios está obrando en usted, transformándolo y preparándolo para una vida agradable al Señor. Por tanto, no se rinda ni se desanime. Tiene todas las razones para vivir y tener esperanza. Aférrese a Él y confíe en que lo mejor aún está por venir.

──────────── ༀ ────────────

Jesús, gracias por ver valor en mí,
transformándome y haciéndome tuyo. Amén.

FIEL EN TODO

El que es fiel en lo muy poco, también en lo más es fiel.

LUCAS 16:10

Dios puede revolucionar por completo nuestra existencia. Independientemente de si eso significa un cambio de profesión, ubicación, relación o situación, el Señor puede obrar de manera sobrenatural en las circunstancias que enfrentamos. Sin embargo, debemos estar dispuestos a hacer lo que Él dice, en su tiempo y a su manera. ¿Estamos dispuestos a confiar de todo corazón en Él?

El compositor de himnos John H. Sammis lo expresó así: «Confía y obedece, porque no hay otra forma de ser feliz en Jesús sino confiar y obedecer». Permítame agregar que no existe el gozo separados de Jesús. Sin una relación correcta con Cristo, nunca tendremos el contentamiento, la paz o la seguridad para lo que fuimos creados. Nada más en este mundo puede satisfacer de veras como Él puede hacerlo.

Así que, a fin de convertirse en un discípulo de Jesús totalmente rendido, usted debe comenzar por obedecerle en cada aspecto de su vida, por insignificante que pueda parecer. A menos que diga sí a las aparentemente pequeñas instrucciones del Señor, nunca sabrá en realidad lo que su existencia llegará a ser o qué maravillosas bendiciones pueden ser suyas. ¿Por qué arriesgarse a perder, cuando puede tener la seguridad de ganar? Obedezca a Dios y déjele las consecuencias.

Jesús, quiero obedecerte y serte fiel incluso en las cosas más insignificantes. Guíame en todo sentido, mi Señor. Amén.

PASO A PASO

Los pasos de los buenos son guiados por el SEÑOR. Él se deleita en cada paso que dan.

SALMOS 37:23, NBV

Habrá momentos en nuestro caminar con Jesús en que nos mostrará solamente el siguiente paso en lugar de revelarnos el plan completo. Tendremos deseos de preguntar: «Señor, ¿qué estás haciendo? ¿Cómo resolverás esto?».

Pero así es como el Señor actúa. Nos da suficiente luz a fin de llevarnos al siguiente punto de nuestra hoja de ruta. Una vez en ese lugar, tendremos la próxima clave en el recorrido. Esta es la manera como el Señor nos enseña a depender totalmente de Él. Si nos mostrara la historia completa y cómo hacer todo a la vez, saldríamos corriendo a hacer las cosas por nuestra cuenta. Lo siguiente que sabríamos es que estaríamos rodando por un precipicio, porque pensaríamos: *Lo tengo controlado.*

Es por eso que la voluntad de Dios por lo general viene un paso a la vez. Él sabe que evitaríamos los mismos obstáculos y retos que nos preparan y hacen que el viaje sea exitoso. Pero sencillamente no podemos dejar de hacer lo que Dios quiere que hagamos, cuando quiere que lo hagamos y en la manera que nos ordena que lo hagamos. Este es el camino más seguro hacia el éxito.

Jesús, gracias por enseñarme a depender de ti. Confiaré en ti paso a paso. Amén.

RECONOZCAMOS AL DADOR

*Traed todos los diezmos [...] y probadme ahora en esto
[...] si no os abriré las ventanas de los cielos, y derramaré
sobre vosotros bendición hasta que sobreabunde.*

MALAQUÍAS 3:10

D ios solo pide que le obedezcamos y, cuando lo hacemos, gozo-
samente nos abre las puertas de bendición. Vemos ilustrado
este principio cuando el profeta Malaquías le habló a una generación
de hebreos que se había alejado del Señor. Ya no le obedecían a Dios
ni llevaban sus ofrendas al templo. Como resultado, toda la nación
estaba sufriendo. Entonces Malaquías llamó de nuevo al pueblo a ser
obediente con este mandato del Señor. Dios únicamente les pide que
obedezcan los mandamientos que les da y que le den un décimo de
lo que producen, es decir, un diezmo. Él les devuelve una bendición
tan grande que ellos no pueden contenerla.

Este principio se aplica también a nosotros. Dios es quien nos da
todo lo que tenemos. No nos quita ni hace sentir su autoridad al pedir-
nos ofrendas. Lo contrario es la verdad. El Señor nos da libremente
su poder, sus recursos y su sabiduría, y es cuando lo reconocemos y
lo honramos como Dios que generosamente derrama bendiciones
desde sus depósitos infinitos en el cielo.

───────── ♄ ─────────

**Jesús, sé que todo lo que tengo viene de tu
mano. Te comprometo mi diezmo, mis talentos y
mi tiempo. Gracias por proveer para mí. Amén.**

ESPEREMOS EN FE

Reposa en el SEÑOR; espera con paciencia que él se manifieste.

SALMOS 37:7, NBV

A veces pasan días, semanas, meses y hasta años sin una respuesta de parte de Dios sobre algo muy importante para nosotros. Y si usted se encuentra en una temporada así, le insto a animarse y no perder la esperanza. Comprenda que esperar en el tiempo de Dios no solo es una de las lecciones más provechosas, sino una de las más necesarias que aprenderá como creyente. En muchas ocasiones le he pedido algo a Dios y solo he recibido silencio por respuesta. A veces me pareció haber esperado eternamente una respuesta. Pero por larga que haya sido la espera, Dios *siempre* ha concedido mi petición. Y durante esos tiempos esperando me ha enseñado a confiar más en Él.

Sí, esperar es una de las cosas más difíciles que hacemos como cristianos porque siempre existe esa duda profunda de si el Padre contestará nuestras oraciones. Esto ocurre especialmente cuando otros reciben lo que nuestro corazón desea. No obstante, Dios tiene razones muy importantes para hacernos esperar, y *siempre,* sin excepción alguna, nos benefician. No dudemos del Señor. Sigamos confiando y esperando, porque Él nos exaltará al debido tiempo y nos dará más de lo que podemos imaginar y necesitar.

Jesús, espero en ti confiando en que las demoras no son negativas, sino que son importantes para tus propósitos. Amén.

TIEMPO DE PREPARACIÓN

Esperaré en tu nombre, porque es bueno.

SALMOS 52:9

D avid solo tenía dieciséis años cuando fue ungido rey de Israel, pero no asumió el trono hasta los treinta. Sin duda, hubo momentos en que debió haber creído que Dios lo había olvidado. Pero todo lo que el Señor le había prometido se cumplió, pero fue solo después de haber preparado a David para la tarea.

De igual modo, aquello por lo que oramos podría estar dentro de la voluntad de Dios, pero Él debe prepararnos a su debido tiempo para esa misión. Pensémoslo de esta manera: si ensambla un avión a escala, primero debe esperar que el pegamento se seque antes de hacerlo despegar. Quizás después de un par de horas el pegamento se vea casi adherido, pero sin estar sólido aún. Debido a su ansiedad por ponerlo a volar, saca el avión y lo hace elevar por los aires. Lamentablemente, antes de ganar altitud el aparatito se estrella contra el suelo, esparciendo piezas por todas partes, pues aún no estaba listo.

Lo mismo ocurre con las bendiciones que Dios tiene para usted. Su madurez espiritual es el adhesivo que las mantiene unidas. Si las recibe antes que el Señor lo considere listo, todo podría desmoronarse desastrosamente. Así que no se impaciente. Dios no lo ha olvidado, tan solo está preparándolo. Aprenda a esperar en Él con gracia.

Jesús, sé que no me olvidarás. Confío en
tu tiempo y tu preparación. Amén.

NO MÁS MIEDO

*En el amor no hay temor, sino que el perfecto amor echa
fuera el temor.*

1 JUAN 4:18

S i tememos maltrato de parte de Dios, entonces realmente no
sabemos cuánto nos ama ni cuánto nos ha dado. El Padre nos
cuida de manera profunda e incondicional. Permite que experimentemos retos para poder enseñarnos a caminar más cerca de Él,
libres de esclavitud, y para que aprendamos a desarrollar carácter.
Los retos no tienen la intención de dañarnos, nunca. Al contrario,
cuando Dios toca algo en nosotros que nos produce miedo o ira, se
debe a que hay una herida profunda que requiere sanidad. Él obra en
aquellas áreas dolorosas con el fin de que estemos totalmente libres
de cualquier cosa que esté destruyéndonos.

¿Cómo sé esto? Porque así es Dios. Él no solamente salva, sino
que también libera por completo de la esclavitud al pecado y del
sufrimiento que este ocasiona. Piense en esto: ¿ha derramado el
Señor alguna vez su ira cuando usted ha expresado enojo contra Él?
¿Sabe por qué no lo ha hecho? Porque su Salvador entiende el dolor
profundo e insoportable que siente (Hebreos 2:17–18). Él comprende
las heridas que le han causado las experiencias que ha tenido, por
eso le muestra compasión y misericordia, y actúa para que se cure
del dolor que lo azota.

―――――― ༄ ――――――
**Jesús, sé que todo lo que haces es bueno.
Gracias por amarme y liberarme. Amén.**

Dios nuestro Padre

Mirad cuál amor nos ha dado el Padre, para que seamos llamados hijos de Dios.

1 Juan 3:1

¿Entiende completamente qué significa tener a Dios como Padre? Sepa que a pesar de cómo lo haya tratado a usted su papá terrenal, el Señor Dios es más grande, más amoroso, compasivo, sabio y poderoso, y Él es exactamente lo que su alma anhela.

Podemos ver exactamente la clase de Padre que tenemos en Dios al leer los evangelios y descubrir el carácter de Jesús: siempre amable, atento, inteligente y compasivo. Curó a todos los que acudieron a Él, sanándoles tanto sus corazones como sus enfermedades. Con ternura tomó en brazos a niños pequeños y los bendijo. Siempre tuvo tiempo para las personas, invitándolas a unírsele, y siempre tuvo un consejo sabio para darles. De igual manera, sabemos que Jesús es sacrificial en su amor por nosotros. Murió en la cruz, a fin de que pudiéramos tener una relación eterna con Él.

Al echarle una profunda mirada a Jesús, usted tendrá una imagen auténtica de quién es Dios como Padre. Así que pídale al Señor que le ayude a comprender realmente cuánto lo ama y lo cuida. Ciertamente, Él se le revelará y será el Padre que usted necesita.

> Señor, quiero entender plenamente lo que significa que seas mi Padre. Enséñame, quiero conocerte y amarte más. Amén.

GIRO DE ACONTECIMIENTOS

Vosotros pensasteis mal contra mí, mas Dios lo encaminó
a bien, para hacer lo que vemos hoy, para mantener en
vida a mucho pueblo.

GÉNESIS 50:20

Al Dios a quien servimos le gusta cambiar por completo situaciones que parecen desesperadas. Tomemos a José por ejemplo. Sus hermanos lo vendieron como esclavo y fue llevado a Egipto, donde obtuvo cierta importancia, pero debido a las acusaciones injustas y falsas de alguien más, pasó años en una cárcel egipcia.

A muchos pudo haberles parecido que Dios se olvidó de José. Rechazado por su familia, esclavizado y encarcelado, ¿qué esperanza podía tener? Para quienes no sabían lo que estaba ocurriendo, la vida de José era improductiva y sin provecho.

Pero Dios miró a José y vio a alguien que a pesar de las pruebas permaneció fiel, honró al Señor y sirvió a otros con devoción piadosa. Y llegado el momento, Dios cambió todo el panorama levantando a José para liderar a Egipto y convertirse en el segundo al mando después de Faraón mismo.

Asimismo, puede que usted experimente situaciones que parezcan desesperadas. Lo más importante que puede hacer es mantenerse fiel a Jesús, porque al hacerlo invita al Señor a glorificarse en su vida. Así que no se desanime, más bien honre a Dios. Él puede cambiar, y cambiará, el entorno en que usted se encuentra en formas que no puede imaginar, y hará que todas las cosas obren para bien.

Jesús, ¡puedes cambiar todo el panorama!
Gracias por hacer que todas las cosas
obren para mi bien. Amén.

MINISTRO DE CONSOLACIÓN

Dios nos consuela en todos nuestros sufrimientos para que también nosotros podamos consolar a quienes sufren.

2 CORINTIOS 1:4, PDT

Hemos escuchado en varias ocasiones que Dios hace que todas las circunstancias de nuestra vida obren para bien y para su gloria. Sin embargo, ¿lo creemos de veras? A veces es difícil. Si una prueba es bastante inesperada o dolorosa, puede hacernos cuestionar por qué Dios permitió que la experimentemos.

La única manera de tratar en forma positiva y proactiva con el sufrimiento es verlo a través de los ojos de Dios. Por tanto, pidámosle que nos ayude a ver nuestras circunstancias desde su punto de vista. No todo estará completamente claro, pero tendremos confianza en que el Salvador que nos redimió completará la obra que está haciendo en nosotros.

Recordemos siempre que somos hijos amados del Dios vivo. Si la tristeza toca nuestra puerta, el Señor sabe todo al respecto y cuenta las lágrimas que derramamos (Salmos 56:8). Pero Él también es suficientemente fuerte para eliminar nuestro dolor y soledad, y hacer que de eso brote algo que valga la pena. Usará la adversidad que usted ha experimentado para ayudarle a extenderse a otros que han estado heridos y en angustia. Él quitará el dolor y la tragedia y los usará para moldearlo en un sabio y preocupado ministro de consolación divina.

Jesús, gracias por obrar a través de mi dolor para convertirme en un ministro de tu gracia. Amén.

EL ESPÍRITU DIRIGE

Mi espíritu dentro de mí te busca con diligencia.

ISAÍAS 26:9, LBLA

Una vez que nos hemos vuelto hacia Dios y aceptado la salvación que ofrece, empieza a transformarnos por el poder de su Espíritu Santo en nuevas criaturas portadoras de la naturaleza de Jesús. Se nos perdonan por completo todos los pecados y somos cambiados espiritualmente, pasando de muerte a vida. Esto le permite al Espíritu de Dios habitar en nosotros, dirigirnos y hacernos madurar.

A veces, cuando el Espíritu Santo está obrando activamente en nosotros, podemos sentir que hay algo inestable en nuestra relación con Dios. Se trata del Espíritu Santo estirándonos la fe, ayudándonos en la transición de relacionarnos con el Padre en base a la evidencia, a tener una confianza auténtica y espiritualmente cimentada en la firmeza, la confiabilidad y la fidelidad de Dios mismo. De igual modo, el Espíritu Santo nos convencerá de pecado continuamente como medio para llevarnos a la libertad y transformarnos a la semejanza de Jesús.

Por tanto, no se desanime si siente inquietud en su espíritu o incitaciones de parte de Dios. Él nunca lo dejará ni lo abandonará. Al contrario, lo llama a tener una relación más profunda con Él y a una vida abundante. Entonces, obedezca al Espíritu Santo, quien le ayudará a recibir y apropiarse de la maravillosa voluntad del Señor para su vida.

Espíritu Santo, ¡transfórmame! Aumenta mi fe y amor por ti y llévame hacia tu voluntad, Señor Dios. Amén.

ACERQUÉMONOS A DIOS

Acercaos a Dios, y él se acercará a vosotros. Pecadores,
limpiad las manos; y vosotros los de doble ánimo,
purificad vuestros corazones.

SANTIAGO 4:8

D ios no es como la persona a quien llamamos reiteradamente, pero no devuelve la llamada. Él no es como el servicio de entregas que pierde cartas o paquetes. No es como el familiar que se niega a interactuar con nosotros. Más bien, Dios declara: «Me buscaréis y me hallaréis, porque me buscaréis de todo vuestro corazón» (Jeremías 29:13). El Señor Dios *quiere* desarrollar una relación amorosa con nosotros y guiarnos a lo largo de la vida.

Esto significa que el problema de comunión por lo general viene de nuestra parte. Entonces, ¿por qué no acercarnos más a menudo a nuestro Salvador? Muchas veces es porque sentimos miedo de lo que nos costará. Sabemos que al acercarnos a un Dios santo seremos acusados por nuestra pecaminosidad.

Amigo lector, no se aferre a lo que está destruyéndolo a expensas de la relación que satisfará de veras su alma. Vuélvase a Jesús, sea libre de aquello que lo mantiene en esclavitud y experimente la vida para la cual fue creado.

Jesús, gracias por acercarte a mí cuando clamo. Ayúdame a renunciar a todo lo que me mantiene cautivo y así disfrutar de la vida abundante que me has dado. Amén.

LUTO Y GLORIA

¿No te he dicho que si crees, verás la gloria de Dios?

JUAN 11:40

Hay ocasiones en que la vida no tiene ningún sentido. Es más, la comprensión que tenemos de cómo *deberían* funcionar las cosas puede verse tan destrozada por las circunstancias que el dolor será abrumador. Naturalmente, nos preguntaremos dónde está Dios y por qué permitió que pasara lo que sucedió. Animémonos, porque a nuestro Salvador le importa cuando estamos heridos. Así como Jesús lloró ante la tumba de su amigo Lázaro, hace lo mismo cuando nos hallamos confundidos y dolidos.

No obstante, recordemos en la historia de Lázaro que Jesús permitió que su amigo sucumbiera ante la enfermedad a fin de obrar el más grande de los milagros: resucitarlo de la tumba (Juan 11:1–45). Del mismo modo, Dios permite las circunstancias que enfrentamos con la finalidad de mostrarnos el poder de la resurrección.

Este tiempo de luto y dificultad no durará eternamente. Pero entendamos que en lo invisible están ocurriendo cosas importantes. Dios no solo está preparándonos, sino organizando facetas de la situación que experimentamos para mostrarnos su fidelidad.

Por tanto, no se rinda ni se desanime. Jesús tiene un plan maravilloso. Su responsabilidad es mantenerse centrado en Él, permitirle que lo guíe y estar dispuesto a obedecerle en toda situación. Jesús se encargará de los detalles y le mostrará su gloria.

Jesús, confío en ti incluso en las dificultades. Gracias por mostrarme tu gloria en cada situación. Amén.

SEGURIDAD EN LA OBEDIENCIA

*Enséñame, oh Jehová, tu camino; caminaré yo en tu
verdad; afirma mi corazón para que tema tu nombre.*

SALMOS 86:11

Dios siempre está llamándonos a caminar en obediencia.
Aunque hacer eso puede crear incertidumbre en nuestra vida,
existen algunas cosas de las que podemos estar seguros.

En primer lugar, ser retados a crecer en fe es parte necesaria de
nuestra relación con Dios. El Señor obrará a través de situaciones en
que sentimos duda, insuficiencia o miedo como oportunidades para
hacer madurar nuestra confianza en Él. Pero procedamos con confianza porque, en segundo lugar, contamos con la presencia de Dios.
Nuestra relación con el Señor es absolutamente eterna y sus promesas son seguras. Así que cuando Él nos pide que nos aventuremos,
podemos obedecerle confiadamente porque Él está de nuestro lado.
Tercero, el Espíritu Santo nos permitirá cumplir la misión que el
Señor nos da. El poder y la sabiduría de Dios nos pertenecen. Cuando
somos débiles, Él nos fortalece. Cuando vacilamos, Él nos afirma. Y
cuando caemos, Él nos levanta.

Entonces, considere: ¿qué pide Dios de usted? Recuerde que
cuando Él dice que siga adelante en medio de la incertidumbre, puede
confiar en que el Señor estará a su lado preparándolo. Por tanto, diga
sí al reto, agradézcale por la oportunidad y confíele el trayecto.

**Jesús, quiero obedecerte en todo.
Concédeme el valor para hacer cualquier
cosa que me pidas. Amén.**

PASAJE SEGURO

Cambia la tempestad en sosiego. [...] Y así los guía al
puerto que deseaban.

SALMOS 107:29-30

Las tormentas de la vida pueden hacernos sentir extraviados e inseguros de nuestra dirección. Esto les ocurrió a los discípulos cuando zarparon en el mar de Galilea y se toparon con un vendaval. No sabían en qué dirección iban y dudaron de poder sobrevivir.

Pero durante esa tormenta Jesús demostró su capacidad para proteger a los discípulos incluso cuando la tempestad les rugía por todas partes. A menudo, durante las tormentas estamos convencidos de que los peligros nos hundirán, tal como le ocurrió a Pedro cuando salió de la barca. No obstante, Aquel que dirige el viento y las olas puede acallarlos a fin de mantenernos seguros y rescatarnos. Del mismo modo, Jesús demostró su soberanía: Él tenía el control pleno de cada detalle de lo que los discípulos experimentaban. Animémonos en esto: Jesús sabe con exactitud cuál es la violencia de la tormenta, sabe dónde nos encontramos y hacia dónde desea llevarnos.

Aquel que murió en nuestro lugar a causa de su sorprendente amor por nosotros es quien sostiene nuestro futuro, controla la dirección de nuestra vida y no nos defraudará. Así que vuélvase al Señor en medio de la tormenta, confíe en Él y tenga confianza en que lo llevará al destino que le tiene preparado.

Jesús, confío en ti en medio de la tempestad. Gracias por llevarme a salvo al destino correcto. Amén.

SABIDURÍA EN ESPERAR

Señor, ¿qué esperaré? Mi esperanza está en ti.

SALMOS 39:7

Esperar en Dios puede ser difícil porque el tiempo es muy importante en nuestras vidas. Como criaturas con principio y fin, podemos encontrar frustrantes y hasta dolorosos los días que pasan. Sin embargo, debemos confiar en que el Padre ve el panorama completo de nuestra existencia y sabe exactamente, con perfecta pericia, cómo y cuándo dirigirnos.

Por eso es que a veces el Señor retiene por un tiempo las bendiciones que desea darnos. Sabe que lo que puede ser un gran regalo para nosotros el día de mañana podría terminar y hasta destruir nuestra vida el día de hoy. Por eso Él obra a tiempo y en las circunstancias que elige, a fin de prepararnos para lo que quiere darnos. Su demora no es un rechazo, simplemente es el deseo del Padre de proteger a sus hijos.

Por tanto, mientras espera en Dios, alimente su relación con Él para que pueda saber la dirección que le da. Además, confíe en el juicio del Señor. Él sabe mucho más respecto a los deseos que usted tiene. Así que obedézcale, porque si trata de hacer que algo suceda apartado de Dios, se dirige al desastre. No olvide que Dios camina activamente con usted, e incluso cuando retiene una respuesta a sus oraciones, es en busca del mejor interés para su vida.

Jesús, espero en ti, confiando en tu gran sabiduría.
Gracias por tu tiempo sabio y perfecto. Amén.

PREPARADOS PARA
LA PROMESA

*Tú eres el Dios de mi salvación; en ti he esperado todo el
día.*

SALMOS 25:5

Tal vez en algún momento nos hemos preguntado: *Si Dios es
todopoderoso y omnisapiente, y si me ama de modo incondicional, ¿por qué no satisface mis necesidades? ¿Por qué hay enormes
vacíos no solo en mi vida, sino en mi corazón?*

Tengamos la seguridad de que el Señor está comprometido de
veras a satisfacer todas nuestras necesidades (Filipenses 4:19). Dios
prometió que lo haría. Desde luego, el valor de cualquier compromiso se basa en dos aspectos: primero, la *capacidad* de quien promete
para cumplir su palabra, y segundo, su *integridad*, el carácter de esa
persona para cumplir lo prometido. Sabemos que el Señor ciertamente califica en ambos aspectos. Tiene la sabiduría, la capacidad y el
poder necesarios para cumplir sus promesas. Dios también es santo
y confiable, siempre ha cumplido lo que promete.

¿Por qué entonces la demora? A veces el retraso es culpa nuestra. Las únicas veces en las Escrituras en que el Señor ha retenido su
provisión ha sido cuando sus promesas fueron condicionales, y el
comportamiento de la humanidad ha sido un factor que interfiere.
Por tanto, Él puede estar obrando en su capacidad para recibir lo que
necesita o quizás no sea aún el tiempo correcto. Pero siga esperando.
No renuncie a Dios. Continúe buscándolo y confiando en que le proveerá a su debido tiempo.

Jesús, no comprendo esta necesidad
persistente, pero te la confiaré. Amén.

VICTORIA EN BATALLA

De Jehová es la batalla.

1 SAMUEL 17:47

Cualquiera que sea la batalla que enfrentemos hoy, aferrémonos a la verdad de que Dios puede darnos la victoria. Podemos atravesar tiempos de desilusión. Las cosas tal vez no siempre resulten como las hemos planeado. Pero en última instancia, Dios será glorificado y saldremos bendecidos al confiar en Él.

Cada reto que enfrentamos representa una oportunidad para que Dios nos muestre su sabiduría, poder, fidelidad y amor. Entonces, en lugar de ceder a pensamientos de miedo o fracaso, hagamos el compromiso de confiar en Él. ¿Cómo hacemos eso? En primer lugar, recordemos victorias pasadas. Pensemos en todas las ocasiones en que Dios nos ayudó. Segundo, examinemos nuestro corazón para asegurarnos que estamos a cuentas con Dios. Tercero, hagamos el esfuerzo consciente de rechazar el desánimo y fortalezcámonos con la verdad del Señor. Cuarto, reconozcamos la verdadera naturaleza de la batalla, que es espiritual. Quinto, respondamos al reto con una confesión positiva de nuestra fe en el Señor. Por último, confiemos en el poder de Dios para triunfar.

Una vez que haya pasado tiempo con el Señor y esté seguro de que la voluntad divina es que usted entre en batalla, cuente con la victoria. Ya que es la fortaleza, la sabiduría y el poder de Dios lo que finalmente le dará el triunfo, puede enfrentar cualquier circunstancia esperanzado y confiado.

Jesús, esta batalla te pertenece, y sé que triunfarás. Gracias por guiarme y fortalecerme. Amén.

JULIO

MOSTREMOS A DIOS

La esperanza que se ve, no es esperanza; porque lo que
alguno ve, ¿a qué esperarlo?

ROMANOS 8:24

¿Tenemos una idea preconcebida sobre cómo satisfará Dios nuestras necesidades? A lo largo de los años me he topado con muchas personas que me han explicado cómo creían que el Señor respondería sus peticiones. Esta siempre es una senda hacia el desastre porque los caminos de Dios son más altos que los nuestros, y Él casi nunca actúa en una manera que podamos predecir. Por eso, cuando el Señor no cumple los planes que algunas personas tienen, estas se enojan y se desilusionan de Él.

Pero debemos comprender que el propósito principal del Señor al permitir que enfrentemos un reto o una necesidad es que aprendamos a confiar en Él. Además, que otros vean el poder y la presencia del Señor en nuestra vida para que sean atraídos hacia Él. Si Dios respondiera de una forma que pudiéramos imaginar o cualquiera pudiera adivinar, ¿dónde estaría la gloria para Él? No, Él debe mostrarse como el Dios todopoderoso, más allá de lo que cualquiera puede lograr en sabiduría o fuerzas humanas.

Por tanto, párese hoy día delante del Señor y declare: «Confío plenamente en que satisfaces mis necesidades en tu tiempo y conforme a tus métodos». Tenga fe en Dios aunque no comprenda en qué forma actuará. Y permita que Él sea glorificado por medio de usted.

─────── ᑎᐠᑎ ───────

Jesús, muéstrate como Dios en medio de
mi situación. Creo. Tengo fe en ti. Amén.

LA VERDADERA NECESIDAD

Cuando el deseo ha concebido, engendra el pecado; y el pecado, una vez que ha sido consumado, da a luz la muerte.

SANTIAGO 1:15, NVI

E numeremos los problemas que plagan nuestro mundo, y podremos rastrearlos hasta llegar a las profundas necesidades emocionales o espirituales en las vidas de las personas. Trátese de abuso de sustancias, pobreza, familias destruidas, delito o violencia, toda condición destructiva brota de hondas necesidades internas que se manifiestan primero en el corazón.

Las personas reaccionan a las circunstancias que creen que originan sus necesidades insatisfechas, pero con frecuencia solamente son síntomas. Por ejemplo, alguien puede creer que el dinero aliviará los problemas y las insatisfacciones que tiene, y podría reaccionar a esa necesidad percibida en un modo malsano, impío y finalmente insatisfactorio, con resultados que van desde adicción al trabajo hasta el robo. Pero lo cierto es que la profunda necesidad interior de tal individuo puede ser de respeto, valía personal o seguridad. Esta es una simplificación exagerada; sin embargo, observe el patrón. La persona dará la respuesta errada acerca de lo que realmente llena su alma.

Amigo lector, no cometa la misma equivocación. Dios no solamente revela el verdadero origen de la necesidad que usted tiene, sino que la satisface más allá de lo imaginable. Búsquelo y confíe en que Él es lo único que necesita.

Jesús, la verdad es que te necesito. Ayúdame, por favor, a ver más allá de mis necesidades percibidas el profundo clamor interior que deseas satisfacer en mí. Amén.

ENTRENADO PARA GANAR

¿No sabéis que los que corren en el estadio, todos a la
verdad corren, pero uno solo se lleva el premio? Corred
de tal manera que lo obtengáis.

1 CORINTIOS 9:24

E n tiempos de dificultad podemos tener problemas en mantener nuestra perspectiva, ya que las pruebas pueden desgastarnos, produciendo agotamiento y desánimo que nos distraen de nuestro objetivo. Por tanto, en tales momentos debemos comprender que no hay nada malo en pedirle al Señor que nos ayude a mantener la mirada en la meta.

Esto ocurrió en las vidas de individuos a lo largo de las Escrituras. José, David, Jeremías y Pablo enfrentaron períodos similares de presión que probaron su resistencia espiritual y emocional. Sin embargo, estos hombres lograron mantener su enfoque espiritual cuando buscaron constantemente la presencia de Dios. Hallaron victoria y esperanza en adorar a Dios aunque los problemas abundaban por todas partes. Nosotros también podemos hacer lo mismo.

Así que cuando enfrente momentos de dificultad, por fuerte que sea la tentación, no se rinda. Recuerde que usted es como un atleta en formación que se prepara para los propósitos superiores de Dios. Así que continúe fortaleciendo su enfoque en Jesús, porque Él ciertamente le dará una poderosa victoria.

━━━━━━━━━━ ᑎᑎ ━━━━━━━━━━

Jesús, ayúdame a mantenerme enfocado en ti
en tiempos de tribulación y prepárame para tus
propósitos. Gracias por llevarme al triunfo. Amén.

EN MANOS DEL SEÑOR

El Altísimo gobierna el reino de los hombres.

DANIEL 4:17

Al mirar el estado actual y futuro del mundo podemos sentir la tentación de desanimarnos. Sin embargo, el caos que vemos es un recordatorio importante para enfocar nuestros corazones en Dios. Cuando el Señor nos mira, ¿ve un pueblo de oración?

Jesús es nuestra suficiencia para suplir los retos del mundo actual y futuro. Sí, es cierto que como creyentes debemos estar enterados de lo que ocurre, participar de una ciudadanía activa, ser luz en nuestras comunidades y ejemplificar la amorosa gracia de Dios hacia los demás. El Señor espera que vivamos de manera ordenada, prudente y pura como miembros de nuestra sociedad. No obstante, se nos dice muy claramente que «Él cambia los tiempos y las épocas, pone y depone reyes» (Daniel 2:21, NVI). Dios hace lo que nosotros no podemos hacer en cuanto a la dirección de nuestras naciones.

Por tanto, no hay razón para temer lo que sucederá en el futuro. Más bien, comprométase a orar, humíllese, busque la sabiduría divina y arrepiéntase de todo lo que desagrada a Dios (2 Crónicas 7:14). Él lo preparará para todo lo que pueda venir y será su seguridad, provisión completa y defensa total.

Señor, enséñame a orar por esta nación y
ayúdame a ser tu luz en una comunidad
que necesita tu guía y salvación. Amén.

ALCANCE DE LA BENDICIÓN

Jehová esperará para tener piedad de vosotros, y por tanto, será exaltado teniendo de vosotros misericordia.

ISAÍAS 30:18

Nuestro comportamiento no determina nuestra relación con Dios, pero a menudo define el grado en que Él puede bendecirnos. Tomemos el caso de la joven mujer que estaba muy enojada porque un banco no le había otorgado un préstamo que requería. Ella insistía: «Necesito el dinero. Si incumplo con los pagos de mi casa y mi auto es culpa del banco». La mujer se negaba a aceptar que su crédito era terrible y que representaba un riesgo demasiado grande para la institución financiera. La falta de fondos no era culpa del banco, sino de ella debido a sus malos hábitos financieros.

Igualmente, habrá ocasiones en que exhibamos hábitos y comportamientos tan destructivos que Dios no podrá bendecirnos. Pero si aceptamos la responsabilidad por nuestros pecados y sus consecuencias, entonces podremos volvernos al Señor y pedirle que nos ayude a cambiar los patrones de conducta que minan nuestro bienestar. Podremos declararle a Dios: «Ayúdame, por favor, a no volver a hacer eso. Muéstrame cómo andar en tus caminos. Dame el valor y la fortaleza para obedecerte a fin de que mi vida mejore».

El Señor siempre honra esta clase de oración. Así que responsabilícese de sus actos y deje que Dios le haga una vasija de bendición.

Jesús, enséñame a andar en tus caminos
y transforma mi vida. Amén.

OBSTÁCULOS

*Convertiré los caminos rocosos en sendas totalmente
llanas. Todo esto voy a hacerlo.*

ISAÍAS 42:16, TLA

H oy podría haber algún tipo de obstáculo entre nosotros y los deseos de nuestro corazón. Hemos orado durante mucho tiempo solo para encontrar ese estorbo en nuestro progreso. Quizás sintamos la tentación de enfadarnos y amargarnos a causa de su presencia. Sin embargo, el desafío de hoy es que agradezcamos a Dios por tal barrera. El Señor no la habría permitido en nuestro camino si no hubiera un buen motivo para colocarla allí.

Tal vez el impedimento revela algo sobre la persona o el objeto que hemos deseado por tanto tiempo, alguna característica o complicación que nos suscita problemas, o retos que no estábamos conscientes de que teníamos. Puede ser que el obstáculo haya revelado algunos asuntos en nuestro propio corazón que debemos corregir delante de Dios. O quizás sea que por medio de esto el Señor esté enseñándonos más respecto a nosotros mismos y a los caminos y planes que nos tiene.

Cualquiera sea el caso, dese cuenta de que puede confiarle a su Salvador tanto la vida como cualquier cosa que le obstaculice el progreso. Por tanto, aunque duela, dele gracias hoy por esa dificultad y pida a Dios que se le revele a través de esa barrera.

***

**Jesús, te agradezco por este obstáculo.
Gracias por lo que revelarás respecto a mí,
el deseo de mi corazón, y también porque te
revelarás a través de mi dificultad. Amén.**

DAR PARA RECIBIR

No puede el hombre recibir nada, si no le fuere dado del cielo.

JUAN 3:27

Muchas personas se pierden la abundante bendición de Dios porque no le atribuyen esas bendiciones a Él y mantienen áreas de sus vidas en secreto. Se niegan a darle cualquier cosa que represente un verdadero sacrificio: recursos económicos, posesiones, tiempo o talentos. Algunos hacen esto por ignorancia, otros por rebelión, y otros más por falta de confianza en que el Señor les suplirá sus necesidades.

No obstante, si queremos ser bendecidos de veras, debemos ser generosos con Dios. Como en todos los demás aspectos, la medida en que nos abrimos al Señor para dar es aquella en la cual nos abrimos para recibir de Él. Según leemos en 2 Corintios 9:6, «el que siembra escasamente, también segará escasamente; y el que siembra generosamente, generosamente también segará».

¿Por qué nos pide Dios que seamos sacrificados y generosos con su obra? Creo que es porque hasta cierto punto nuestro dinero, nuestro tiempo y nuestros recursos son un reflejo de nosotros mismos. Nuestra generosidad revela el grado en que confiamos en que Dios suplirá lo que necesitamos. Pero recordemos siempre que mientras más demos, más podremos alcanzar todo aquello que Él tiene para nosotros.

Jesús, quiero obedecerte. Ayúdame a
ser generoso contigo con mi tiempo,
mis talentos y mi tesoro. Amén.

CENTRADOS EN DIOS

Deléitate asimismo en Jehová, y él te concederá las
peticiones de tu corazón.

SALMOS 37:4

Mucha de la teología que escuchamos hoy en día es egocéntrica e interesada: «Señor, quiero que me cures, me prosperes, me bendigas y me protejas en todas las formas que te pido». Sin embargo, no somos el centro del universo. Al contrario, Dios es el Creador, Sustentador y Soberano de todas las cosas y nos pide que le sirvamos.

Somos muy presuntuosos cuando exigimos que el Señor haga nuestra voluntad como si Él fuera nuestro recadero. La relación apropiada con Dios es aquella en la que nos ponemos en posición de hacer *su* voluntad. Cuando miramos al Señor de cualquier otra forma nos convertimos en dioses, lo cual en realidad es una forma de idolatría. Esto ocurre cuando no buscamos su presencia tanto como intentamos controlar su provisión. Nos importa más lo que nos ofrece que lo que hacemos por Él, y esto significa adorar la bendición en lugar del Dador de la bendición.

No cometa esa equivocación. Sí, está bien tener deseos, pero recuerde siempre que usted le pertenece a Dios. Sírvale. Haga lo que Él pide. Conviértalo en su enfoque y deleite, y todo lo demás vendrá por añadidura (Mateo 6:33).

Jesús, te pertenezco y vivo para servirte.
Ayúdame a verte primero en
todas las cosas. Amén.

Julio 9

ADHERIDOS

Como el pámpano no puede llevar fruto por sí mismo,
si no permanece en la vid, así tampoco vosotros, si no
permanecéis en mí.

JUAN 15:4

S abemos que servir a Dios no tiene nada que ver con esforzarnos, sino con permitirle brillar a través de nosotros. Pero ¿cómo sucede esto? La clave está en cuán adheridos estamos a Dios. Es por esto que Jesús habla de nuestra relación con Él en términos de una vid y sus ramas. La salud y productividad de la rama depende por completo de lo adherida que esté a la vid.

De la misma forma, mientras más busquemos conocer a Dios y confiar en Él, más se nos revelará. Mientras más se nos revele, más lo reflejaremos a los demás. No tenemos que trabajar ni esforzarnos por realizar buenas obras en nombre de Dios. Más bien, confiemos en que el Señor nos acercará las personas a las que Él quiere que ministremos, pues a través de nosotros derramará su poder y sabiduría en sus vidas.

Mientras más ligado esté a Jesús, más fluirá la vida de Él a través de usted. Así que entre en su presencia, conéctese con Dios y busque conocerlo y amarlo más. Sin darse cuenta, el poder del Señor fluirá de manera sobrenatural a través suyo, tal como Él siempre quiso que fuera.

Jesús, ayúdame a estar tan ligado a ti que cuando las personas me miren te vean únicamente a ti. Amén.

EN LA VOLUNTAD DEL SEÑOR

Dios es el que en vosotros produce así el querer como el hacer, por su buena voluntad.

FILIPENSES 2:13

No tengamos miedo. Las circunstancias que experimentamos pueden parecer confusas en el mejor de los casos, y dolorosas y destructivas en el peor. Pero debemos entender que disponemos absolutamente de todo lo necesario para caminar en el plan que Dios tiene para nosotros: la dirección del Espíritu Santo que vive y obra dentro de cada creyente y su Palabra. El Señor nos incita constantemente a mantenernos en el centro de la voluntad divina y a ser fieles para ajustar el rumbo cuando empecemos a desviarnos, aunque no nos demos cuenta. De igual manera, Él nos protege en maneras sobrenaturales mientras andemos en el plan de Dios, a fin de que todo obre para nuestro bien y para la gloria del Señor.

Por tanto, no tiene que afligirse o contender por conocer la voluntad de Dios, no tiene que manipular sus circunstancias para hacer que suceda el plan del Señor, ni temer cuando algo sale mal. Más bien, emplee sus energías en exhibir fe y caminar paso a paso con Él, confiando en que Dios obra dinámicamente en lo invisible a favor suyo (Isaías 64:4). Por tanto, tenga la seguridad de que cuando su corazón se inclina hacia Dios, Él usa todos los recursos de que dispone para lograr todo lo relativo a usted (Salmos 57:2).

Jesús, gracias por liderarme en tu voluntad. Confiaré en ti, pase lo que pase. Amén.

IDENTIDAD EN JESÚS

En Cristo Jesús he hallado razón para gloriarme en las
cosas que se refieren a Dios.

ROMANOS 15:17, LBLA

P uede ser absolutamente devastador carecer de una identidad fuerte y positiva. Hasta los más pequeños conflictos y críticas pueden minar nuestra confianza. Cuando nuestro valor se basa en otras personas, en logros, en posesiones o en poder, lo único que puede resultar es desilusión, inseguridad, frustración y ansiedad.

No obstante, como creyentes, nuestra identidad, competencia y valor se establecen por completo en quién afirma Jesús que somos. Recuerde, somos amados por siempre, fortalecidos y aceptados por Él. Le interesamos. Sí, es verdad que somos extranjeros y peregrinos en este mundo debido a nuestra asociación con Cristo. Eso significa que las personas no siempre nos entenderán ni comprenderán lo que Dios nos ha llamado a lograr. Aun así, recordemos que todas las cosas en este mundo son temporales, incluidas las normas por las cuales se nos juzga. Pero cuando Dios dice que somos sus hijos amados, esa es una verdad eterna. Y es igualmente eterno lo que Él logró a través de nosotros.

Al estar en Cristo, el valor, la competencia y el favor de usted no vienen y van en base a circunstancias u opiniones ajenas. Usted ha llegado a conectarse tan íntimamente con Jesús que adquiere la identidad de Él. No dé por sentado este regalo ni lo olvide cuando otros demuestren crueldad. Más bien, agradezca todos los días a Dios por la gracia que le ha concedido.

———————— ♔ ————————

Jesús, mi verdadera identidad está en ti.
Descanso en quién dices que soy. Amén.

NUESTRO INTERCESOR

El Espíritu mismo intercede por nosotros.

ROMANOS 8:26

C uando no sabemos cómo orar, el Espíritu Santo lo hace por nosotros, de acuerdo con la voluntad de Dios. Él intercede por nosotros en completa consonancia con los propósitos para los que el Señor nos creó.

Según Isaías 11:2, Él es el *Espíritu del Señor*, lo que significa que todo lo que hace es coherente con los planes y el carácter de Dios. Él es el *Espíritu de sabiduría*: nos ayuda a llevar a cabo lo que es correcto a la vista del Padre y está conforme a la imagen de Cristo. Es el *Espíritu de entendimiento*: nos da comprensión sobrenatural para las circunstancias que enfrentamos. Él es el *Espíritu de consejo*: nos asesora, mostrándonos qué hacer en cada situación y haciéndonos recordar todo lo que Cristo nos ha enseñado (Juan 14:26). Es el *Espíritu de poder*: nos faculta, nos da autoridad y nos prepara para hacer la voluntad de Dios. Él es el *Espíritu de conocimiento*: proporciona la creatividad y el ingenio para las tareas que nos pide que realicemos. Y es *el Espíritu de temor del Señor*: nos enseña a honrar, respetar y obedecer al Padre.

Por eso cuando ore, tenga confianza en que dispone exactamente de lo necesario para interactuar con Dios: el Espíritu Santo, quien se comunica con usted y a favor de usted.

ᑭᑕ

Espíritu Santo, gracias por enseñarme a orar y por interceder a mi favor. Amén.

DIOS CON NOSOTROS

Ten misericordia de mí, oh Dios, ten misericordia de mí;
porque en ti ha confiado mi alma.

SALMOS 57:1

C uando David salió de casa y huyó del rey Saúl hacia el desierto entendió la auténtica soledad. Su desesperación fue más allá del aislamiento por dejar atrás a sus seres queridos. Más bien, fue conducido al desierto solitario de En-gadi, sin ninguna provisión ni lugar en donde recostar la cabeza. Ahí fue cuando clamó al Único que nunca lo abandonaría: el Señor Dios.

Tal vez hemos experimentado una soledad tan profunda y exhaustiva como la de David. No obstante, incluso antes que naciéramos el Señor sabía que pasaríamos por esos momentos, pero Él tiene un plan para ayudarnos a superarlos. Él se halla tan cerca como se lo permitamos. Al igual que David, tenemos el privilegio de clamar a Dios y pedirle que sea el Amigo, Protector y Proveedor que necesitamos.

Por tanto, en lugar de caer en la desesperación, acudamos a Jesús, quien prometió que no nos dejaría como huérfanos, sino que vendría a nosotros por medio de la presencia del Espíritu Santo. El Espíritu nos sella en Cristo (Efesios 4:30); nunca nos abandona, sino que siempre nos recuerda la provisión y la presencia perfecta de Dios.

Amigo lector, el Señor está con usted. Así que tal como David, anímese. Y sepa que le esperan mejores días.

Jesús, gracias por tu presencia constante
en mi vida. Me refugio en ti. Amén.

COMBATE CONTRA EL AGOTAMIENTO

Todo lo que hagáis, hacedlo de corazón, como para el Señor y no para los hombres.

COLOSENSES 3:23

Si alguna vez hemos llegado al punto del agotamiento sabemos lo que es estar demasiado tensos y carentes de energía física y emocional. Si no comprendemos la naturaleza del servicio que Dios desea de nosotros, esto puede ocurrir tanto en nuestra profesión como cuando ministramos.

El Espíritu Santo nos da poder para hacer todo lo que el Señor nos pide que hagamos. Sin embargo, si caemos en la trampa del rendimiento personal, que nos quedemos sin fuerzas es solo cuestión de tiempo. Nunca podremos complacer a todo el mundo ni soportar todos los ataques espirituales. De igual manera, algunos creyentes hacen que el hecho de trabajar para una iglesia u organización ministerial sea un fin en sí mismo. Consideran al reconocimiento, la ganancia personal y el poder como los verdaderos incentivos del servicio. Pero el Señor no compartirá su gloria con nadie, ni siquiera con aquellos que afirman representar su nombre.

No obstante, cuando el servicio que usted presta es fruto de su relación personal con Jesús, el Espíritu Santo le brinda guía, consuelo y confianza. Por consiguiente, si se siente agotado, pídale a Dios que examine sus motivos y le revele cualquier problema. El motivo del servicio que presta debe ser el Señor, no las personas. Así que trabaje para Él y permítale ser quien alimente su ministerio.

Jesús, tú eres a quien sirvo. Examíname, Señor, y revela cualquier cosa que no te glorifique. Amén.

UNA COMISIÓN PERSONAL

Id por todo el mundo y predicad el evangelio a toda criatura.

MARCOS 16:15

Jesús nos llamó como creyentes a hacer «discípulos a todas las naciones, bautizándolos en el nombre del Padre, y del Hijo, y del Espíritu Santo; enseñándoles que guarden todas las cosas que os he mandado» (Mateo 28:19–20). Aunque como iglesia logramos realizar muchas tareas, nuestro mensaje principal para el mundo es el evangelio de Cristo. Todo lo demás que hacemos es una extensión de ese objetivo primordial: ayudar a la gente a crecer en la salvación que Jesús ofrece.

Las buenas nuevas que debemos proclamar son superiores a toda filosofía mundana, ideología política o plan de mejoramiento personal, porque suplen la mayor necesidad de todo corazón humano: la reconciliación con el Creador. Aunque el mensaje siempre es el mismo, los métodos para darlo a conocer son tantos y diversos como nosotros. Además, se nos han dado dones espirituales, talentos y habilidades para llevar a cabo la Gran Comisión que Jesús nos dio.

Algunos cristianos creen que hablar de Jesús está reservado solamente a pastores, misioneros y otros ministros. Pero el Señor tiene una manera maravillosa, única y específica para que usted le sirva también. Así que dígales a sus amigos y familiares en quién lo ha convertido Cristo. El factor limitante no es la capacidad divina de usarlo, sino la disponibilidad que tenga al llamado que Dios le hace.

Jesús, muéstrame cómo servirte y otórgame valor para proclamar tu evangelio. Amén.

CONFIEMOS EN NUESTRO DEFENSOR

Dios concedió a Daniel hallar favor y gracia.
DANIEL 1:9, LBLA

Al leer la historia de Daniel nos enteramos que se trataba de un joven hebreo que obedeció a Dios aunque le costó caro. A Daniel lo habían llevado cautivo a Babilonia, nación que adoraba deidades paganas, y fue forzado a entrar al servicio del rey Nabucodonosor. Por tanto, le asignaron alimentos reales que primero habían sido dedicados a los ídolos, y que el Señor había prohibido consumir al pueblo judío. Así que Daniel debió decidir si era mejor obedecer a Dios y arriesgarse a la ira cruel de un rey extranjero, o desobedecer al Señor y complacer a Nabucodonosor.

A primera vista, la intranquilidad que Daniel sentía era acerca de la comida y pudo haber racionalizado que era un siervo sin alternativa alguna. Pero el verdadero problema era la lealtad a Dios, por lo que Daniel decidió honrarlo costara lo que costara. Y el Señor lo bendijo por eso.

Hoy, usted podría enfrentar decisiones difíciles en cuanto a seguir a Dios a pesar de las presiones de otras personas. Podría sentir la tentación de hacer lo que resulte conveniente con el fin de protegerse. Pero recuerde que el Señor es su verdadero Defensor. Por tanto, sea como Daniel y obedezca los mandatos de Dios por terrible que sea el desafío. Porque cuando honra a Dios, ciertamente Él demostrará su fidelidad.

Jesús, sé que eres mi Poderoso Guerrero y Verdadero Defensor. Te obedeceré. Señor, protege y reivindica a tu siervo. Amén.

LA LLAVE DE LA OBEDIENCIA

Si me aman, obedezcan mis mandamientos.

JUAN 14:15, NTV

Es muy probable que usted tenga muchas llaves: de la casa, del auto e incluso del escritorio. Sin embargo, ¿ha pensado alguna vez en tener la llave del corazón de Dios? Jesús nos la dio cuando lo aceptamos como Salvador personal.

La gente cree a menudo que el acceso al favor del Señor viene por realizar actos piadosos, seguir una programación prescrita de disciplinas religiosas o hacer sacrificios enormes. No obstante, la llave del corazón de Dios es *la obediencia que fluye del amor.* Esto puede parecerse mucho a la lista anterior, pero es intrínsecamente distinto debido a la fuente que la motiva. En lugar de cumplir con un montón de obligaciones para estar bien con Jesús, Él quiere relacionarse personalmente con nosotros y que nos sometamos a Él por amor y respeto; desea que el servicio que realizamos fluya de nuestra relación íntima con Jesús, no de la idea de ganarnos su buena voluntad.

Así que pase tiempo con el Señor y dígale sí a cualquier cosa que le pida, por reverencia a Él como Dios y con profunda gratitud por todo lo que Jesús ha hecho a favor de usted. Descubrirá no solo que tiene la llave del corazón del Señor, sino que Él tiene la llave del suyo.

Jesús, te amo y quiero obedecer todo lo
que me pides. Ayúdame a someterme con
valentía y amor a tu voluntad. Amén.

ORACIÓN CONFIADA

SEÑOR, Dios del cielo, Dios grande y temible, que
cumples las promesas y que amas y tienes misericordia
de los que te aman y te obedecen, escucha mi oración.

NEHEMÍAS 1:5, NBV

¿Solemos ver realmente a Dios como quien puede manejar todos los retos que le presentamos y que está dispuesto a hacerlo? Nehemías hizo eso. Lloró al enterarse de la condición devastada de Jerusalén, y también ayunó e imploró pidiendo la intervención de Dios, confiando en que Él le ayudaría.

Nehemías usa tres términos hebreos que demuestran lo que creía sobre el carácter de Dios. Lo llamó *Yahvé*, el Dios vivo que es absoluto en fidelidad. *Elohim*, que indica que el Señor es infinito en poder. Y *Adonai*, que significa «gobernante sobre todo». Nehemías llevó su petición delante del trono de gracia con plena confianza en Dios. Y el Señor le contestó poderosamente la oración. Le concedió a Nehemías el favor del rey Artajerjes, quien lo envió de vuelta a Jerusalén con todos los recursos necesarios para reconstruir la ciudad.

El Señor hizo un milagro por Nehemías, y también puede hacerlo por usted. Así que acérquesele con total confianza en que Él le escuchará y responderá sus oraciones. Recuerde que Dios es absoluto en fidelidad e infinito en poder. Su Padre celestial gobierna sobre todo. Y siempre bendice a quienes lo buscan.

———————— ᑭᑫ ————————

Jesús, creo realmente que puedes
ayudarme y que lo harás. Escucha mi
oración, ¡mi asombroso Dios! Amén.

Un regalo en curso

*Toda buena dádiva y todo don perfecto desciende de lo
alto, del Padre de las luces.*

SANTIAGO 1:17

Dios nos otorga lo que sabe que nos traerá gran placer y gozo, aunque tal vez en nuestra comprensión finita no sepamos por completo lo que necesitamos o deseamos. Animémonos hoy en esa realidad. El Señor es proactivo en satisfacer nuestras necesidades. Él crea, organiza e ingenia soluciones que promoverán su plan para nuestras vidas y darán satisfacción a nuestras almas.

Entonces, no deberíamos creer ni por un instante que a Dios le sorprenden nuestras necesidades o luchas. Por el contrario, nos conoce mucho mejor de lo que nosotros mismos podríamos conocernos. Mucho antes de ser concebidos en el vientre de nuestra madre, el Señor sabía de cada situación que surgiría en nuestra vida. Y desde ese momento ha planeado cómo bendecirnos a través de esas circunstancias. Lo dije correctamente: Él desea *bendecirnos*. Tales situaciones pueden parecer una prueba en este momento, pero es un medio por el cual nuestro Padre celestial desea darnos un regalo.

Por tanto, agradézcale hoy al Padre por todas las circunstancias que se le presentan, por difíciles que parezcan, sabiendo que Él tiene un buen plan para permitirlas y que la bendición divina está en camino.

**Jesús, gracias porque has planeado
sacar algo bueno de todo esto. Confío
en ti y alabo tu nombre. Amén.**

LA MANERA EN QUE ESCUCHAMOS

Invocarás, y te oirá Jehová.

ISAÍAS 58:9

¿Ha temido alguna vez que mientras busca a Dios no logre escucharlo? De ser así, recuerde que a lo largo de la historia Él ha hablado a las personas en momentos distintos, con varios métodos y en maneras diversas (Hebreos 1:1).

Pensemos en esto: Dios se comunicó con Moisés desde una zarza ardiente que no solamente captó su atención, sino que también le mostró que Dios puede hacer milagros (Éxodo 3). Igualmente, el Padre le habló a José a través de sueños (Génesis 37:5–9), a Elías en «un silbo apacible y delicado» (1 Reyes 19:12) y a Josué a través del poderoso «Príncipe del ejército de Jehová» (Josué 5:14). Dios habló a cada uno de manera especial, según a quién hablaba y qué deseaba revelarle. Él tampoco está limitado en la forma de comunicarnos su plan hoy.

El Dios que nos formó en el vientre de nuestra madre sabe la mejor manera de llamar nuestra atención y declararnos su voluntad. El Padre sabe qué podemos manejar, qué estamos preparados para oír y cuál es la mejor forma de revelarnos lo que desea comunicar. Por tanto, no tenga temor de no escuchar; más bien, regocíjese en la capacidad de Dios para expresarse.

Jesús, estoy muy agradecido de que me hables de forma que pueda escucharte. Me regocijo en la misericordia que me prodigas. Amén.

A CONCENTRARNOS

Concéntrense en las cosas celestiales y no en las terrenales.

COLOSENSES 3:2, PDT

¿Cómo superar la angustia? ¿Cómo liberarnos de algo que sabemos que el Señor quiere que abandonemos y recibamos sanidad? ¿Cómo tratar con la confusión cuando en nuestra mente hay tantas preguntas sin respuesta? Por supuesto, solo el poder de Dios puede hacer esa obra en nosotros. En consecuencia, invitamos su influencia sanadora en nuestra vida, concentrándonos activamente en nuestro Dios.

Por tanto, cuando surjan pensamientos acerca de tal persona o situación, es importante que reenfoquemos nuestra atención en Cristo. Por eso es que Pablo escribe en Filipenses 4:8-9: «Todo lo que es verdadero, todo lo honesto, todo lo justo, todo lo puro, todo lo amable, todo lo que es de buen nombre; si hay virtud alguna, si algo digno de alabanza, en esto pensad. Lo que aprendisteis y recibisteis y oísteis y visteis en mí, esto haced; y el Dios de paz estará con vosotros».

Si usted quiere tener la paz que Jesús le ofrece, permita que Él gobierne sus pensamientos. Al adorarlo, encontrará la sanidad, las respuestas y la libertad que su corazón anhela.

Jesús, ayúdame a enfocar mis pensamientos en ti. Cuando sienta miedo y dolor, ayúdame a recordar que me guías y que no me decepcionarás. Amén.

BUENOS PLANES

¿Cómo saben qué será de su vida el día de mañana?
SANTIAGO 4:14, NTV

E l versículo de hoy es una amonestación para quienes hacen planes acerca del futuro. Santiago declara: «¡Vamos ahora! los que decís: Hoy y mañana iremos a tal ciudad, y estaremos allá un año, y traficaremos, y ganaremos. [...] En lugar de lo cual deberíais decir: Si el Señor quiere, viviremos y haremos esto o aquello» (Santiago 4:13, 15).

Algunos podrían tomar este versículo como una advertencia indeseable debido a que tienen una visión sobre cómo deberían desarrollarse el futuro y los objetivos. Pero realmente este es un recordatorio positivo de que Dios está en cada detalle del día de mañana. Entonces, aunque no sepamos qué sucederá, Él ya está allí, y su voluntad es la que se cumple.

Así que animémonos hoy, aunque nuestro futuro esté saturado de aspectos desconocidos y nuestras fuentes de seguridad se hayan derrumbado. No conocemos los buenos planes que el Señor tiene para nuestro futuro. Por tanto, busquemos la voluntad de Dios, regocijémonos en su perfecta provisión y sabiduría, y aferrémonos a la esperanza del día de mañana. Porque sabemos que la voluntad del Señor es buena, aceptable y perfecta (Romanos 12:2), y que la plenitud de gozo se encuentra en su presencia (Salmos 16:11).

Jesús, agradezco que guíes mi
futuro porque sé que nunca me has
decepcionado y nunca lo harás. Amén.

UN CANAL DE BENDICIÓN

Más bienaventurado es dar que recibir.

HECHOS 20:35

¿Comprendemos realmente que no somos el destino final de las bendiciones de Dios? El deseo del Señor es que las compartamos con otros. Este principio se aplica a todo ámbito de la vida, incluido el regalo de la salvación, lo que nos enseña y lo que nos proporciona. El Señor suple con gracia nuestras necesidades e incluso nuestros deseos con el fin de cumplir sus planes en nosotros y hacer que su luz brille hacia los demás.

La idea de dar a otros puede intimidar de alguna manera porque mucha gente tiene demasiadas necesidades. Pero tengamos la seguridad de que bendecir a otros nunca producirá privación, especialmente cuando Dios nos guía. Por el contrario, dar a otros nos convierte en canal del flujo interminable de provisión divina. Es más, el Señor promete «hacer que abunde en vosotros toda gracia, a fin de que, teniendo siempre en todas las cosas todo lo suficiente, abundéis para toda buena obra» (2 Corintios 9:8). Él nos enriquecerá en respuesta a la generosidad que mostremos.

Por tanto, tenga la seguridad de que nunca superará al Señor. Demuestre en su vida la bondad divina satisfaciendo la necesidad de alguien más. No permita que la generosa provisión divina se acabe en usted. Pásela y descubra el gozo del ciclo interminable de bendiciones.

Jesús, guíame a compartir mis bendiciones con otros y a ser tu amoroso representante. Amén.

MAYOR SUMINISTRO

*De Jehová tu Dios son los cielos, y los cielos de los cielos,
la tierra, y todas las cosas que hay en ella.*

DEUTERONOMIO 10:14

D ios no satisface nuestras necesidades de acuerdo con *nuestros* recursos: dones y talentos que poseemos o alguna otra medida de capacidad, valor o riqueza. No, el Señor reacciona a nuestras necesidades de acuerdo con *su* gran suministro, y sus riquezas son inconmensurables, indestructibles e inagotables, más allá de nuestra imaginación en tamaño, alcance y magnificencia.

Todo lo que existe, visible o invisible, le pertenece a Dios, es gobernado por Él y está a su disposición en cualquier momento. El Señor tiene el control absoluto y el poder de crear de la nada, de modo que si lo que requerimos aún no existe, Él puede hacerlo realidad.

Permitamos que esto nos consuele hoy. Como cristianos, vivimos en unión con el Soberano Señor y Creador. Y se nos ha prometido que cuando lo seguimos en obediencia, Él «suplirá todo lo que [nos] falta conforme a sus riquezas en gloria en Cristo Jesús» (Filipenses 4:19). Ningún reto u obstáculo que enfrentemos representa algo para Dios. No hay nada que podamos necesitar que Él no pueda proporcionarnos de su tesoro ilimitado. Estamos unidos con Dios en su plenitud, y eso significa que cuando caminamos en la voluntad divina nunca nos faltará nada.

**Jesús, gracias por suplir todo lo que necesito.
Quiero caminar en tu voluntad, agradecido
porque no debo tener miedo. Amén.**

ACEPTADOS

Nos hizo aceptos en el Amado.

EFESIOS 1:6

A veces podemos sentirnos inadecuados: hagamos lo que hagamos, tenemos la impresión de que nunca cumpliremos los requerimientos de Dios. En consecuencia, intentamos ganar la aprobación de nuestro Padre celestial porque anhelamos que se sienta orgulloso de nosotros y nos ame.

Tengamos hoy la seguridad absoluta de que Dios ya nos ha aprobado, y esto no tiene nada que ver con cuántas horas a la semana sirvamos como voluntarios ni con lo que hagamos para ser considerados «buenos cristianos». Nuestro Padre celestial nos ama en base a lo que Jesús hizo por nosotros en la cruz, no en lo que hagamos por Él.

Sí, Dios desea que le respondamos en amor y devoción. Cuando amamos de veras a alguien le mostramos activa y animadamente que nos importa con acciones que sabemos que aprecia. Pero eso es muy diferente a hacer cosas por temor u obligación con la finalidad de ganar la aceptación de alguien más.

Lo mismo ocurre en la relación con Dios. Él ya lo ama, está orgulloso de usted y lo aprueba. Nada de lo que haga puede cambiar eso. Así que libérese con esa verdad y ame a Dios respondiéndole en obediencia a su guía diaria.

Jesús, gracias por aceptarme. Ayúdame a obedecerte por amor auténtico a ti. Amén.

DEMASIADO OCUPADO

En descanso y en reposo seréis salvos; en quietud y en confianza será vuestra fortaleza.

ISAÍAS 30:15

¿Estamos demasiado ocupados? Es posible que tengamos razones legítimas para nuestro horario atiborrado. Tal vez trabajemos demasiadas horas con el fin de satisfacer las necesidades de nuestra familia o cuidar a un ser querido. Pero a veces las personas llenan sus vidas con actividades para bloquear las incitaciones del Espíritu Santo. Se mantienen ocupadas, corriendo todo el día. Cuando llegan a casa encienden inmediatamente el televisor o la computadora, ponen música o hacen cualquier otra cosa. Siempre tienen algo que hace ruido a fin de evitar la quietud.

¿Lo describe eso a usted? ¿Está tratando consciente o inconscientemente de evitar al Señor? Como suelo decir, nuestra intimidad con Dios determina la influencia de nuestras vidas. Así que no debemos permitir que el ajetreo nos robe la oportunidad de conocer mejor al Salvador, porque nuestra relación con Él es lo que hace realmente que nuestras vidas valgan la pena y marquen una diferencia que perdura.

Entonces, ¿cómo podemos superar el ajetreo en nuestro día a día? Empecemos llevándole nuestros temores a Dios, todo lo que impida acercarnos a Él. Luego preguntémosle qué es realmente esencial y expresemos nuestro deseo de elegir lo mejor. Él nos fortalecerá, mostrándonos qué debemos conservar y a qué debemos renunciar.

___

Jesús, perdóname por las maneras en que te he evitado. Me arrepiento y descanso en ti. Amén.

___

CONFIANZA EN LA DISCIPLINA DIVINA

La disciplina de Dios siempre es buena para nosotros, a fin de que participemos de su santidad.

HEBREOS 12:10, NTV

Cuando Dios nos disciplina podemos estar seguros de que lo hace por amor y para sus buenos propósitos. Esto puede ser difícil de aceptar, especialmente cuando enfrentamos pruebas dolorosas. Sin embargo, recordemos siempre que el Padre nos ama y está de nuestra parte. Él nunca está contra nosotros.

Incluso en momentos de corrección, el Señor obra para nuestro bien. Utiliza la disciplina para reenfocar nuestras acciones cuando nos hemos alejado de su senda o nos negamos a someterle algún aspecto de nuestra vida. Él no está castigándonos; por el contrario, nos ofrece el regalo de enseñarnos a llevar una vida piadosa. Por eso es que 1 Pedro 5:6 expresa: «Humillaos, pues, bajo la poderosa mano de Dios, para que él os exalte cuando fuere tiempo». Sometámonos a la autoridad del Padre para que finalmente experimentemos el flujo de las bendiciones que tiene para nosotros.

Desde luego, el mayor beneficio de la disciplina es el potencial para la intimidad que se produce entre usted y el Señor. Por tanto, reciba humildemente la adversidad. Escuche al Padre, de modo que pueda obedecerle. Sométase a Dios y en el momento indicado Él lo levantará a nuevas alturas.

Jesús, me someto a tu amorosa disciplina. Ayúdame a amarte y obedecerte más cada día. Amén.

PROBLEMAS DE CORAZÓN

Sobre toda cosa guardada, guarda tu corazón; porque de él mana la vida.

PROVERBIOS 4:23

L as palabras de nuestra boca revelan lo que realmente hay en el corazón. Podemos tratar de controlar lo que decimos. Sin embargo, nuestras emociones se intensifican en momentos de presión, y lo que nos fluye por la boca traicionará lo que realmente hay en nuestro interior.

Todos experimentamos épocas en que hemos dicho cosas ofensivas a otros, y nos sentimos mal por nuestro proceder. Es por eso que David escribe: «Sean gratos los dichos de mi boca y la meditación de mi corazón delante de ti, oh Jehová» (Salmos 19:14). Debemos someternos por completo a Dios y así purificar nuestros pensamientos y nuestras emociones, de modo que lo que fluya de nosotros edifique a otros y glorifique al Señor.

Afortunadamente, cuando nuestras mentes y nuestros corazones son transformados por medio de Jesús, lo que emana de nosotros se caracterizará por el fruto de su Espíritu: «Amor, gozo, paz, paciencia, benignidad, bondad, fe, mansedumbre, templanza» (Gálatas 5:22–23). Es así como incluso en tiempos difíciles, las palabras que digamos reflejarán el carácter de nuestro Salvador.

Así que considere: ¿hay algún problema con lo que dice? Si es así, padece un problema de corazón. Vuélvase a Dios y permita que limpie la fuente de ese problema como solo Él puede hacerlo.

Jesús, perdóname por lo que les he dicho a otros debido a la pecaminosidad en mi corazón. Purifícame para que pueda glorificarte con mis palabras. Amén.

UN CAMBIO DE CURSO

Si confesamos nuestros pecados, él es fiel y justo para perdonar nuestros pecados, y limpiarnos de toda maldad.

1 JUAN 1:9

En Cristo se nos perdona para siempre del castigo de todo nuestro pecado pasado, presente y futuro. No obstante, estamos llamados a confesar nuestras faltas porque hay aspectos que no se han sometido a Dios y obstaculizan nuestra comunión con Él, impidiéndonos vivir en la libertad que quiere darnos. Por tanto, al arrepentirnos, concordamos con el Señor en que hemos hecho mal las cosas, pero ahora queremos hacerlas a su manera.

A menudo las personas sienten tristeza por lo que han hecho, pero viven en derrota porque no comprenden realmente que el propósito del arrepentimiento es cambiar de curso. Si esto nos describe, si hemos confesado nuestros pecados pero seguimos sintiéndonos derrotados, entonces animémonos. Dios nos dará poder para cambiar. Comencemos por reconocer que Él tiene la legítima facultad para enseñarnos qué hacer.

Por tanto, si tiene pecados que debe confesar, asuma la responsabilidad total por sus acciones. Sea sincero con Jesús y obedezca cualquier cosa que le pida, incluso cuando el Señor haga el doloroso trabajo de desraizar actitudes y conductas que provocaron las transgresiones en un principio. Solo entonces usted podrá disfrutar de una línea abierta de comunicación con su Salvador y experimentar la libertad que desea darle y por la cual murió.

Jesús, me arrepiento. Enséñame a caminar en tus sendas. Amén.

MANTENGÁMONOS ESCUCHANDO

No temáis [...] porque Jehová tu Dios es el que va contigo;
no te dejará, ni te desamparará.

DEUTERONOMIO 31:6

L as decisiones por tomar hoy podrían parecernos abrumadoras, como si representaran una peligrosa encrucijada de la que depende todo nuestro futuro. Quizás creamos que una decisión errada podría arruinarlo todo. Pero animémonos: estas decisiones son parte del panorama superior de Dios para nosotros. Es desconcertante que le pidamos guía y no lo escuchemos de inmediato. Sin embargo, puedo atestiguar hoy que al buscarlo, el Señor que nos creó es más que idóneo para indicarnos qué debemos hacer y mantenernos en el camino de su voluntad.

Es por eso que las Escrituras repiten con frecuencia el mandato de no temer. La ansiedad puede cegarnos a la guía de Dios, puede hacer que nos desanimemos y tomemos malas decisiones, y puede incluso descorazonarnos hasta el punto de hacernos rendir por completo.

Por tanto, disponga su corazón para rechazar el miedo. No tema no ser digno de conocer la voluntad del Señor. Jesús lo dignifica (Romanos 8:31–34). No tenga miedo de no escuchar a Dios. Él lo creó y puede llegar hasta usted. Manténgase atento al Señor.

―――――――― ᔔ ――――――――

Jesús, sé que me hablarás en el momento adecuado y en manera poderosa; por tanto, no temeré. Confiaré en ti. Amén.

¿QUÉ ANDAMOS BUSCANDO?

No os afanéis por vuestra vida, qué habéis de comer o
qué habéis de beber; ni por vuestro cuerpo, qué habéis
de vestir. ¿No es la vida más que el alimento, y [...] el
vestido?

MATEO 6:25

E n Mateo 6 Jesús habló a personas muy necesitadas. Muchos de los oyentes carecían de las necesidades básicas como alimento, ropa y refugio. También tenían las mismas necesidades emocionales y espirituales que nosotros de amor, respeto y aceptación.

Como muchos de nosotros, algunas de las personas que escuchaban a Jesús eran culpables de tratar de suplir sus necesidades sin buscar la ayuda de Dios, por lo que se hallaban frustradas, ansiosas y llenas de preocupación. Jesús les expresó: «Buscad primeramente el reino de Dios y su justicia, y todas estas cosas os serán añadidas» (Mateo 6:33).

¿Cómo pasar de un espíritu de temor, esfuerzo y mera sobrevivencia a una situación próspera, con un espíritu de confianza total en el Señor? Jesús nos dijo cómo: dejar de enfocarnos en adquirir seguridad y satisfacción terrenales, y centrarnos en Dios y su reino. Así que cambie sus prioridades respecto a lo que piensa, y todo lo demás le vendrá por añadidura.

Jesús, sé que a veces me enfoco en el objetivo equivocado. Muéstrame cómo buscarte y buscar tu reino primero y siempre. Amén.

AGOSTO

OPTEMOS POR EL ESPÍRITU

*El deseo de la carne es contra el Espíritu, y el del Espíritu
es contra la carne.*

GÁLATAS 5:17

Comprendamos hoy que algunas de las luchas que experimentamos con Dios se deben a nuestra obstinación e insistencia en controlar nuestra vida y destino. Motivada por el deseo de saciar los profundos anhelos que llevamos dentro, nuestra carne le disputará el dominio al Espíritu de Dios. Con nuestra mente muy bien podemos reconocer que «el Señor sabe qué es lo mejor», pero en la práctica seguimos luchando por tener independencia y autodeterminación. Lamentablemente, los mayores problemas que enfrentamos ocurren, por lo general, en los mismos ámbitos que insistimos en controlar, inconscientes de que nuestros esfuerzos, en realidad, empeoran todo en vez de mejorarlo.

Amigo lector, no tema entregarle su vida a Dios. Lo que debe preguntar es: «¿Me negaría Dios algo realmente bueno para mí? ¿Diría Jesús, el Salvador que entregó su vida en la cruz, no a algo que me bendeciría, me edificaría o me fortalecería?». Espero que comprenda que la respuesta es: «¡Por supuesto que no!». Si Dios dice: «Espera», o: «No», a algo por lo que usted ha estado orando, es porque tiene una buena razón para ello. Por tanto, deje de pelear, confíe en Él y camine en el Espíritu.

**Jesús, revela los aspectos carnales que aún
intento controlar y ayúdame a ser libre.
Decido caminar en tu Espíritu. Amén.**

SANIDAD EN MEDIO DEL QUEBRANTO

Hermoseará a los humildes con la salvación.

SALMOS 149:4

¿Nos sentimos destrozados? Una de las principales razones porque el Señor permite que pasemos grandes pruebas y tiempos de quebranto es para librarnos de nuestra voluntad propia. Él nos revela el daño que nos causamos y la dependencia poco saludable que tenemos de otras personas y posesiones que no perduran.

Por tanto, si nuestro Salvador está en el proceso de obrar en alguna área de nuestra vida, consolémonos. Jesús sabe qué será necesario para satisfacer ese profundo anhelo en nosotros. Él ya identificó lo que debe ser sanado si hemos de convertirnos en aquello para lo cual fuimos creados y alcanzar nuestro potencial más pleno, significativo y satisfactorio para nuestra alma. Del mismo modo, Él puede revelarnos que lo que desea para nosotros es diferente de la misión que estamos realizando. Esto no se debe a que desee negar los deseos de nuestro corazón, sino más bien a que se da cuenta de que lo que buscamos no nos hará felices y quiere concedernos lo que sí nos dará felicidad.

Así que entréguese por completo a su Padre celestial, y permítale que lo sane. Reconozca que Él sabe qué es lo más conveniente para usted. Él ha prometido que si se deleita en Él cumplirá los deseos, esperanzas y sueños más profundos de su alma.

———————— ༄ ————————

Señor Jesús, me someto a tu voluntad y a tus métodos para conocerla. Gracias porque siempre puedo confiar en ti. Amén.

CONFORMADOS

No os conforméis a los deseos que antes teníais estando
en vuestra ignorancia; sino, como aquel que os llamó es
santo, sed también vosotros santos.

1 PEDRO 1:14–15

¿Cómo cambiar de las rutinas de siempre a caminar en la voluntad de Dios y convertirnos en seres que lo exalten? El versículo de hoy nos amonesta: «No os conforméis». La palabra griega aquí para *conforméis* es *syschematizo*, que significa adaptarnos (en mente, carácter y conducta) a otro patrón. También significa ser marcados a la semejanza de algo. Si hemos visto un camaleón saltar de la hierba verde a una rama café, habremos visto este concepto en acción. Casi al instante el camaleón cambia de color para ajustarse a su nueva situación. Se protege adaptándose a las circunstancias y evita distinguirse. Y eso es lo que hacemos nosotros exactamente.

Es interesante observar que Pedro no atribuye nuestros actos pecaminosos a ser guiados por costumbres mundanas, sino a nuestra ignorancia. No conocemos nada mejor que protegernos igual que hace el camaleón. Sin embargo, debido a que conocemos a Jesús como nuestro Salvador, no debemos seguir siendo ciegos a lo que socava nuestro bienestar. Por el contrario, podemos esforzarnos en adquirir la semejanza del Señor. No obstante, eso significa que debemos tomar en serio lo que Él declara. Independiente de lo que Dios ponga en nuestras vidas, debemos obedecerle y permitir que nos transforme a su imagen.

Jesús, confórmame a tu imagen.
Te seguiré. Amén.

PROPÓSITO DE LA ORACIÓN

Estos están en el mundo, y yo voy a ti. Padre santo, a los que me has dado, guárdalos en tu nombre, para que sean uno, así como nosotros.

JUAN 17:11

Si Dios tiene un plan, conoce todas las cosas y tiene el control, ¿por qué nos pide que oremos? Porque a través de la oración nos lleva a lo que se ha propuesto lograr. Él desea involucrarnos en la obra que realiza alrededor del mundo. Y en el versículo de hoy, mediante el poder de su nombre, Jesús pide que los discípulos estén unidos en propósito con Él.

Dios ciertamente podría construir su reino sin nuestra participación o ayuda. Pero cuando nos unimos a Él en su obra, nuestra relación con Dios desarrolla profundidad e intimidad. También maduramos. Orar y trabajar junto a nuestro Señor hace crecer nuestra fe, establece nuestro carácter y fortalece nuestra confianza en su poder.

Interactuar con el Señor es un privilegio. Dios lo creó a usted para amarlo y ser amado por Él, y la oración es el modo en que esa conexión se nutre y madura. Por eso, cuando su Padre celestial lo invita a orar, permita que se le acerque. Escuche el corazón de Dios y acepte el llamado a unirse en edificar el reino. Sea uno con Él y experimente el poder y la gloria debidos a su nombre.

Jesús, muéstrame cómo podemos tener una comunión auténtica a fin de ser uno contigo y tus propósitos. Amén.

NO ESTAMOS SOLOS

El Dios de paz aplastará en breve a Satanás bajo vuestros pies. La gracia de nuestro Señor Jesucristo sea con vosotros.

ROMANOS 16:20

A veces podemos sentirnos totalmente solos en el mundo debido a las luchas que enfrentamos y a sentimientos profundos de fracaso o insignificancia. El enemigo intentará desanimarnos con pensamientos de aislamiento, haciéndonos creer que la razón por la que sufrimos es que somos singularmente indignos de la ayuda y la intervención de Dios. Pero nada puede estar más lejos de la verdad. Es más, Pedro afirmó esto diciendo: «Sed sobrios, y velad; porque vuestro adversario el diablo, como león rugiente, anda alrededor buscando a quien devorar; al cual resistid firmes en la fe, sabiendo que los mismos padecimientos se van cumpliendo en vuestros hermanos en todo el mundo» (1 Pedro 5:8–9).

Usted no está solo. El dolor, los sentimientos y las inseguridades que experimenta no son únicos ni incorrectos, ni son evidencia de que no califique. Por el contrario, la situación que vive es algo que Dios ha venido manejando reiteradamente a lo largo de las edades, pues la adversidad es un instrumento común que usa para enseñar a su pueblo a caminar con Él. Así que no tenga miedo. No está solo, abandonado ni olvidado. A Dios le importa su vida; Él ve mucho de valor para desarrollar en usted. Por tanto, resista al enemigo, anímese y no se rinda.

Jesús, muchas gracias porque no estoy solo, sino que siempre estás conmigo. Amén.

EL DERECHO DE AMAR

Bendecid a los que os maldicen, y orad por los que os calumnian.

LUCAS 6:28

En estos días escuchamos a mucha gente hablando de derechos. Lamentablemente, la atención que se presta a los derechos humanos no ha provocado ningún incremento en la libertad personal. Al contrario, la mayoría de las personas son cada vez más prisioneras de sentimientos de celos, codicia y amargura.

Por eso, en lugar de enfocarnos en los privilegios que nos corresponden, las Escrituras nos incitan a considerar a los demás como superiores a nosotros mismos, a amar a nuestros enemigos y a perdonar a quienes nos persiguen. Eso no significa que debamos invitar a la gente a pisotearnos. Al contrario, simplemente estamos más preocupados en mostrar el amor de Dios a los demás que en exigir lo que nos corresponde.

Jesús es nuestro ejemplo en esto. Fue traicionado por sus amigos, perseguido por su pueblo y crucificado por nuestros pecados. Sin embargo, declaró: «Padre, perdónalos, porque no saben lo que hacen» (Lucas 23:34). Su asombrosa e inspiradora capacidad de amar y perdonar están a nuestra disposición por medio de su Espíritu que mora en nosotros. Cuando decidimos honrarlo incluso al ser maltratados, el poder y el cuidado de Dios fluirán a través de nosotros.

Amigo lector, jamás perderá si muestra a los demás el amor ilimitado de Cristo. No solo será bendecido por Dios por representarlo bien, sino que otras personas podrán aceptarlo como Salvador debido al ejemplo que usted les da.

Jesús, quiero perdonar y amar igual que tú. Ayúdame a orar por quienes me han ofendido. Amén.

DE ADENTRO HACIA AFUERA

Nosotros todos [...] somos transformados de gloria en gloria en la misma imagen, como por el Espíritu del Señor.

2 CORINTIOS 3:18

E n el momento en que aceptamos a Cristo como nuestro Salvador empieza en nosotros una transformación que nos conforma a su semejanza. Pero ¿cómo cambiamos realmente? Después de todo, si esta metamorfosis es sobrenatural, entonces no es algo que podamos realizar por nuestra cuenta. Se trata de lo que Jesús hace en nosotros.

Romanos 12:2 enseña que esto sucede «por medio de la renovación de [nuestro] entendimiento». Por tanto, la clave para la transformación es cambiar *qué* y *cómo* pensamos. Pero comprendamos que lo que Jesús cambia no es simplemente nuestras opiniones o nuestro sistema de creencias. En ocasiones suponemos que de eso es lo que se trata la religión: de cambiar el nombre de la deidad, el sacrificio y algunos de los rituales, y que no hay nada más que hacer. Sin embargo, hay más cosas que Dios quiere obrar en nosotros. Desea revolucionarnos de adentro hacia afuera.

Es más, la palabra que Pablo utiliza para *renovación* viene de la raíz *anakainóō*, que significa *hacer algo nuevo* o *ser transformados a una nueva clase de vida*. Por tanto, sabemos que cuando Jesús transforma nuestras mentes, esto significa que incluso cambia el modo en que procesamos información. Así que permitamos que lo haga. Y unámonos a Él en el proceso permaneciendo cada día en su Palabra.

ᘛᘚ

Jesús, transfórmame a tu imagen desde adentro hacia afuera de modo que puedas recibir la gloria. Amén.

Importancia de la oración

Perseverad en la oración, velando en ella con acción de gracias.

Colosenses 4:2

La oración es la esencia de nuestra relación con el Señor. Pero quizás nos preguntemos qué importancia tiene realmente. ¿Nos perderemos los planes de Dios si no oramos? ¿Perderemos su favor o bendición? ¿Qué tan importante es realmente la intercesión?

Aunque el Señor no depende de nuestras oraciones para lograr sus planes, perdemos muchísimo cuando no oramos. Es por medio de la oración que Dios se nos revela, sana nuestras heridas, nos enseña nuestra identidad y nos involucra en su obra.

Entonces, en cierto sentido nuestra oración (o la falta de ella) puede influir en lo que Dios hace. Por supuesto, hay ocasiones en que los propósitos divinos están determinados y nada puede cambiarlos, como sucede con las promesas que ha hecho. Pero otras veces nuestra falta de comunicación con Dios indica que nos estamos perdiendo las bendiciones que quiere darnos. Santiago 4:2 incluso nos dice: «No tenéis lo que deseáis, porque no pedís». Por tanto, nuestras oraciones pueden influir en gran manera en nuestra fe y bienestar, así como en otras personas.

Usted tiene un privilegio maravilloso al arrodillarse delante de su Padre celestial todopoderoso y saber que Él lo escucha y le responderá. Así que no desperdicie tal bendición. Aprenda de Dios y reciba lo que Él anhela darle.

Jesús, enséñame a aprovechar al máximo el maravilloso privilegio de la oración. Quiero conocerte. Amén.

ESPEREMOS EN EL SEÑOR

Aguarda a Jehová; esfuérzate, y aliéntese tu corazón; sí, espera a Jehová.

SALMOS 27:14

Hoy día podríamos estar pensando: *Simplemente no sé si en realidad confío en que Dios me ayudará. Siento que necesito una respuesta ahora mismo.* Entiendo ese sentimiento. No obstante, debo señalar que hay muchos aspectos de nuestra vida que confiamos a otros. Confiamos en médicos respecto a la salud, en asesores económicos acerca de la jubilación y en contadores en cuanto a los impuestos... y los esperaremos hasta que terminen su trabajo. Pero, sin importar lo habilidosos y confiables que puedan ser estos expertos, ¿no lo es Dios aún más?

Es crucial que comprenda cuán confiable es el Padre para guiarlo, ya que usted toma decisiones basándose en lo que cree acerca de Él. Aunque es verdad que a veces las personas con quienes usted cuenta lo decepcionarán o harán juicios sin contar con todos los hechos, el Señor nunca procederá de este modo. Dios no engaña, no fracasa ni se olvida de usted como podría suceder con otras personas. Más bien, si Él demora en darle una respuesta es por una razón justificada que en última instancia resultará su beneficio.

Entonces, según declara el versículo de hoy, aguarde al Señor. Escuche la respuesta que le dé. No se desespere. Dios contestará en su tiempo perfecto, en una manera que lo bendecirá auténticamente.

Jesús, espero en ti, confiando en tu tiempo y plan perfectos. Amén.

LA BUENA VOLUNTAD DE DIOS

Clemente y misericordioso es Jehová, lento para la ira, y grande en misericordia. Bueno es Jehová para con todos.

Romanos 12:2 nos informa que la voluntad de Dios es «buena, agradable y perfecta». No dice que la voluntad del Señor para nosotros sea insoportable, que la odiaremos ni que nos arruinará la vida. Por el contrario, lo que el Padre concibe es absolutamente maravilloso y digno de alabanza.

Por tanto, pensemos hoy en el hecho de que *la voluntad de Dios es buena*. El plan del Señor es moralmente honorable, excelente y benéfico para nosotros. Puede que no siempre parezca así al principio. Ha habido épocas en mi propia vida en que dije al Padre que las pruebas y presiones que estaba permitiendo estaban muy lejos de ser buenas. Sin embargo, siempre debemos recordar la promesa de Romanos 8:28: «Sabemos que a los que aman a Dios, todas las cosas les ayudan a bien, esto es, a los que conforme a su propósito son llamados».

El Padre es muy cuidadoso respecto a lo que permite que ocurra en nuestra vida. ¿Por qué? Porque Él mismo es bueno. ¿Por qué esperaríamos entonces que la voluntad de Dios sea algo que no fuera beneficioso y honorable, cuando tanto la naturaleza como el carácter de nuestro Padre celestial son buenos? Por tanto, regocíjese hoy en el hecho de que la voluntad de Él para usted es maravillosa.

Jesús, gracias por tus buenos planes para mi vida. Amén.

LA VOLUNTAD
AGRADABLE DE DIOS

Por la mediación de Jesucristo, ustedes ofrecen sacrificios
espirituales que agradan a Dios.

1 PEDRO 2:5, NTV

C omo vimos ayer, la voluntad de Dios es «buena, agradable y perfecta» (Romanos 12:2). Pero ¿qué significa que *su voluntad sea agradable*?

Creo que muchos cristianos batallan con la forma en que el Padre los ve y si están siguiendo o no el mejor rumbo desde su perspectiva. Si encontrar aceptación y valor con las personas es tan difícil, ¿cómo podemos esperar estar a la altura de Dios, quien es impecable en todos sus caminos?

Pero entendamos que el Señor nos acepta en base a lo que Jesús hizo en la cruz. Una vez que hemos recibido a Cristo como Salvador, somos aceptados por siempre delante del Padre. Y debido a la presencia del Espíritu Santo en nosotros y a la Palabra de Dios que nos guía, podemos vivir de tal forma que agrade al Señor. Es más, Filipenses 2:13 afirma: «Dios es el que en vosotros produce así el querer como el hacer, por su buena voluntad».

El Padre le enseña con paciencia a caminar con Él, guiándolo a ofrecer los sacrificios espirituales que le deleitan. Así que no solo es posible vivir de una manera aceptable delante de Él, sino que Dios está comprometido a ayudarlo a hacerlo.

Jesús, gracias por enseñarme a caminar
contigo y ofrecer sacrificios aceptables
a tu incomparable nombre. Amén.

LA VOLUNTAD
PERFECTA DE DIOS

*Jehová cumplirá su propósito en mí; tu misericordia, oh
Jehová, es para siempre.*

SALMOS 138:8

E n los dos días anteriores hemos estudiado la voluntad del Señor
«buena, agradable y perfecta» (Romanos 12:2). Hoy veremos
que *los planes de Dios para nosotros son perfectos.*

Al leer que la voluntad divina es *perfecta* podemos sentirnos inti-
midados por pensamientos de que debemos mantener un caminar
impecable delante del Señor, pero eso no es lo que la palabra significa.
La expresión griega *teleios* que se usa aquí se traduce mejor como *consumada, llevada a la madurez, dotada para alcanzar la meta,* o *que
no necesita nada para obtener plenitud.* En otras palabras, el Señor
ya tiene una estrategia completa y confiable para guiarnos durante
todo el camino hacia la victoria.

Amigo lector, el Padre no tiene proyectos a medias, especialmente cuando de nuestra vida se trata. Puede que usted no conozca
todo el plan, pero Dios sí. En realidad, conoce «lo por venir desde el
principio» (Isaías 46:10), y puede llevarlo y lo llevará a la total realización. Así que no es necesario preocuparse por si los planes de Dios
funcionarán o no. Funcionarán. Por tanto, no tema. Confíele su vida
y Él lo llevará al triunfo.

**Jesús, gracias por la realización perfecta
de tus planes para mi vida. Te confiaré
cada paso del camino. Amén.**

DE VUELTA AL ALTAR

Siete veces cae el justo, y vuelve a levantarse.

PROVERBIOS 24:16

C omo hemos visto los últimos días, la voluntad del Señor es buena, agradable y perfecta. ¿Por qué no querría alguien servir a un Dios como ese? Sin embargo, sabemos lo difícil que puede ser mantenerse en la senda cuando las circunstancias son confusas y dolorosas. Como sacrificios vivos (Romanos 12:1) estamos tentados a escaparnos del altar y huir hacia las colinas.

No es fácil presentarnos por completo a Dios. Es más, no hay nada más retador en la vida que eso. Por tanto, es importante entender que ofrecernos como sacrificios vivos no es una experiencia de una sola vez. Me gustaría que así fuera. Pero esa no es la realidad de nuestra naturaleza humana caída o del mundo en que vivimos. Mientras existamos en la tierra estaremos tentados a volver a tomar el control.

Por tanto, cuando caiga no se desespere ni huya de Dios. En lugar de eso, renueve su compromiso con Él. Vuelva a subirse al altar y dispóngase a permitir que Jesús obre en su mente, corazón y vida, porque la verdadera prueba de la piedad no es evitar la caída, sino volver a encaminarse. Así que levántese y entregue al Señor todo lo que usted es y lo que espera ser.

Jesús, me presento completamente a ti. Te pertenezco, Señor. Amén.

INEVITABLE

Me buscaréis y me hallaréis, porque me buscaréis de todo vuestro corazón.

JEREMÍAS 29:13

Al pensar en la voluntad de Dios, una de las preguntas con que frecuentemente me topo es la inevitabilidad. ¿Es absolutamente inevitable que se cumpla el plan del Señor? Sin duda esto está en nuestra mente cuando luchamos por tomar decisiones que honren a Dios. Si el Señor tiene el control absoluto de todo, ¿importa realmente lo que decidamos?

A fin de discernir lo que Dios desea para nosotros, es útil comprender que su voluntad tiene dos aspectos. Primero, la voluntad *determinada* del Señor incluye esas partes de su plan que son inmutables: hechos que se llevarán a cabo de manera absoluta, tal como sucede con el cumplimiento de la profecía. Segundo, está la voluntad *deseada* de Dios, que se halla sujeta a nuestro libre albedrío, a nuestra decisión de obedecerle. En los próximos días analizaremos más estos dos aspectos.

Sin embargo, sea que usted esté funcionando en la voluntad *determinada* o *deseada* del Señor, entienda que Él quiere ayudarle a andar en el plan que le tiene (Filipenses 2:13). A Dios le motiva revelar el camino. Por tanto, en cuanto usted dispone su corazón a obedecerle, se prepara para el éxito. No tenga miedo. El Señor le *mostrará* su voluntad. Búsquelo con todo el corazón porque sin duda lo encontrará.

ↁↁ

Jesús, quiero tu voluntad, y decido obedecerte. Mantenme en el centro de tu plan. Amén.

PROMESAS CUMPLIDAS

*Jehová de los ejércitos juró diciendo: Ciertamente se hará
de la manera que lo he pensado, y será confirmado como
lo he determinado.*

ISAÍAS 14:24

El primer aspecto del plan de Dios que veremos es su *voluntad determinada*, que es aquello que de manera absoluta e infalible se llevará a cabo porque Él es el Soberano del universo. Debemos comenzar con este fundamento porque es la base para entender cómo Dios cumple lo que promete. Está plenamente dentro de su capacidad que cualquier cosa se haga según Él declara que sucederá.

Por ejemplo, el Señor Dios prometió enviarnos un Salvador (Jeremías 31:31–34). Él cumplió fielmente esto, y lo hizo con una lista detallada de especificaciones, como a qué familia pertenecería el Mesías (Génesis 12:3, 49:10; 2 Samuel 7:16), dónde nacería (Miqueas 5:2), en qué época viviría (Daniel 9:25–26), qué haría (Isaías 61), dónde se ubicaría su ministerio (Isaías 9:1; Mateo 4:12–17); y cómo nos redimiría de nuestros pecados (Isaías 53). Cada una de estas promesas se cumplió milagrosamente en Jesús.

Por eso usted puede contar siempre con que Dios cumple las maravillosas promesas que le ha hecho, pues su asombrosa soberanía lo abarca todo. Absolutamente nada es demasiado difícil para Él, y todo se lleva fielmente a cabo con su amor perfecto y sacrificial por usted.

Señor, ¡eres el Dios todopoderoso! Gracias
por cumplir tus promesas. Amén.

LE IMPORTAMOS AL SEÑOR

*De un solo hombre creó todas las naciones de toda
la tierra [...] y determinó los límites de cada una. Su
propósito era que las naciones buscaran a Dios.*

HECHOS 17:26-27, NTV

La voluntad *determinada* de Dios es aquello que Él hará, y lo que tanto usted como yo debemos entender es que Él no hace tales planes exclusivamente para acontecimientos mundiales o de naciones. Más bien, Dios también hace planes para individuos. Los hace para usted y para mí (Salmos 139:15-16).

Podemos saber con seguridad que hay aspectos de nuestras vidas que forman parte de la voluntad *determinada* de Dios. Por ejemplo, el versículo de hoy nos dice que el Padre escogió dónde, cuándo y de quién naceríamos. Él nos crea, y de manera activa elige los talentos, las personalidades y las habilidades que tendremos. De igual manera, el Señor nos crea y nos prepara teniendo en mente sus propósitos (Efesios 2:10).

Así que anímese, porque usted no es una equivocación. Comprenda que hay ciertos aspectos de su vida que forman parte del plan soberano, determinado e inmutable de Dios que finalmente *se cumplirá*. Desde luego, esto puede hacer que surjan dudas en su mente, especialmente cuando piensa en las dificultades que ha experimentado y en las desafortunadas decisiones que ha tomado. Pero no pierda de vista el hecho de que Dios planeó su existencia y que su vida le importa inmensamente. Por tanto, busque los buenos propósitos del Señor en cada parte del plan que Él tiene para usted.

— ༄ —

**Jesús, gracias por tu plan determinado
para mí. A ti sea la gloria. Amén.**

DECISIONES

¿Quiénes son los que temen al SEÑOR? Él les mostrará el sendero que deben elegir.

SALMOS 25:12, NTV

E l segundo aspecto del plan del Señor es su voluntad *deseada* o *permisiva*. Aquí es donde Él ha expresado su deseo y tenemos la oportunidad de honrarlo o seguir nuestro camino. La voluntad *deseada* del Señor no es irresistible ni incondicional. Más bien, Dios nos da opciones para ejercer nuestro libre albedrío al obedecerlo. Él lo hace con el propósito de tener una auténtica relación amorosa con nosotros.

Por ejemplo, pensemos en Adán y Eva en el huerto del Edén. ¿Por qué el Padre les hizo una sola prohibición? Por la sencilla razón de que deseaba darles la oportunidad de que lo amaran y respetaran voluntariamente obedeciendo el mandato. Sin libre albedrío, sin una decisión que tomar, Adán y Eva simplemente habrían estado bajo obligación hacia el Señor Dios, como esclavos bajo coacción o robots programados para llevar a cabo ciertas tareas.

Nuestro amado Padre celestial no recibe honra mediante sumisión forzada, renuente o artificial. Por el contrario, se complace y es exaltado cuando le obedecemos porque sabemos que es confiable, sabio y siempre actúa en amor hacia nosotros. Así que amémoslo y obedezcámosle de todo corazón.

Jesús, quiero demostrarte mi amor a través de la obediencia. Muéstrame la senda que debo seguir. Amén.

CAMINEMOS CON EL SEÑOR

Sol y escudo es Jehová Dios; gracia y gloria dará Jehová.
No quitará el bien a los que andan en integridad.

SALMOS 84:11

M ientras que la *voluntad determinada* del Señor es inevitable, la voluntad deseada del Padre para nosotros se ve en las circunstancias que experimentamos y a través de lo que su Palabra revela. Sin embargo, tanto la voluntad *determinada* como la voluntad *deseada* de Dios requieren que caminemos con Él y tomemos una decisión respecto a quién es Él para nosotros.

El Señor quiere que estemos continuamente conectados con Él en una relación íntima (1 Tesalonicenses 5:17). Por supuesto, eso no significa que Dios vaya a revelarnos todo detalle, pero sin duda podemos saber lo que Él desea que hagamos en las opciones que están delante de nosotros al caminar a su lado. Dios no mantendrá sus planes en secreto a menos que nos neguemos a buscarlo (Jeremías 29:13).

Esto es importante porque hay ocasiones en que llegamos a encrucijadas y debemos tomar decisiones que sin darnos cuenta fijan el rumbo de nuestras vidas. Por vigilantes que estemos, simplemente nos cegamos a lo que tales decisiones significan o a la influencia que tienen en nosotros y en los demás. Pero cuando caminamos constantemente con Cristo, Él siempre se asegurará de guiarnos por el sendero correcto. No hay manera de perder al obedecer a Dios.

Jesús, camino contigo. Gracias por llevarme perfectamente al centro de tu voluntad. Amén.

EL PLAN CIRCUNSTANCIAL

Para que reciban, por la fe que es en mí, perdón de pecados y herencia entre los santificados.

HECHOS 26:18

Hemos estado estudiando la voluntad *determinada* y la voluntad *deseada* de Dios. Sin embargo, ¿qué les sucede a los planes que Dios tiene para nosotros cuando nos equivocamos? Porque la verdad es que ningún otro que no sea Jesús puede decir que siempre ha cumplido la voluntad de Dios.

Hayamos hecho lo que hayamos hecho u ofendido a quien hayamos ofendido, cuando reconocemos que nos equivocamos, nos arrepentimos de nuestros pecados y nos sometemos a Dios, Él pone en acción un plan para volvernos a encarrilar (1 Juan 1:9). Aunque esto no necesariamente significa que volvamos a estar en la senda de su voluntad *original*. Por ejemplo, si Dios llama a alguien a predicar cuando tiene ocho años de edad, pero esa persona no hace caso hasta que cumple ochenta, es lógico que no podrá experimentar o lograr todo lo que inicialmente el Señor quería.

No obstante, así usted tenga ocho, dieciocho u ochenta y ocho años, su Padre celestial siempre le tiene un plan *circunstancial*: asignaciones que debe cumplir en la situación particular que se encuentra. Él recoge los pedazos destrozados de su vida, y con el pegamento de amor divino y perdón vuelve a unirlos, dándole un propósito maravilloso.

Jesús, gracias por perdonarme y volver a encarrilar mi vida para servirte. Amén.

EL PADRE ESPERA

Este mi hijo muerto era, y ha revivido.

LUCAS 15:24

L a actitud del Señor hacia nosotros es reflejada en la del padre en la parábola del hijo pródigo (Lucas 15:11-32). Tal vez recordemos esta historia sobre un joven que pidió a su padre su parte de la herencia. El muchacho se fue de casa, desperdició el dinero y cayó en profunda miseria.

El padre en la parábola no renunció a su hijo, tal como nuestro Padre celestial nunca renuncia a nosotros. Sí, el corazón de Dios se duele cuando nos alejamos de Él, pero nuestra partida lo entristece porque comprende que el pecado solo puede llevarnos a creciente desilusión y desesperación. Entonces, al igual que el padre en la historia, Dios nos observa y espera que comprendamos que lo que hacemos no produce buenos resultados.

Finalmente, cuando el hijo pródigo regresa a casa, el padre alcanza a verlo y corre a su encuentro. Del mismo modo, el Padre celestial nos perdona y recibe en casa cuando nos arrepentimos de nuestro pecado y regresamos a Él (1 Juan 1:9). Y debido al gran amor del Padre, usted todavía tiene un futuro. Así que no siga cometiendo las mismas equivocaciones, ni exigiendo que las cosas se hagan como quiere. En vez de eso, corra a los brazos de su Padre, acepte su misericordia y reconozca que el camino que Él tiene para usted es el mejor.

───────────── ຕ∩ ─────────────

Jesús, me arrepiento y regreso a ti. Gracias por recibirme con los brazos abiertos. Amén.

Aceptemos un no

En ti, oh Jehová, he esperado; tú responderás, Jehová
Dios mío.

SALMOS 38:15

En ocasiones Dios contestará negativamente a lo que le pedimos. No nos desesperemos. Más bien, estemos dispuestos a aceptar su respuesta con plena confianza en que Él es soberano, omnisciente y siempre tiene en su corazón nuestro mejor y absoluto interés. Animémonos con estos hechos: *El Señor sabe lo que más conviene tanto a nosotros como a los demás.* Él sabe cuál puede ser nuestro futuro y dirá no a cosas que no satisfarán de veras nuestro corazón o que nos impedirán alcanzar nuestro máximo potencial. *Segundo, tengamos la seguridad de que Dios puede cumplir las promesas que nos hace.* Así que, si Él decide negarnos algo, se debe a que tiene algo que es mejor. Él tiene todo poder y autoridad, por eso cuando nuestra situación parece imposible bajo estándares humanos, Dios puede triunfar. *Finalmente, el Señor nunca actúa demasiado temprano ni demasiado tarde.* Podemos creer que nuestro tiempo pasó; sin embargo, nuestro Dios sabe exactamente cuándo y cómo lograr sus planes a la perfección.

Amigo lector, duele cuando Dios dice no. Pero recuerde que Él actúa siempre con sabiduría y amor hacia usted, y sabe qué es lo mejor, así que confíe por completo en Dios. Muy pronto se regocijará en el sí del Señor.

Jesús, te agradezco por decirme no, sabiendo que lo mejor para mí aún está por venir. Amén.

SOLO EL SEÑOR

Solo tú, SEÑOR, eres Dios.

ISAÍAS 37:20, LBLA

Nabucodonosor, rey de Babilonia, erigió una estatua de oro y ordenó que todo el pueblo de la tierra se inclinara y la adorara. No obstante, a tres hebreos, Sadrac, Mesac y Abed-nego les habían enseñado desde niños a adorar solamente al Señor Dios, así que se negaron a obedecer al rey. Nabucodonosor los amenazó con arrojarlos a un horno de fuego ardiente, pero ellos respondieron: «Nuestro Dios a quien servimos puede librarnos del horno de fuego ardiendo; y de tu mano, oh rey, nos librará. Y si no [...] no serviremos a tus dioses, ni tampoco adoraremos la estatua que has levantado» (Daniel 3:17–18). ¡Qué gran proclamación de fe!

Esta es la actitud que el Señor desea ver en todos los que creemos en Él, porque habrá ocasiones en que los rugidos del diablo serán tan fuertes que nos sentiremos impotentes para vencerlo. Pero ese siempre es el momento de exclamar: «Nuestro Dios a quien servimos puede librarnos. Y si no lo hace, ¡permaneceremos fieles!». Siga exaltando al Señor como el único Dios verdadero. Esa es fe que Él honra, la cual en última instancia lo llevará a usted hacia la liberación, tal como pasó con Sadrac, Mesac y Abed-nego.

————————— ༄ —————————

Jesús, solo tu nombre es digno de mi adoración. A pesar de la presión para que me conforme al mundo, permaneceré fiel a ti. Amén.

PERCEPCIÓN MEJORADA

Misericordioso y clemente es Jehová; lento para la ira, y grande en misericordia.

SALMOS 103:8

¿Cómo vemos a Dios? ¿Lo percibimos como alguien amable, santo y amoroso hacia nosotros? ¿O como un ser rígido, condenador y cruel?

Muchos creyentes aceptan la idea de que el Señor es desalmado e implacable. La actitud que tienen delante de Dios es como la de quien está a punto de recibir una paliza de alguien más grande y fuerte, por lo que se acobarda y tiembla, previendo los golpes que se avecinan.

Sin embargo, ¿por qué es tan prevalente esta falsa percepción acerca de Dios cuando Él nos ofrece salvación de manera compasiva? Esto se debe a menudo a persistentes conceptos erróneos sobre los propósitos y el amor de Dios. Las personas no entienden por qué el Señor no les permite ciertos comportamientos o no les otorga bendiciones particulares. Interpretan eso como venganza y sentencia de parte del Señor, y no como su cuidado protector y deseo de hacernos libres.

No obstante, el antídoto para esto es mirar el rostro de nuestro Padre celestial; porque al hacerlo estamos viendo sus ojos rebosantes de amor. Al conocerlo por medio de la oración y la Palabra, incrementamos nuestro amor por Aquel que nos da todo, incluso nuestras bendiciones más apreciadas. Descubrimos a Aquel que nos creó y continuamente obra para hacernos libres.

Jesús, te alabo porque en todo momento eres amoroso, sabio y bueno. Amén.

PERMITÁMOSLE LA ENTRADA AL SEÑOR

La creación fue sujetada a vanidad, no por su propia voluntad, sino por causa del que la sujetó en esperanza; porque también la creación misma será libertada de la esclavitud de corrupción, a la libertad gloriosa de los hijos de Dios.

ROMANOS 8:20–21

La causa de nuestra incapacidad de experimentar el amor de Dios es la misma de nuestra imposibilidad de experimentar la plenitud del poder del Señor obrando en nosotros: no nos hemos rendido por completo a Él. Nos hemos cerrado a su obra. Por supuesto, eso no impide que Dios nos ame ni que intente sanar los lugares lastimados de nuestro corazón. Él lo hace a través de las circunstancias de la vida que destrozan nuestra dependencia de la identidad fugaz, seguridad y valor que este mundo nos ofrece.

Amigo lector, incluso en medio de las luchas que enfrente, dese cuenta de que su Padre celestial está llamándolo hoy día y le dice: «Te amo; no te haré daño. Puedo sanarte y hacerte libre». Dios no está allá afuera para destruirnos, sino para atraernos hacia Él. El Señor desea darnos lo que realmente satisface las partes más recónditas del alma. Así que deje de rechazarlo. Las mismas cosas de las que usted depende lo mantienen en esclavitud a las heridas más profundas que tiene. Déjelo ingresar a su corazón y permita que le de lo que usted realmente necesita.

Jesús, te invito a entrar a mi corazón. Sáname mi Salvador. Confío en ti. Amén.

YA VENCIÓ

En el mundo tendréis aflicción; pero confiad, yo he
vencido al mundo.

JUAN 16:33

Comprendamos que cuando atravesamos tiempos difíciles, Dios nos fortalecerá activamente, si se lo permitimos, con el fin de que podamos soportar y vencer. En el versículo de hoy, Jesús les dijo eso a sus discípulos al describirles las aflicciones futuras. Habrá momentos de dificultad y sufrimiento, pero podemos participar de forma activa de la victoria que Cristo nos ofrece.

Por tanto, cuando surjan problemas, es hora de correr hacia Dios. Muchas personas huyen de Él culpándolo por las aflicciones que experimentan o suponiendo que les ha rechazado. Sin embargo, lo que hacen es distanciarse de la Fuente verdadera de fortaleza. Entonces, cuanto más inmensos sean los retos que enfrentemos, mayor será nuestra necesidad de permanecer en el Señor. Podemos estar muy ocupados; sin embargo, debemos encontrar tiempo para estar con Él. Su presencia nos da energía para trabajar, nos hace veloces para la tarea, nos concede resistencia y nos suple la sabiduría necesaria a cada paso.

Tenga en cuenta que al final usted sobrevivirá esta prueba. Ciertamente, ninguna tribulación es eterna, y esta no es la excepción. El reto que ahora tiene es afirmarse en la fe y, cuando la prueba termine, declarar que Jesús es Señor sobre todo. Ese es el testimonio que podrá dar a los demás. Y esa es la verdadera victoria que vence al mundo.

Jesús, ayúdame a permanecer firme en
ti hasta que llegue tu triunfo. Amén.

REFINADOS

Aunque ahora, por un poco de tiempo si es necesario,
seáis afligidos con diversas pruebas, para que la prueba
de vuestra fe, más preciosa que el oro que perece, aunque
probado por fuego, sea hallada que resulta en alabanza,
gloria y honor en la revelación de Jesucristo.

1 PEDRO 1:6–7, LBLA

El oro debe refinarse para eliminar las impurezas incrustadas. Es decir, debe derretirse en el fuego para que cualquier polución flote en la superficie y pueda eliminarse.

A menudo la vida cristiana se compara con este proceso. Cuando enfrentamos pruebas, Dios nos purifica como metales preciosos, cavando profundamente en nuestras vidas con el fin de eliminar toda impureza: nuestra dependencia a todo lo que no sea Él. El Señor no nos somete a este proceso porque nos vea como inútiles; por el contrario, lo hace porque ve el tesoro que hay en nosotros. No lo hace para dañarnos, sino para preservar lo mejor en nosotros y sacar a relucir lo que nos hace realmente hermosos.

Desde luego, pasar por el fuego no es agradable. Pero es necesario y, finalmente, bueno. Dios lo usa para sacar lo mejor de usted y aumentar su fe y valor para el reino de Dios, haciendo que ante los demás brille como un reflejo hermoso y claro de Cristo.

Jesús, concédeme esa fe que es más preciosa que el oro, lo que resultará en alabanza y gloria para ti. Amén.

DIOS TIENE EL CONTROL

Ni su brazo los libró; sino tu diestra, y tu brazo, y la luz
de tu rostro, porque te complaciste en ellos.

SALMOS 44:3

Hubo una época en que luché terriblemente con el desánimo, la duda, el temor y la soledad. Pasé muchas noches teniendo largas conversaciones con un amigo cercano, quien escuchaba con paciencia. Muchas veces, durante estas charlas, mi amigo me detenía y declaraba: «Pero recuerda que Dios tiene el control».

Dios tiene el control. Esta afirmación se convirtió en un ancla en mi vida. Por fuertes que soplaran los vientos de aflicción o por mucho que se intensificara la adversidad, pude mantenerme firme debido a la sencilla verdad de que el Señor es soberano sobre todas las cosas. Pude enfrentar cualquier obstáculo aterrador o reto insuperable con la seguridad del absoluto poder y sabiduría del Padre para vencer a mi favor.

Esta es mi oración por usted hoy. Nada de lo que le suceda está más allá del alcance o la fortaleza del Señor, quien vence toda dificultad que enfrentemos. Sí, puede que sienta que esta prueba es demasiado grande para usted. Pero le aseguro que todo sucede para que sepa con certeza que es el Señor quien lo libera. Así que no se desanime ni tenga miedo. Dios tiene el control. Y sin duda alguna le ayudará.

Dios, tú estás en control de todo lo que concierne a mi vida. No temeré, sino que alabaré tu nombre por siempre. Amén.

SUSTENTADO BAJO PRESIÓN

Echa sobre Jehová tu carga, y él te sustentará.

SALMOS 55:22

Una de las maneras en que Jesús lidió con las presiones que enfrentaba fue alejándose del ritmo frenético de su mundo a fin de estar a solas con el Padre. Mateo 14:23 informa: «Despedida la multitud, subió al monte a orar aparte». Él comprendía que esos momentos tranquilos de comunión eran absolutamente esenciales. Si buscar tales momentos fue algo crucial para el Salvador, quien es Dios encarnado, ¿cuánto más imperativos son para nosotros?

Por tanto, cuando la tensión aumente y no haya paliativo a la vista, debemos seguir el ejemplo de Jesús y encontrar un lugar tranquilo en el cual estar a solas con Él, ya que eso nos abre a su presencia, sabiduría y poder. Depositemos nuestras cargas en el Señor, reconociéndolo como nuestra suficiencia. Él puede cargar el peso que acompaña toda situación angustiosa o dolorosa que enfrentemos.

Muchas personas batallan porque se sienten culpables por pecados pasados y creen que Dios no escuchará sus oraciones. Pero el Padre espera con amor y perdón incondicional que nos acerquemos a Él, siempre dispuesto a volver a ponernos en el camino correcto. Así que nunca dude en llevar en oración sus aflicciones y presiones ante Dios. Él sabe todo lo que usted necesita incluso antes que se lo pida, y anhela pasar tiempo a solas con usted restaurando así su alma.

Jesús, gracias por amarme y sustentarme en tiempos de carga y tensión. Amén.

LA SENDA HACIA LA PAZ

Jehová dará poder a su pueblo; Jehová bendecirá a su pueblo con paz.

SALMOS 29:11

E stemos donde estemos en la vida, en lo profundo de nuestra alma podemos experimentar la paz de Dios. Tal tranquilidad viene cuando ponemos nuestra confianza en el Señor y le entregamos el control de nuestra situación. Esto no significa evitar la responsabilidad, sino reconocer la necesidad de que el Señor nos ayude y nos guíe.

¿Cómo hacemos eso? Hay cuatro elementos esenciales para experimentar la paz de Dios. *Primero, expresar dependencia total en el Señor.* Reconocer a Dios como nuestra fortaleza y refugio cambia nuestro enfoque en las habilidades finitas que poseemos al poder infinito de Dios. *Segundo, orar.* La oración y meditación en la Palabra de Dios son esenciales para experimentar verdadera paz, porque son clave para tener intimidad con Cristo, el Príncipe de Paz. *Tercero, expresar y demostrar fe.* Aferrarnos al hecho de que el Señor ha prometido que nunca nos abandonará puede ayudarnos a superar todo lo que enfrentemos. *Finalmente, enfocarnos en Dios.* Porque ciertamente Él nos concederá la sabiduría, la fortaleza y la paz que necesitamos a fin de resistir cualquier cosa que suceda.

Amigo lector, al Señor le place darle su paz. Por tanto, deje de preocuparse, entréguele su ansiedad y confíe en que Él lo guiará.

Jesús, gracias por tu paz y por liberarme en toda circunstancia. Alabo tu nombre. Amén.

PODER EN LA ORACIÓN

*La oración eficaz del justo [creyente] puede mucho
[cuando se pone en acción y se hace eficaz por medio de
Dios; es dinámica y puede tener tremendo poder].*

SANTIAGO 5:16

¿Le resulta difícil orar a veces? ¿Parece como si hubiera una batalla continua en su mente, con pensamientos que lo bombardean cuando intenta concentrarse en Dios?

La Biblia no sugiere en ninguna parte que la oración sea fácil. En realidad, cuando nos inclinamos delante del Padre se produce una batalla. El enemigo nos atacará, acosándonos con dudas e intentando convencernos de que Dios nunca escucharía a alguien como nosotros. Pero el diablo hace esto porque sabe lo peligrosos que somos cuando nos ponemos de rodillas delante del trono de gracia.

El versículo de hoy ilumina esta realidad. Nuestras oraciones tienen tremendo poder debido a Aquel a quien apelamos. Cuando le pedimos a Dios respuestas a los retos que se nos presentan, Él revela soluciones a nuestro favor que están más allá de la imaginación, liberándonos y recibiendo la gloria. El enemigo detesta eso porque significa su derrota.

Así que manténgase orando. Persevere. Aférrese a Dios y espere que Él actúe. Nunca se rinda, porque en la oración está el sendero seguro hacia la victoria.

**Jesús, intercede a través de mí y ayúdame
a perseverar en oración para que se haga
tu voluntad en todas las cosas. Amén.**

LA OBRA DEL SEÑOR

*Somos la obra maestra de Dios. Él nos creó de nuevo en
Cristo Jesús, a fin de que hagamos las cosas buenas que
preparó para nosotros tiempo atrás.*

EFESIOS 2:10, NTV

E l versículo de hoy nos dice claramente cómo nos ve Jesús: somos
preciosos para Él, su obra maestra y recipientes de su importante obra.

¿Qué significa ser la *obra maestra* de Dios? Esa expresión en
griego significa «alguien de notable excelencia». Somos un ejemplo
apreciado del genio creativo del Señor, apto para reflejar su gloria y
gracia.

Tengamos en cuenta que somos obras maestras *de Dios*. Él es
quien sabe la razón por la cual existimos, sabe por qué nos confirió
ciertas debilidades y fortalezas, sabe el potencial pleno de nuestros talentos, y sabe que todo eso es posible por medio de nosotros.
También es Dios quien obra a través de nosotros. Es por eso que nos
da el Espíritu Santo cuando Jesús se convierte en nuestro Salvador,
para poder entrenarnos y darnos poder a fin de que lleguemos a ser
quienes Él tiene en mente que seamos.

Las personas deben ver y conocer al Dios vivo. La buena noticia es que Él quiere revelárseles a través de usted. Por tanto, cada
mañana dígale a Dios: «Te pertenezco, Señor. Guíame por medio de
tu Espíritu Santo. Muéstrame cómo vivir para ti, actuando y pensando como Jesús lo haría. Ayúdame a glorificarte hoy. Amén».

**Sí, Jesús, te pertenezco y existo para tu gloria.
Guíame y obra hoy a través de mí. Amén.**

SEPTIEMBRE

ESCUCHEMOS A DIOS

Acércate más para oír.

ECLESIASTÉS 5:1

Pensemos en nuestra interacción con alguien a quien amamos de veras. Si somos los únicos que hablamos, esta no es realmente una relación, ¿cierto? La verdadera comunicación es de doble vía. Nos expresamos, y luego escuchamos a la otra persona. Ella nos revela algo, procesamos lo que escuchamos y respondemos en consecuencia.

Este es el proceso por medio del cual se alcanzan decisiones, se construye consenso, se forjan acuerdos, se solucionan problemas, se divulgan secretos, se comparten sueños, se muestran debilidades, se intercambia información, se influye en actitudes, se ofrece aliento y se da y recibe consejo. Una sensación de intimidad se desarrolla por medio de todo esto.

Sin embargo, si pasamos todo el tiempo contándole al Señor problemas, esperanzas, necesidades, sentimientos, deseos y dudas que tenemos, dejamos de escuchar la sabiduría del Señor, los sueños y la provisión que tiene para nuestra vida, además de su obra divina en el mundo. Peor aún, dejamos de escuchar lo que Dios siente por nosotros.

Amigo lector, no cometa esta equivocación. Usted tiene el privilegio de deleitarse en una relación con el Soberano de toda la creación. Demuéstrele cuánto lo ama invirtiendo tiempo en escuchar todo lo que Él desea decirle. Le alegrará haberlo hecho.

Jesús, me acerco para escucharte.
Gracias por amarme y guiarme.
Quiero conocerte y amarte más. Amén.

SEAMOS DIFERENTES

Es tiempo de que el juicio comience por la casa de Dios.
1 PEDRO 4:17

Si nos preguntamos por qué hoy en día impera tal confusión en el mundo y la iglesia, podemos rastrear el problema hasta el hecho de que muchos creyentes no ven por qué sea importante conocer a Dios y hacer su voluntad. Muchos cristianos realmente comprenden tan poco acerca del Señor que no podrían llenar una página con verdades sobre Él. Y aunque lo hicieran, no podrían decir cómo estas verdades se aplican a sus vidas, circunstancias o a su relación con Dios. Si acuden al Señor, lo hacen con el fin de llevarle una lista de peticiones y no para conocer o glorificar a Aquel que los creó.

Pero podemos ser diferentes. Podemos *conocer* a Dios. Podemos llegar a relacionarnos tan íntimamente con Él que percibiremos cómo se mueve a través de nosotros y cumple su voluntad en el mundo. Podríamos pensar: *Oh, eso es solo para pastores, predicadores, profetas y misioneros.* Pero no, no lo es. Esta clase de relación íntima es la voluntad de Dios para nosotros. El Señor responde a quien lo busca y se revela a quienes anhelan conocerlo. Además, desea obrar por medio de usted. Así que pase tiempo con Él en la Palabra y en oración, y permítale que transforme el mundo y la iglesia por medio suyo.

Heme aquí, Jesús, obra por medio de mí. Amén.

JESÚS ES EL SEÑOR

Que en el nombre de Jesús se doble toda rodilla de los que
están en los cielos, y en la tierra, y debajo de la tierra;
y toda lengua confiese que Jesucristo es el Señor.

FILIPENSES 2:10–11

Podemos pensar en Jesús como nuestro maravilloso Salvador y talentoso Maestro. Y desde luego lo es. No obstante, uno de los títulos usados para Jesús con mayor frecuencia en el Nuevo Testamento es *kurios* o *Señor*, alguien que posee autoridad, poder y control. La Palabra de Dios describe a Jesús como Cabeza de la Iglesia, el Principio de toda la creación y Rey de reyes (Colosenses 1:18; Apocalipsis 3:14; 17:14). El reinado de Cristo cubre todo lo que existe tanto en el cielo como en la tierra. Nadie, ni siquiera quienes lo niegan, estarán desvinculados de la autoridad de Jesús.

Aunque el enemigo y el mundo puedan tratar de convencernos de que libertad es hacer lo que queramos, sabemos que la verdadera libertad se adquiere solo a través de la sumisión al amoroso señorío de Cristo. Obramos con o contra el poder del Señor. Y cuando nos sometemos a Cristo y nos unimos a sus propósitos, somos más que vencedores con Él.

¿Se ha sometido al gobierno de Cristo sobre usted? Elíjalo como el Señor de su vida y regocíjese a medida que el reino del Señor se establece en todo su ser.

Jesús, ¡eres mi Señor! Gobierna en mí y ayúdame a servirte mejor cada día. Amén.

¿EL BIEN ·O EL MAL?

Hay camino que parece derecho al hombre, pero su fin es camino de muerte.

PROVERBIOS 16:25

Quizás hoy nos preguntemos por qué Dios llama pecado a algunas conductas y actitudes que nos parecen muy naturales. Esta paradoja se remonta a la caída. Si recordamos, el Padre dio instrucciones a Adán y Eva de no comer de cierto árbol en el huerto del Edén. Sabemos que ellos finalmente desobedecieron y comieron del árbol del conocimiento del bien y del mal a pesar de la orden y advertencia del Señor (Génesis 3).

Lo que sucedió a continuación fue que Adán y Eva recibieron gran cantidad de información que no estaban preparados para manejar sin la guía de Dios. El bien y el mal fueron puestos al mismo nivel. Sí, hubo ciertas acciones que ellos sabían desde el principio que eran inmorales, tales como matar y robar. Pero ya que su pecado les causó muerte espiritual, perdieron la capacidad de discernir lo bueno de lo malo como habrían aprendido si hubieran permitido que el Señor les enseñara.

Es por eso que a veces no nos damos cuenta de que las formas en que satisfacemos nuestras necesidades, en realidad, nos hacen sentir más vacíos y carentes. Se necesita una relación con Cristo para entender por completo cómo satisfacer tales necesidades; es decir, comprender cuál es y cuál no es la voluntad de Dios para nosotros.

Jesús, enséñame por favor a caminar en tu sabiduría y libertad. Amén.

OBEDIENCIA TOTAL

Todo lo que es nacido de Dios vence al mundo; y esta es
la victoria que ha vencido al mundo, nuestra fe.

1 JUAN 5:4

C uando servimos a Dios, ¿lo hacemos de manera total o solo
parcial? Es importante que sepamos que para el Señor la obediencia parcial, en realidad, es desobediencia.

Por ejemplo, cuando los ejércitos de Aram amenazaron con atacar Israel, el rey Joás fue a ver al profeta Eliseo en busca de sabiduría
sobre cómo proceder contra tan formidable enemigo. Eliseo le dijo
a Joás que disparara una flecha por la ventana oriental, por lo que
proclamó: «Esta es la flecha del SEÑOR, una flecha de victoria sobre
Aram. [...] Ahora levanta las demás flechas y golpéalas contra el piso»
(2 Reyes 13:17–18, NTV). En otras palabras, Eliseo desafió a Joás a
golpear las flechas restantes contra el suelo como señal de confianza
en que Dios ganaría la batalla. Lamentablemente, Joás golpeó solo
tres de las flechas y se detuvo, demostrando que en realidad no creía
en la provisión del Señor. Y debido a esta falta de fe no obtuvo una
victoria total sobre los ejércitos enemigos.

No cometa la misma equivocación. Cuando Dios le pida hacer
algo, tenga fe y hágalo. Con obediencia total viene no solamente la
plenitud de la bendición divina, sino la victoria completa.

Jesús, confiaré en ti y te obedeceré de todo
corazón. Gracias por la victoria. Amén.

¿QUÉ TENEMOS EN LA MENTE?

Cual es su pensamiento en su corazón, tal es él.

PROVERBIOS 23:7

¿Nos hemos puesto a considerar la asombrosa creación que es nuestra mente? Quiénes somos y en qué nos convertiremos se verá afectado en gran medida por cómo pensamos, pues de nuestros pensamientos fluyen nuestros sentimientos, palabras, actitudes y comportamientos.

Es por eso que debemos protegernos contra la influencia del mundo, de modo que no quedemos atrapados en su destructivo molde. Por esto es que Dios también nos pide que renovemos nuestra mente (Romanos 12:2), permitiendo que nuestras reflexiones estén alineadas con la Palabra y controladas por el Espíritu. Cuando el Señor tiene autoridad sobre nuestro pensamiento nos ayuda a discernir, dándonos poder para dar una mirada más profunda a los problemas y ver las situaciones como realmente son. Esto nos permite distinguir más allá de lo correcto e incorrecto a lo que es mejor para nosotros.

La renovación de nuestra mente empieza rindiéndonos al Salvador. A menos que le demos a Jesús autoridad plena sobre nuestros pensamientos, llevándoselos cautivos (2 Corintios 10:5), no tendremos ningún poder para despejar el desorden que nos impide vivir en la plenitud de la voluntad divina. Pero si usted se rinde a Él y llena su mente con la Palabra, Dios transformará su vida para bien.

Jesús, llevo mis pensamientos cautivos ante ti. Háblame a través de tu Palabra y guíame por medio de tu Espíritu. Amén.

INCONMOVIBLE

*La voz del cual conmovió entonces la tierra, pero ahora
ha prometido, diciendo: Aún una vez, y conmoveré no
solamente la tierra, sino también el cielo.*

HEBREOS 12:26

Cuando Dios habla, todo tiembla. Y si nuestra vida se estremece
hoy es porque el Señor está comunicándose con nosotros. Él
permite inestabilidad en nuestra vida para que entendamos que los
cimientos sobre los que basamos nuestra seguridad y valía son ines-
tables. Dios nos libera de lo que no nos da ninguna seguridad real,
removiendo todo eso de modo que podamos ver que no funciona.

El Señor también nos muestra lo que es absolutamente inquebrantable: su carácter, su Palabra y su reino. Como cristianos sabemos
que nuestra relación eterna con Dios y nuestro futuro están seguros
en Jesús. David escribió: «A Jehová he puesto siempre delante de mí;
porque está a mi diestra, no seré conmovido» (Salmos 16:8).

Comprender esto debería cambiar el modo en que funcionamos. ¿Por qué dedicar nuestro tiempo a lo que está condenado al
fracaso? Más bien deberíamos gastar nuestra energía en lo que dura
para siempre. Como Hebreos 12:28 advierte: «Así que nosotros, que
hemos recibido un reino inconmovible, debemos ser agradecidos y,
con esa misma gratitud, servir a Dios y agradarle con temor y reverencia» (RVC). Por tanto, sírvale. Ponga toda su esperanza en Cristo.
Y al hacerlo, se mantendrá firme.

**Jesús, mi confianza y esperanza
están siempre en ti. Amén.**

NO HAY DUDA AL RESPECTO

*Amarás al Señor tu Dios con todo tu corazón, y con toda
tu alma, y con toda tu mente y con todas tus fuerzas*
MARCOS 12:30

¿Nos damos cuenta de que hay aspectos de la voluntad de Dios por los que nunca tendremos que orar, pues sabemos con 100% de seguridad que constituyen el plan del Señor para nosotros? Vemos eso en los Diez Mandamientos y en el Sermón del Monte (Éxodo 20; Mateo 5–7). Debemos amarnos unos a otros, perdonarnos y permanecer fieles al Señor.

Por supuesto, el mandamiento más grande es amar a Dios por encima de todo y de todos. Lo ponemos en primer lugar, aprendemos a escuchar su voz y observamos cómo su senda se abre ante nosotros. Somos pacientes en nuestro amor por Él y por los demás. No exigimos nuestros derechos ni que las cosas se hagan a nuestra manera. En lugar de eso nos rendimos a Dios independiente de lo que nos pida, ya que esa es la devoción que Él merece por ser nuestro Salvador y Señor.

De igual manera, debemos ser agradecidos. Pablo nos recuerda en 1 Tesalonicenses 5:18: «Dad gracias en todo, porque esta es la voluntad de Dios para con vosotros en Cristo Jesús». Alabamos a Dios por su bondad hacia nosotros. Ya no nos enfocamos en lo que está mal o en nuestros sentimientos de insuficiencia. Más bien, decidimos amarlo con todo lo que tenemos y esto nos coloca en el centro de su voluntad.

**Jesús, te amo y agradezco con todo mi ser.
Eres todo lo que tengo y necesito. Amén.**

Poder en el perdón

No seas vencido de lo malo, sino vence con el bien el mal.

ROMANOS 12:21

Ayer vimos que hay facetas de la voluntad del Señor por las que no necesitamos orar, sino simplemente cumplirlas. Una de ellas, quizás una de las más difíciles y dolorosas, es el perdón. Siempre es el plan de Dios para nosotros renunciar al dolor, al resentimiento y a la amargura que experimentamos debido a las acciones de otras personas contra nosotros.

Es por esto que Pablo escribe: «No contristéis al Espíritu Santo de Dios. [...] Quítense de vosotros toda amargura [...] maledicencia, y toda malicia. Antes sed benignos unos con otros, misericordiosos, perdonándoos unos a otros, como Dios también os perdonó a vosotros en Cristo» (Efesios 4:30–32). Pablo nos aconseja que perdonemos porque en lugar de contristar y ofender al Espíritu Santo al permitir que el mal se afiance, cuando perdonamos estamos despejando el camino para que Él nos transforme de modo sobrenatural. Esta transformación no solo es para nosotros, sino también para quienes nos ofenden. Nos convertimos en poderosos recipientes de bien para que Jesús actúe.

La verdad es que no tenemos derecho de ser implacables con nadie, no después de todo lo que Cristo nos ha perdonado. Por eso cuando perdonamos, actuamos como Jesús: liberamos el asunto con el fin de que Él pueda obrar lo milagroso. Así que adelante. Por difícil que sea lo que esté experimentando, suéltelo. Y permita que el Señor obre de manera perfecta en la situación.

Jesús, ayúdame a perdonar para que tu plan milagroso pueda llevarse a cabo. Amén.

DESCANSO

*Venid a mí todos los que estáis trabajados y cargados, y
yo os haré descansar.*

MATEO 11:28

La presión por ser perfectos puede ser abrumadora. En los primeros años de mi ministerio creía que si no predicaba ni apacentaba a los miembros de la iglesia, fracasaría. Siempre había algo que debía hacerse. Y no solo fue la cantidad de actividades en que participaba lo que me agotó, sino también la presión que solía poner sobre mí mismo para realizar a la perfección todas las tareas.

Mi vida no era equilibrada, y como resultado se alteró mi salud física y el bienestar general de mi mente y mis emociones. Tal vez usted pueda verse reflejado. A menudo nos imponemos normas que el Señor nunca pretendió que cumpliéramos. Para Dios la obediencia perfecta no significa que siempre estemos ocupados. Más bien, lo que desea de nosotros es obediencia total por amor y confianza en Él. Y eso incluye tiempo de descanso (Marcos 6:31).

Cuanto más intensamente participe usted en su obra y ministerio, más tiempo necesitará apartado de la presión. Por tanto, confíe en que Dios se encarga de los detalles. Reserve un tiempo importante para que Jesús restaure su alma. El Señor lo revitalizará, le rejuvenecerá la mente, refrescará sus relaciones y lo llevará a caminar con Él a un nuevo nivel.

Jesús, necesito descansar. Muéstrame
cómo desconectarme para poder pasar
tiempo significativo contigo. Amén.

DEFENDÁMONOS DE LOS ATAQUES

Así no le darán lugar al diablo.

EFESIOS 4:27, NBV

O ímos hablar de conflictos y ataques que suceden en todo el mundo, pero a menudo estos parecen muy lejanos. Lo cierto es que todos los creyentes enfrentamos una guerra cada día: batallamos contra el diablo. Desdichadamente, muchas personas no reconocen el asalto diabólico en sus luchas cotidianas.

Nuestro enemigo se camufla para poder atacar sin ser detectado y es muy intencional en la forma en que nos golpea. Primero ataca nuestras mentes, haciéndonos enfocar en lo que nos falta y lo que está mal, y no en todo lo que Dios nos ha otorgado. Empezamos a fantasear con saciar nuestras ansias, desatando una reacción en cadena de pensamientos y fantasías que en última instancia nos llevan por la senda del pecado. Entonces, al ser confrontados con la tentación, ya es demasiado tarde. A partir de allí, nuestros cuerpos toman la dirección que nuestras mentes ya siguen.

Por tanto, para ganar la batalla contra Satanás debemos estar conscientes de cómo nos ataca, poniendo nuestros pensamientos bajo el control del Señor Jesús (2 Corintios 10:5), quien nos recuerda que debemos estar agradecidos por lo que tenemos. Además, nos sana del dolor que hemos tratado de encubrir y nos proporciona las herramientas correctas para resistir con éxito al enemigo. Ciertamente, cuando reconocemos el engaño de Satanás y dependemos de la fortaleza de Jesús para repelerlo, podemos estar seguros de la victoria.

Jesús, ayúdame a reconocer los ataques satánicos y a resistir al enemigo con tu verdad. Amén.

ESCUCHEMOS ATENTAMENTE

Orad sin cesar.

1 TESALONICENSES 5:17

En ocasiones puede ser difícil escuchar a Dios cuando muchas otras voces piden a gritos nuestra atención. Pero podemos entrenarnos para escuchar al Señor en cualquier circunstancia. Suceda lo que suceda, tenemos siempre la capacidad de pensar en Él, de meditar en su Palabra y recibir su consejo.

Es por esto que tenemos la presencia real del Espíritu Santo morando en nosotros y acompañándonos en cada paso. También esto es lo que significa orar sin cesar. Dios está íntimamente presente en nosotros y siempre a nuestra disposición, más cerca incluso que el sonido en nuestros oídos. Por tanto, no permitamos que nada desplace al Señor, de modo que podamos siempre comunicarnos con Él en lo más profundo de nuestras almas.

Jesús puede y debe participar en todo lo que hacemos, y debemos ir tras la perspectiva divina en todo lo que enfrentemos. Estemos preparados cuando otras voces rujan, disponiendo nuestro corazón para buscar la presencia de Dios en todo momento. Hay algo sumamente maravilloso al llegar al final de un día en que hemos estado conscientes de la presencia de Cristo guiándonos en todo momento. Experimentar la energía y la paz del Señor, además de la plena satisfacción en cada paso del camino, marca la más asombrosa diferencia en nuestra vida.

Jesús, quiero caminar en intimidad cada paso contigo. Enséñame a escucharte atentamente y a obedecer cada una de tus indicaciones. Amén.

CONFIANZA Y OBEDIENCIA

Obedecer es mejor que los sacrificios.

1 SAMUEL 15:22

D ios no busca que cumplamos con una lista de sacrificios, sino que confiemos en Él. Esto ocurrió ciertamente cuando el Señor le ordenó a Saúl que fuera a Gilgal y esperara siete días hasta que el profeta Samuel llegara. Los dos harían juntos un sacrificio y luego Saúl quedaría libre para enfrentar en batalla a los filisteos.

Sin embargo, al acercarse el día séptimo, Saúl se inquietó cada vez más. Sus soldados huían por miedo al enorme ejército enemigo. Creyendo que debía hacer un holocausto con el fin de ganar el favor de Dios antes de la batalla, Saúl lo ofreció sin Samuel. Lamentablemente, 1 Samuel 13:10 nos cuenta que «cuando él acababa de ofrecer el holocausto, he aquí Samuel que venía». Saúl creyó que el holocausto era ímportante, pero lo que en realidad importaba era su capacidad de confiar en Dios independiente de la presión. Debido a la falta de fe de Saúl, el Señor le arrebató el reino.

Tome esto en serio hoy. Dios no le promete que comprenderá por qué le pide que haga ciertas cosas, y Él no necesita que lo soborne por medio de sacrificios para obtener su bendición. Al contrario, usted debe someterse a Él momento a momento, confiando en que el Señor implementa su plan en el tiempo correcto. Así que espere en Él en obediencia, con confianza en que Dios sabe exactamente lo que hace y que lo guiará por la senda debida.

Jesús, espero en ti. Guíame, mi Salvador. Amén.

Rechazo a la incredulidad

*Tampoco dudó, por incredulidad, de la promesa de Dios,
sino que se fortaleció en fe, dando gloria a Dios.*

Romanos 4:20

E l versículo de hoy tiene que ver con Abraham, el Padre de la nación de Israel. Durante las décadas que esperó que Dios le diera un hijo, no titubeó en *incredulidad* ni se desanimó porque su cuerpo fuera demasiado viejo para producir un heredero. Siguió confiando en el Señor aun cuando la esperanza terrenal había desaparecido.

Ninguno de nosotros quiere luchar con la incredulidad, ya que esta es el «pecado que nos asedia» (Hebreos 12:1). O no creemos realmente en la existencia de Dios o no confiamos de veras en su carácter, el cual es bueno y galardona a quienes le buscan (Hebreos 11:6). Hacemos esto en un nivel práctico, confiando más en la evidencia que obtenemos por nuestros sentidos que en lo que Dios afirma que es verdad. Ahí es cuando caemos en el pensamiento erróneo de que todo depende de nosotros, que debemos encontrar nuestro propio camino, porque no confiamos en que Dios nos provea lo mejor.

No cometa esta equivocación. La incredulidad no solamente lo obstaculiza, sino que también puede destruirlo. Por tanto, sea como Abraham. Deje a un lado sus dudas y tome la decisión consciente de creer que Dios existe y que lo recompensa con lo mejor cuando usted le busca. Siga confiando en el Señor cuando su esperanza terrenal se haya ido, porque es entonces cuando Él recibe la gloria.

―――――― ͷͷ ――――――

**Jesús, creo en ti. Elimina mi
incredulidad, Señor. Amén.**

OPINIONES Y OBEDIENCIA

*Por la fe Noé [...] con temor preparó el arca [...] y fue
hecho heredero de la justicia que viene por la fe.*

HEBREOS 11:7

Al leer sobre Noé en Génesis 6–8 vemos una imagen clara de cómo luce la obediencia. Cuando Dios le pidió que construyera el arca, una tarea tanto imposible como ilógica, Noé hizo caso sin quejarse. Obedeció al Señor sin importarle la opinión de los demás.

Con frecuencia podemos creer que cuando obedecemos a Dios todos nos apoyarán y animarán, especialmente otros creyentes. No obstante, ese no siempre es el caso. Cuando elegimos la senda de la obediencia, otros pueden reaccionar en forma negativa. Pueden criticarnos porque simplemente no entienden lo que el Señor hace a través de nosotros. También pueden molestarse porque hacemos las cosas a la manera de Dios y cumplimos los propósitos divinos en lugar de los de tales personas. Por eso no siempre será popular que obedezcamos a Dios. Sin embargo, recordemos que los pensamientos y caminos del Señor son más altos que los nuestros, y que Él siempre tiene la razón (Isaías 55:8–9).

Por tanto, cuando el Señor le diga que haga algo, no se enfoque en las circunstancias ni en otras personas. Si Noé hubiera escuchado a sus críticos, se habría ahogado junto con todos los demás. En lugar de eso, decidió someterse al Señor y se salvó. Confiar en Dios es siempre el curso de acción más sabio.

ᕙᕗ

**Jesús, tu opinión es la única que
importa. Te obedeceré. Amén.**

Entrega

Traédmelos acá.

Mateo 14:18

Ahora mismo, mientras nos sentamos a contemplar cómo vamos a lograr lo que debemos hacer, detengámonos y entreguémoslo todo a Dios. La razón por la que nos sentimos tan abrumados es que nos mantenemos luchando con Él por controlar las cosas. Entonces, Dios sigue presentando nuevas interrupciones, cargas y responsabilidades hasta que nos damos cuenta de que no nos corresponde manejar las situaciones en primer lugar.

Cuando los discípulos solo tenían cinco panes y dos peces, y Jesús les ordenó que alimentaran a los cinco mil hombres, además de las mujeres y los niños, la tarea parecía absolutamente imposible (Marcos 6:30-44). Los discípulos ya tenían hambre y estaban cansados. A pesar de que deseaban obedecer al Señor Jesús, lo que Él les pedía estaba muy lejos de sus posibilidades. Pero esta fue una tarea fácil para Dios, tanto que produjo una canasta extra para cada uno de los discípulos.

Las cargas que usted tiene también son fáciles para Dios. Así que entrégueselo todo. Sométase a Dios. Dígale que confía en Él para que le muestre cómo cumplir paso a paso con las obligaciones. Él dispone el tiempo, provee los recursos, le da fortaleza, sabiduría e incluso rapidez para ejecutar la tarea. Fije la mirada en Jesús, respire profundo, relájese y permita que Él dirija.

**Jesús, confío en que me guíes
a través de esto. Amén.**

ACEPTEMOS LA PALABRA

La fe es por el oír, y el oír, por la palabra de Dios.

ROMANOS 10:17

¿Debemos aferrarnos a algo cuando surgen retos? ¿Quisiéramos tener esperanza para el alma, un bálsamo para nuestras heridas y respuestas para las interrogantes más profundas? La Palabra de Dios nos proporciona justo lo que necesitamos. Durante toda época, pero especialmente en tiempos difíciles, las promesas de Dios pueden ser un ancla muy personal y poderosa para nuestra alma, proporcionándonos sabiduría y valor para enfrentar las tormentas de la vida.

Si no estamos conscientes de todo lo que el Padre nos garantiza en las Escrituras, no es de extrañar que enfrentemos problemas durante épocas de adversidad. La fe es un regalo del todopoderoso Dios, y crece y madura a medida que escuchamos, entendemos y aceptamos la Palabra de Dios. Es a través de las Escrituras que el Señor abre nuestros ojos espirituales para que veamos la realidad divina y la victoria venidera.

Así que aprovechemos las innumerables garantías que las Escrituras nos dan: protección, esperanza, consejo y guía, por nombrar algunas. Y al leer la Palabra de Dios, pídale al Espíritu Santo que le señale promesas aplicables a su vida. Estúdielas, apréndalas de memoria y medite en ellas. Su Padre quiere que usted reclame esas verdades. Luego, cuando surjan pruebas, tendrá una base sólida sobre la cual erguirse porque ha confiado en que Él cumplirá todo lo que dice.

Jesús, dame promesas a las que aferrarme y ayúdame a entender y amar más tu Palabra cada día. Amén.

MÁS ÍNTIMO Y MÁS PROFUNDO

*No escondas de tu siervo tu rostro, porque estoy
angustiado; apresúrate, óyeme. Acércate a mi alma,
redímela.*

SALMOS 69:17-18

¿Nos hallamos con un vacío en la vida que parece imposible de llenar? ¿Es como si la vida que tenemos no fuera suficiente? Se trata del Señor llamándonos hacia sí mismo a un nivel más profundo y significativo de relación con Él.

En tales casos, a menudo me encuentro orando: «Dios, acércame más a ti. Sé que eres todo lo que necesito», ya que solamente Él puede satisfacerme de veras. La intimidad con el Señor es la única respuesta a nuestras necesidades más profundas. Y debemos llegar a un lugar en que permanezcamos en Él sin titubear y sin ningún obstáculo para el flujo de su Espíritu en nuestras vidas. Cuando alcanzamos ese lugar de intimidad profunda con el Señor experimentamos gozo, paz y una sensación desbordante de amor que tanto ansiamos. Nada en la tierra puede igualarse a eso.

O pasamos al siguiente nivel con el Señor o seguimos sintiéndonos vacíos, porque nada puede llenarnos como Él. Así que permítale a Dios que se le acerque. Renuncie a cualquier cosa que se interponga en el camino y deje que Él satisfaga su alma.

Jesús, acércame a una intimidad más profunda contigo y responde a este vacío profundo en mi corazón. Tú eres suficiente. Llena mi alma. Amén.

DIOS CUMPLIRÁ

Aunque la visión tardará aún por un tiempo; [...] aunque tardare, espéralo, porque sin duda vendrá, no tardará.

HABACUC 2:3

E l tiempo lo es todo. Lo vemos en la guerra, atacar en el momento equivocado podría costar la batalla. En el quirófano los procedimientos incorrectos pueden resultar en tragedia. En deportes, inversiones financieras, negociaciones comerciales y relaciones personales actuar de forma apresurada puede significar un desastre, mientras que esperar el momento correcto puede resultar en victoria. Sin embargo, el aspecto más esencial para proceder en el tiempo adecuado está en nuestro caminar con Jesús y en el plan del Señor para nuestra vida.

Vemos esto a lo largo de las Escrituras, santos como Abraham, José, Moisés y David se desarrollaron, maduraron y fortalecieron durante las épocas en que esperaron en Dios. Y en el momento perfecto, Dios hizo que todas sus promesas se cumplieran (Josué 21:45).

Sé que puede ser muy frustrante y agotador haber estado orando por algo durante mucho tiempo. Tal vez no ha habido respuesta, y puede parecer que nunca la habrá. Pero si la visión que usted tiene proviene realmente de Dios, no hay absolutamente ninguna razón para temer. Él ciertamente cumplirá su palabra como siempre lo ha hecho (Isaías 55:10–11). Deje de preocuparse y confíe en que el Señor se mueve en lo invisible y que, en el tiempo perfecto, cumplirá todo lo que ha prometido.

**Jesús, confío en tu tiempo y en tu plan.
Ayúdame a ser paciente y fiel. Amén.**

Contento en Dios

He aprendido a contentarme, cualquiera que sea mi situación.

¿Solemos estar contentos? ¿Hay en nuestra vida una sensación de paz y realización que nada puede alterar? Para la mayoría de personas la respuesta sería no, porque el contentamiento no tiene nada que ver con cosas materiales, relaciones o logros. Es más, hacer que algo de esto sea nuestra fuente de seguridad generalmente crea problemas y confusión.

Por el contrario, solamente el Señor Jesús puede producir verdadero contentamiento en nuestra vida, como podemos ver en el versículo que hoy nos ofrece el apóstol Pablo. No obstante, lo que es importante entender es que Pablo no solo se fortaleció mientras se hallaba luchando, sufriendo, hambriento o humillado. Cristo lo apoyó y consoló en todo momento, incluso en tiempos de plenitud, abundancia, seguridad y libre de dificultades. Esto es importante porque Pablo nunca atribuyó su bienestar a nada más que a Jesús. Esta es la causa por la que el contentamiento del apóstol permanecía, aunque le faltaran otras cosas, ya que Cristo nunca lo abandonó.

Su verdadero contentamiento no reposa en tener fuentes terrenales de valía y seguridad, sino en saber que usted es aceptado, amado y valorado, a pesar de lo que tenga. Por tanto, el contentamiento máximo está arraigado en la relación con Jesucristo y solo en Él. Jesús es su Salvador, Protector, Proveedor y Señor. Y debido a que Él nunca falla, usted siempre puede tener paz.

**Jesús, eres mi paz y mi contentamiento.
Pongo mi corazón en ti. Amén.**

LA PALABRA GUÍA

Envía tu luz y tu verdad; éstas me guiarán.

SALMOS 43:3

Sabemos que el Señor nos habla y nos muestra qué hacer por medio de su Palabra. Responde nuestras preguntas, nos muestra qué paso dar a continuación y nos da entendimiento. Por esto el Salmo 119:105 declara: «Lámpara es a mis pies tu palabra, y lumbrera a mi camino». Podemos conocer el plan del Señor porque nos lo revela en las Escrituras.

Sin embargo, podemos cometer la equivocación de pensar en la Palabra de Dios como una linterna que reposa cómodamente en nuestras manos; la enfocamos frente a nosotros para poder ver lo que se halla por delante. Sin embargo, la luz de las Escrituras funciona más como cuando Dios sacó de Egipto al pueblo de Israel con una columna de fuego (Éxodo 13:21). Los israelitas no dirigieron al Señor; más bien, Él los dirigió activamente.

Veamos, cuando usamos una linterna podemos desviarnos por completo del camino si no sabemos hacia dónde dirigir la luz. Pero cuando Dios es la columna de luz que va delante de nosotros, hace giros que a menudo no tienen sentido, pero que en última instancia nos llevan por el camino correcto. Por tanto, no trate su tiempo en las Escrituras como algo pasivo. En lugar de declarar: «Señor, ¿cómo puedo solucionar mi problema?», pida: «Jesús, guíame». Entonces podrá seguir la luz del Señor adondequiera que lo lleve, seguro de que se encuentra en el sendero correcto.

Jesús, guíame. Ilumina el camino a
través de tu Palabra. Amén.

La Palabra protectora

Guarda y escucha todas estas palabras que yo te mando, para que haciendo lo bueno y lo recto [...] te vaya bien a ti y a tus hijos después de ti para siempre.

Deuteronomio 12:28

Dios es claro en toda su Palabra; sus mandamientos están destinados a protegernos del peligro. En ocasiones podemos fijarnos en alguien o algo que deseamos, y no podemos imaginar por qué dichos deseos podrían ser contrarios a la voluntad divina. Pero el Señor percibe los peligros asociados con nuestros anhelos y no quiere que nos destruyamos. Más bien, desea que nos aferremos al plan que tiene para nuestras vidas.

Entendamos que los mandamientos de Dios no están destinados a impedirnos disfrutar la vida. Por el contrario, su propósito es guiarnos a lo mejor que Él tiene para nosotros. Por eso el Señor le dijo a Josué: «Esfuérzate y sé muy valiente, para cuidar de hacer conforme a toda la ley que mi siervo Moisés te mandó; no te apartes de ella ni a diestra ni a siniestra, para que seas prosperado en todas las cosas que emprendas» (Josué 1:7).

Por tanto, confíe en lo que Dios le dice a través de su Palabra. Incluso cuando esto parezca restrictivo o sin sentido, preste atención a las advertencias para que le vaya bien y pueda hacer lo que es bueno y correcto a la vista del Señor. Eso siempre resulta en bendición.

Jesús, confío en lo que dices y obedezco. Gracias por mantenerme a salvo. Amén.

LA PALABRA QUE CONDENA

Yo no conocí el pecado sino por la ley; porque tampoco conociera la codicia, si la ley no dijera: No codiciarás.

ROMANOS 7:7

¿Ha estado usted alguna vez en su tiempo de silencio o leyendo la Palabra, y de pronto sentido una punzada de condena en el corazón? Si hay alguien que puede identificarnos, condenarnos y desarraigar el pecado en nuestras vidas, es el Espíritu Santo obrando a través de las Escrituras. Él nos habla directamente, convenciéndonos de lo que no habíamos comprendido que estaba mal.

La Palabra no solo nos muestra nuestras faltas, sino que también es nuestra arma contra el pecado (2 Corintios 10:5). En otras palabras, el Espíritu Santo revela por medio de las Escrituras no solo el pecado que cometemos, sino también las consecuencias que produce. También revela por qué el mal tiene tal poder en nosotros y cuál es el error fundamental que lo causa. Con tal entendimiento y el conocimiento de nuestra verdadera identidad en Cristo revelada en la Biblia, estamos preparados para obtener una victoria duradera sobre la esclavitud.

Por tanto, cuando lea las Escrituras y sienta convicción de pecado, no haga caso omiso a lo que el Señor dice. En lugar de eso, *confiese* su pecado, lo que significa estar de acuerdo con Dios respecto a su pecaminosidad, y *arrepiéntase* o vuélvase de su camino hacia el sendero que el Señor le muestra. Sepa que Él desea hacerlo verdaderamente libre (Juan 8:32).

Jesús, gracias por las Escrituras y por convencerme de pecado para que pueda ser libre. Amén.

LA PALABRA SANADORA

*La palabra de Dios es viva y eficaz [...] penetra
hasta partir el alma y el espíritu [...] y discierne los
pensamientos y las intenciones del corazón.*

HEBREOS 4:12

A veces podemos estar renuentes a leer la Palabra de Dios debido a que señala eficazmente aspectos en los que el Padre desea obrar, y eso puede doler. Pero, amigo lector, vale absolutamente la pena.

Las Escrituras penetran hasta lo más profundo del alma y del espíritu. El *alma* es el asiento de nuestros sentidos, deseos, afectos y apetitos, que conforman quiénes somos. El *espíritu* nos da la capacidad de tener una relación íntima con Dios, es la manera en que Él interactúa con nosotros, nos enseña, nos prepara, nos hace crecer y nos da poder. Por tanto, las Escrituras nos ayudan a diferenciar lo que se origina en nosotros y lo que viene de Dios mismo. De igual modo, el Señor juzga los pensamientos y las intenciones de nuestros corazones a través de la Palabra. Las Escrituras revelan las fuerzas que mueven nuestros impulsos más profundos, no solo *qué* pensamos, sino *por qué* pensamos de cierto modo u otro. Dios hace esto para poder aplicar la verdad en nuestras partes más íntimas y así liberarnos por completo (Romanos 8:2).

Por tanto, aunque leer la Palabra sea desalentador o doloroso, ¡siga haciéndolo! Dios lo está viendo. Él conoce las cargas, las heridas y todo lo que a usted le roba descanso. Nada está oculto de la vista ni más allá del alcance del Señor. Él puede sanarlo. Permítaselo.

**Jesús, sáname a través del poder
de tu Palabra. Amén.**

LA PALABRA REVITALIZADORA

Estas leyes no son sólo palabras, son tu vida.

DEUTERONOMIO 32:47, NBV

Según hemos visto en los últimos días, la Palabra de Dios no es como otros escritos. Es distinta por ser «viva y eficaz» (Hebreos 4:12); tiene un poder vital que no solamente está vivo en sentido terrenal, sino también eterno. Isaías 40:8 nos dice: «La palabra del Dios nuestro permanece para siempre». Es decir, las Escrituras obran para dar vida, aquí y eternamente.

¿Cómo lo hace? La Biblia guarda dentro de nosotros lo que es sagrado, nos alimenta a medida que maduramos, nos sostiene cuando estamos cansados, nos consuela y fortalece cuando luchamos o lloramos, depura lo que está destruyéndonos, nos trae sanidad y mucho más. Es asombroso cómo el Padre nos trae a la mente el versículo perfecto cuando estamos heridos, cuando aconsejamos a otros, cuando necesitamos sabiduría o requerimos ánimo para soportar circunstancias difíciles. El Espíritu Santo obra a través de las Escrituras para revelarse a nosotros, enseñarnos a caminar con Él, conformarnos a la imagen de Cristo, ayudarnos a ministrar a otros y soplar aliento de vida en nuestro interior.

Cualquier otro escrito transmite conceptos. Pero la Palabra de Dios le ofrece la sabiduría y el entendimiento del Señor. Y en esto se halla la vida abundante, eterna y satisfactoria. Así que no haga caso omiso a las Escrituras. Léalas y llénese de vida.

———— ༖ ————

Jesús, eres mi Señor y Salvador vivo, revíveme por medio de tu Palabra viva. Amén.

LA PALABRA DE ADORACIÓN

Bendijo entonces Esdras a Jehová, Dios grande. Y todo el pueblo respondió: ¡Amén! ¡Amén! [...] y se humillaron y adoraron a Jehová.

NEHEMÍAS 8:6

¿El Espíritu Santo ha tocado su corazón de una manera tan poderosa que usted comenzó a adorar a Dios mientras leía las Escrituras? Vemos que esto sucede cuando Esdras abrió la Palabra de Dios y comenzó a leerla a los habitantes de Jerusalén. Cuando se dieron cuenta de la maravillosa provisión del Señor, se postraron rostro en tierra en adoración.

A veces llegamos delante del Señor y es posible que no estemos realmente seguros de lo que ocasiona las luchas que experimentamos. Pero entonces Dios nos revela algo muy personal y privado, dándonos así sanidad o provisión. Esto nos hace comprender el amor profundo de Dios y el interés que tiene por los asuntos más cercanos a nuestro corazón. A través de su Palabra y en formas que nunca imaginamos que fueran posibles, Él habla directamente a nuestras más apreciadas esperanzas y responde las inquietudes más profundas de nuestras almas. Esto causa que lo adoremos.

Si usted nunca ha experimentado eso, oro que el Señor le abra las Escrituras de esta manera. Es en la Palabra de Dios donde se revela quién es Él y cuánto lo ama como nadie más puede hacerlo. Sin duda, eso puede cambiarlo todo en su vida.

Jesús, te amo. Guíame a adorarte a través de tu Palabra. Amén.

281

PRESTEMOS ATENCIÓN

Es necesario que prestemos más atención a lo que hemos oído, no sea que nos extraviemos.

HEBREOS 2:1, RVC

En este día el apoyo está a nuestro alcance. La capacidad de soportar todo lo que nos agrede está dentro de nuestra capacidad de comprenderlo. Podemos sentir que nos deslizamos hacia el borde del abismo: muchas cosas fallan, son inseguras o desconocidas, y están fuera de control. Pero la esperanza está a nuestro alcance. ¿Cómo poder aferrarnos a ella?

El versículo de hoy nos dice cómo: *prestemos más atención a lo que hemos oído de Dios.* Fijemos la mirada en Él. Recordemos que por mal que puede parecer todo en este momento, esa no es la historia completa ni toma en cuenta todo lo que realmente ocurre. Por ejemplo, el libro de Hebreos fue escrito para judíos cristianos perseguidos. Sin embargo, Dios obró a través de la persecución para dispersar a los primeros creyentes por todo el Imperio romano. Esto resultó en que el evangelio se extendiera como fuego por todo el reino. Lo que parecía una situación terrible fue, en realidad, parte del gran plan del Señor para salvar multitudes.

Lo mismo se aplica a la situación que usted vive. Dios siempre tiene el control y un propósito. Pero tomar posesión de lo que Jesús tiene para su vida requiere devoción. Por tanto, no permita que ir a la deriva lo desanime. Póngale atención al Señor y aférrese a la esperanza.

Jesús, mi enfoque está en ti. Me aferro, sabiendo que siempre me das esperanza. Amén.

UNA MENTE PROTEGIDA

Estemos siempre en nuestro sano juicio, protegidos [...]
por el casco de la esperanza de salvación.

1 Tesalonicenses 5:8, nvi

¿Hemos pensado alguna vez en por qué las Escrituras nos advierten que usemos nuestra salvación como un casco? Esta parece una directriz extraña hasta que consideramos que los soldados debían usar casco para proteger su cabeza y, más importante, para resguardar su capacidad de pensar y funcionar. Ciertamente, sabemos que el cerebro mantiene funcionando todos nuestros sistemas y permite que tengamos capacidad de razonar, tomar decisiones y procesar la información que recibimos a través de nuestros sentidos.

Por eso mismo, también es necesario que protejamos nuestras mentes con la realidad del maravilloso regalo que Jesús nos ha dado. La situación cambia cuando interpretamos lo que nos sucede, tomamos decisiones y seguimos adelante. Por desgracia, nos arriesgamos a reducir nuestra salvación a contar únicamente con un seguro de vivienda celestial. Pero es mucho más que eso. Estar espiritualmente vivos y que el Espíritu Santo more en nosotros, tener una relación con el Padre, pertenecer a su reino; todas estas son maravillas en las que siempre podríamos reflexionar sin siquiera sondear la profundidad que tienen.

Por tanto, considere hoy con cuidado todo lo que significa la salvación que disfruta. Piense realmente en todo lo que Jesús ha hecho por usted y habitúese a proteger su mente con tales realidades. Esta es la protección que necesita para todas las batallas terrenales y espirituales que enfrente.

Jesús, protege mi mente con la plenitud de tu salvación. Amén.

El llamado celestial

Hermanos santos, ustedes que participan de una invitación que les llega del cielo, fijen su atención en Jesús.

Hebreos 3:1, pdt

Tenemos un llamado celestial, es decir, planes para nuestra vida que se originan en el trono de gracia. El Señor nos levanta para que lleguemos a ser todo lo que Él quiere que seamos. Somos miembros de la gran asamblea de testigos, dotados de poder sobrenatural para todo lo que Dios nos llama a emprender. Además, tenemos autoridad, todas las cosas están sujetas al plan de Dios para nuestra vida cuando le obedecemos.

Lo pasado es pasado. El Señor está haciendo algo nuevo en nosotros. Por esto es que Pablo declara: «Olvidando ciertamente lo que queda atrás, y extendiéndome a lo que está delante, prosigo a la meta, al premio del supremo llamamiento de Dios en Cristo Jesús» (Filipenses 3:13–14). Sí, podemos sentirnos derribados por las circunstancias de la vida, pero el llamado que Jesús nos hace siempre es ascendente.

Por tanto, deje atrás el pasado. Suéltelo y levante la mirada para ir tras su llamado celestial victorioso. Aférrese al plan de Dios fijando su atención en Jesús. Usted no tiene que resolverlo todo ni tener el control. Más bien, enfóquese en Cristo, acercándose continuamente a Él de manera espiritual, relacional, emocional, intelectual, física y psicológica. Y cuando lo haga, Él se encargará de todo lo demás.

Jesús, fijo mis ojos en ti, prosiguiendo a tomar todo lo que tienes para mí. Amén.

ÁNIMO DIARIO

*Exhortaos los unos a los otros cada día, entre tanto que
se dice: Hoy; para que ninguno de vosotros se endurezca
por el engaño del pecado.*

HEBREOS 3:13

Muy a menudo nuestra incredulidad surge como resultado del desánimo. Viene de no ver la mano de Dios en nuestra situación o el cumplimiento de las promesas que nos ha dado. De alguna manera, las demoras y desilusiones nos recuerdan las formas en que otros nos han decepcionado, por lo que conferimos al Señor la poca fiabilidad de los demás.

Por eso es tan importante contar nuestros testimonios de la fidelidad de Dios y animarnos unos a otros con la verdad de que Él siempre cumple su palabra. Por desgracia, a veces hacemos lo opuesto. En lugar de contar todas las bendiciones que el Señor nos ha dado, nos reunimos a quejarnos. Y la incredulidad se extiende.

Por tanto, si queremos aferrarnos a las promesas que Dios tiene para nosotros, debemos tener cuidado de la incredulidad, tanto en nosotros como en los demás, y desarraigarla. Animémonos a diario en la Palabra y recordemos a los demás cómo el Señor nos ha ayudado en el pasado, pues surgirán circunstancias que nos harán flaquear. Pero si tenemos una comunidad de fe que nos apoya y consuela, disminuirá el golpe y hará de nuestras pruebas un testimonio alentador para todos los involucrados.

**Jesús, muéstrame a quién puedo animar
diariamente y quién a su vez me animará. Amén.**

OCTUBRE

DESPRENDÁMONOS DE LA AMARGURA

Perdonen a todo el que los ofenda. Recuerden que el Señor los perdonó a ustedes.

COLOSENSES 3:13, NTV

Puede que haya personas en nuestra vida que nos sacan inmediatamente de quicio. Cuando se nos menciona su nombre, nos ponemos tensos y a la defensiva. Quizás se trate de alguien que nos ofendió, rechazó o hizo a un lado tratándonos de forma injusta. O podría ser alguien que nos ha causado tanto dolor a lo largo de la vida que ya no aguantamos más.

Cuando otros nos ofenden, la amargura puede infiltrarse en nuestros corazones creando una fortaleza. Se nos aconseja perdonar a quienes nos hieren, pero con demasiada frecuencia hacemos caso omiso a esta sabiduría. Por el contrario, atacamos directamente a quienes nos han hecho daño, los menospreciamos a los ojos de los demás, buscando maneras de herirlos como hicieron con nosotros. Pero esto, en realidad, no logra nada positivo ni produce justicia para nosotros. Peor aún, mientras conservemos la herida seguiremos hundiéndonos en el lodo del dolor, la autocompasión y la esclavitud. Dejemos inmediatamente tal patrón.

Sí, es correcto y bueno poner límites a quienes son abusivos, y usted debe hacer eso. Pero deje de empeñarse en tomar represalias aferrándose a la ira. En lugar de eso, perdone. Libérese de la amargura y dele a sus heridas la oportunidad de sanar.

Jesús, ayúdame a liberarme y perdonar. Necesito que me sanes, que reconstruyas mi identidad y me des gracia para quienes me ofenden. Amén.

LIBERTAD DE LA FALSA CULPA

La tristeza que proviene de Dios produce
arrepentimiento para salvación, y de ésta no hay que
arrepentirse.

2 CORINTIOS 7:10, RVC

Si Dios es tan compasivo con nosotros, ¿por qué tantos creyentes siguen atormentados con sentimientos de culpa? ¿En dónde se originan los sentimientos de condenación?

Si experimentamos sentimientos caprichosos de juicio que no tienen una base real en nuestra vida, es posible que provengan de falsas creencias acerca de Dios o de nosotros mismos. Sabemos que son sentimientos de *falsa* culpa porque continuamente nos bombardean, confinan y deprimen en lugar de llevarnos al arrepentimiento y la libertad.

Pero debemos entender que Jesús no suele hacernos sentir culpables; más bien, intenta limpiar nuestra vida para que ya no tengamos que lidiar con vergüenza e indignidad. Por tanto, si queremos ser libres de falsos sentimientos de condenación que nos mantienen cautivos, debemos aceptar una realidad muy importante: *Jesús ya nos perdonó; por consiguiente, tenemos la aceptación de Dios para siempre.* A usted debe animarlo el hecho de que el Señor conoce su vida de principio a fin (cada prueba y triunfo, miedo y fracaso, tropiezo y éxito) y lo acepta *por completo para toda la eternidad.* No batalle contra eso. Permita que Él lo libere.

Jesús, si hay algún pecado en mí,
revélalo para que pueda arrepentirme.
Recibo tu perdón y amor. Amén.

RECORRAMOS EL CAMINO DE DIOS

En Dios está mi salvación y mi gloria; en Dios está mi roca fuerte, y mi refugio.

SALMOS 62:7

Movámonos hoy de manera consciente hacia Dios. Ciertamente está atrayéndonos hacia Él. Digámosle al Señor cómo nos sentimos, qué deseamos, qué nos aflige e incluso por qué creemos que hay dolor en nuestro corazón. Luego leamos la Palabra de Dios poniendo atención a las formas en que el Señor quiere hablarnos personalmente.

A veces podemos sentir que Dios contesta las mismas inquietudes de nuestro corazón cuando pasamos tiempo en las Escrituras. Y esa es precisamente la obra del Espíritu Santo en nosotros y a través de nosotros. Es muy probable que recibamos el sabio consejo que necesitamos, así que leamos la Palabra con corazón receptivo a la obra que Dios desea hacer en nosotros.

A medida que el Señor revela aspectos de heridas, pecado, mejoras, retos o cualquier cosa con que luchemos, pidámosle que nos lleve a la vida que tiene para nosotros. Estemos conscientes de que, por lo general, Él no aborda problemas a nivel sintomático; más bien, va a la raíz de ellos, a las formas profundas en que desea transformarnos. Por tanto, dispóngase a ser receptivo y transparente en presencia del Señor, arrepintiéndose y haciendo lo que le pide, porque esta es la manera correcta de aferrarse a la esperanza que quiere darle.

Jesús, mi corazón está abierto a lo que me digas. Acércame a ti. Amén.

LA SOLUCIÓN DE TODA ÉPOCA

No adopten las costumbres de este mundo, sino
transfórmense por medio de la renovación de su mente.

ROMANOS 12:2, RVC

D espués de aceptar a Jesús como nuestro Salvador, debemos cambiar aspectos de nuestra manera de actuar. Sin embargo, al pensar en el cambio que Dios nos pide que hagamos, podríamos pensar: *Creí que el cómo las personas deben actuar y hacer lo correcto era algo que ocurría de manera natural.* Por eso, continuamente tenemos la tentación de permanecer atrapados en nuestros pecados porque creemos que así es como estamos hechos.

Pero se nos amonesta a no adoptar «las costumbres de este mundo», que también puede traducirse como *época* o *periodo*. Por supuesto, una de las quejas principales que escuchamos contra la Biblia es que es obsoleta. Nada podría estar más alejado de la verdad. Puede ser que tengamos una expresión particular sobre la actual lucha humana con el pecado, pero el problema profundo es el mismo de siempre. Desde la caída, las personas siempre han batallado con problemas de identidad, aceptación, valía y demás asuntos. La mayoría de los individuos enfrenta sus necesidades recurriendo a comportamientos aceptados de la época, que prometen ser nuevos y mejorados. No obstante, lo que ellos no entienden es que, como cualquier otra solución de confección humana, tales comportamientos solo pueden mitigar temporalmente el profundo dolor, porque no penetran hasta la verdadera fuente del sufrimiento como solo Jesús puede hacerlo.

— ༄ —

Jesús, haré lo que me pides.
Transfórmame y libérame. Amén.

BENDECIDOS POR EL AMOR DE DIOS

Pido también que Dios les dé la luz necesaria para que sepan [...] cuáles son las riquezas de la gloria de su herencia en los santos.

EFESIOS 1:18, RVC

¿Comprendemos hoy que somos herederos de una herencia inimaginable que nunca se esfumará? Si somos creyentes, Dios nos tiene bendiciones increíbles que no se basan en nada de lo que hayamos hecho, sino en Aquel a quien pertenecemos. Nadie puede quitarnos la herencia, porque el Señor nos la ha garantizado sellándonos con su Espíritu Santo de la promesa.

Por supuesto, gran parte de esto se encuentra ahora a nuestra disposición, ya que podemos convertirnos en morada del Espíritu Santo y ser transformados espiritualmente, mediante lo cual nos conformamos a la imagen de Jesús (Romanos 8:29). Sin embargo, gran parte de esto está más allá de la comprensión terrenal. Por ejemplo, un día nuestro cuerpo mortal será cambiado a otro imperecedero y glorioso, absolutamente libre de pecado y muerte (1 Corintios 15:42–54).

¿Por qué el Señor ha hecho todo esto por usted? Sorprendentemente, Él afirma que de esta manera le mostrará durante toda la eternidad «las abundantes riquezas de su gracia en su bondad» (Efesios 2:7). Así Dios demuestra su amor. Permita que esta verdad lo anime hoy. Y en gratitud por tan maravillosa bondad, muestre su amor sirviendo al Señor.

Jesús, gracias por los grandes regalos que me has dado. ¡Eres muy bueno y te alabo por eso! Amén.

Confiable

Jehová Dios, mi Dios, estará contigo; él no te dejará ni te desamparará.

1 Crónicas 28:20

¿Lucha usted con sentimientos de incompetencia? ¿Tiene miedo de no poder triunfar en lo que se le ha encomendado? El miedo al fracaso es una de las ansiedades más debilitantes pero comunes que las personas experimentan. A lo largo de los años he aconsejado a mucha gente que estaba estancada en sus carreras, relaciones u objetivos personales debido a que tenían miedo de fracasar. Incapaces de confiar en el poder de Dios, observaron su propia fragilidad humana y concluyeron que no había esperanza.

Estoy convencido de que por esto muchas personas no logran descansar completamente en la provisión del Señor, pues creen que Él les fallará. Pero entendamos que Dios nunca nos llamará a conseguir algo en su nombre para luego dejar que resolvamos los detalles por nuestra cuenta. Al contrario, Él está personalmente involucrado en cada aspecto de nuestra vida, y cuando le obedecemos asume la responsabilidad total por nuestras necesidades.

Como creyente, usted tiene acceso a la sabiduría y fortaleza del Dios todopoderoso. Así que renuncie a cualquier sentimiento de duda o temor. Más bien, regocíjese en que el Señor obra en su vida «mucho más abundantemente» de lo que puede pedir o imaginar (Efesios 3:20).

Jesús, eres mi fortaleza, sabiduría y suficiencia. Gracias por lograr todo lo que me pides que haga. Amén.

DECIDAMOS OBEDECER

Es necesario obedecer a Dios antes que a los hombres. El Dios de nuestros padres levantó a Jesús, a quien vosotros matasteis colgándole en un madero.

HECHOS 5:29–30

Después que Jesús resucitó, multitudes de personas aceptaron a Cristo como su Salvador a través del ministerio de los discípulos. Milagros ocurrían en las calles de Jerusalén, y el Señor era glorificado. Lamentablemente, debido a los celos, los escribas y fariseos exigieron que los discípulos dejaran de predicar. No obstante, en el versículo de hoy leemos la respuesta que ellos dieron: seguirían predicando. Aunque las autoridades mataron a Jesús en la cruz, ¡el Padre lo resucitó! Cualquier castigo que el sumo sacerdote pudiera infligir, no sería permanente. Pero lo que Dios estaba haciendo por medio de los discípulos era eterno.

Amigo lector, espero que sea inspirado por el ejemplo de los seguidores de Jesús. Considere los millones de personas que recibieron vida eterna porque los discípulos fueron fieles y consideraron la obediencia a Dios más importante que el temor al hombre. Es más, si lo piensa bien, usted y yo somos salvos hoy debido a que estos hombres no renunciaron a dar testimonio de la verdad. Al igual que los discípulos, tenemos la opción de reconocer la soberanía de Dios y confiar en Él o alejarnos cuando enfrentamos la presión de los demás. Así que imite el ejemplo de los seguidores de Jesús y comprométase a seguir al Padre celestial a donde quiera guiarlo, confiando en que todo lo que Él hace perdurará eternamente.

───────── ༄ ─────────

Jesús, concédeme valor para obedecerte siempre sin importar la presión. Amén.

PROPÓSITOS ÚNICOS

Lo he llenado del Espíritu de Dios, en sabiduría y en inteligencia, en ciencia y en todo arte.

ÉXODO 31:3

¿Hemos experimentado gozo, satisfacción e inspiración al hacer lo que el Señor desea que hagamos? Con frecuencia, al descubrir los propósitos para los que Dios nos creó sabemos que son de Él porque calzan en nuestra vida como nada más puede hacerlo. Hay libertad y placer en nuestra labor debido a cómo el Espíritu Santo fluye a través de nosotros para que la llevemos a cabo.

Este fue, sin duda, el caso de Bezaleel, el hombre al que Dios encargó la construcción del tabernáculo del Antiguo Testamento. El Señor lo dotó con la habilidad artística para seguir y llevar a cabo todas las instrucciones que le dio, incluso el entendimiento de cómo trabajar con materiales especiales como madera, metales, telas y piedras preciosas del santuario.

Dios también lo creó a usted con dones especiales, y ruego que haya experimentado el gozo de caminar en aquello para lo que fue creado. Pero si todavía no ha descubierto cuál es ese camino, preste atención a las acciones que hace y se sienten como si estuviera adorando a Dios, porque eso le dirá exactamente cuál es su llamado. Luego confíe en que el Espíritu Santo le dará poder, porque Él cumplirá su misión por medio de usted en maneras que llenarán su corazón hasta desbordarlo.

***

Jesús, gracias por los propósitos únicos que has creado para mí. Guíame en expresarme y glorificarte a través de mis dones. Amén.

ENTRADA AL REPOSO DEL SEÑOR

*Temamos, pues, no sea que permaneciendo aún la
promesa de entrar en su reposo, alguno de vosotros
parezca no haberlo alcanzado.*

HEBREOS 4:1

El versículo de hoy puede parecer extraño si consideramos que las Escrituras nos dicen a menudo que no temamos. Después de todo, en Isaías 41:10, el Señor declara: «No temas, porque yo estoy contigo; no desmayes, porque yo soy tu Dios». De igual modo, Deuteronomio 31:8 enseña: «Jehová va delante de ti; él estará contigo, no te dejará, ni te desamparará; no temas ni te intimides».

Pero las Escrituras son claras en que debemos cuidarnos de no perder el reposo de Dios. La palabra griega traducida como *reposo* es clave para entender esta amonestación. Sí, reposo significa cese de actividades, pero en el mundo antiguo también tenía el significado de derrocar del poder a una fuerza opresora. Por tanto, la idea aquí es que depongamos del trono de nuestra vida toda forma terrenal de dominio, reconociendo que el Señor es en realidad quien tiene el control.

Entrar en el reposo del Señor significa que ya no tenemos que luchar ni sentirnos indefensos o indignos por aceptar el liderazgo, la provisión y la protección del Padre. Él pelea las batallas por nosotros. Así que no se pierda esta bendición. En lugar de eso, reconózcalo en todos sus caminos, y él enderezará sus veredas (Proverbios 3:6).

**Jesús, toma tu lugar en el trono de
mi vida. Eres mi Señor. Amén.**

GUERRA ESPIRITUAL EN ORACIÓN

Tomad toda la armadura de Dios, para que podáis resistir en el día malo, y habiendo acabado todo, estar firmes.

EFESIOS 6:13

Como creyentes, enfrentamos un adversario muy real y una guerra espiritual que puede afectarnos en incontables maneras. Efesios 6:12 confirma: «No tenemos lucha contra sangre y carne, sino contra [...] huestes espirituales de maldad en las regiones celestes». Por supuesto, para luchar en una guerra espiritual debemos combatir con armas espirituales como las que vemos en la armadura de Dios. Y una de nuestras armas más fabulosas es la oración.

Dios nos prepara por medio de la oración para resistir al diablo, al pecado y a la tentación. ¿De qué manera? En primer lugar, nos ayuda a evitar las trampas y los peligros que el enemigo nos pone. En segundo lugar, el Señor identifica los detonantes que el enemigo usa para incitarnos a pecar y los corta de raíz. En tercer lugar, Dios levanta nuestras fortalezas y defensas espirituales para oponernos al diablo. Finalmente, el Señor nos defiende enviando a nuestra mente el escudo de las Escrituras cuando surge una tentación.

El caso es que a través de la oración Dios permite que usted use el arsenal espiritual que le ha proporcionado para darle la victoria. Así que haga lo que Él dice. Pelee de rodillas sus batallas, tanto terrenales como espirituales. Porque cuando lo hace, gana todo el tiempo.

Jesús, peleo estas batallas espirituales clamándote en oración. Llévame a la victoria, mi Comandante. Amén.

PERSEVERAR EN ORACIÓN

Daniel, no temas; porque desde el primer día que
dispusiste tu corazón a entender y a humillarte en la
presencia de tu Dios, fueron oídas tus palabras; y a causa
de tus palabras yo he venido.

DANIEL 10:12

A veces el Señor tarda en responder nuestras peticiones. Lo importante es *mantenernos orando* sabiendo que Dios nos *contestará*. Vemos esto de forma maravillosamente vívida en el versículo de hoy. Daniel había tenido una visión de parte del Señor, pero no la había comprendido. Entonces, durante semanas, oró sin cesar.

Quizás entendamos la desesperación de Daniel al no recibir respuesta. El Señor permite que las pruebas asalten nuestra vida sin que haya ninguna explicación, de modo que nuestros corazones se llenan de tristeza. Tal vez nunca sepamos por qué Dios se demora, aunque puede deberse a que está diseñando las circunstancias que atravesaremos y que nos enseñarán a confiar en Él en cualquier situación. De igual modo, en el camino de la voluntad de Dios puede haber fuerzas interfiriendo que ni siquiera podemos imaginar, como sucedió en el caso de Daniel. Sin embargo, finalmente Dios envió un mensajero para responder al profeta, como vemos en el versículo de hoy. Ciertamente, Dios también nos responderá.

Al igual que Daniel, la clave es esperar con paciencia al Padre. Por tanto, *sea diligente y no se rinda*, pues Dios obra en lo invisible y, sin duda alguna, triunfará a favor de usted. Ore en fe y espere en el Señor.

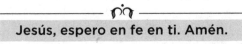

Jesús, espero en fe en ti. Amén.

BUENA TIERRA

Las semillas que cayeron en la buena tierra representan
a las personas sinceras, de buen corazón, que oyen
la palabra de Dios, se aferran a ella y con paciencia
producen una cosecha enorme.

LUCAS 8:15, NTV

¿Nos hemos preguntado alguna vez qué se necesita para crecer en Cristo? Jesús explica en la parábola del Sembrador la clase de corazón que es receptivo a su Palabra. Él dice que debemos:

Escuchar la Palabra: No permitimos que la enseñanza de las Escrituras simplemente pase por nuestros oídos. Más bien, debemos escucharla y aplicarla, y estar dispuestos a que la verdad de Dios tamice, elimine, refine y libere cualquier aspecto de nuestra vida.

Ser sinceros: Somos francos, transparentes y auténticos con el Señor.

Tener buen corazón: Estamos en *sintonía con Dios*. Sabemos esto porque cuando el joven rico llamó Maestro bueno a Jesús, el Señor respondió: «¿Por qué me llamas bueno? Ninguno hay bueno, sino sólo uno, Dios» (Marcos 10:18). Por eso, debemos ser personas que buscan tener el carácter del Señor y purgar de nuestras vidas todo lo que se le oponga.

Aferrarnos a la Palabra: Tomamos posesión de ella. No la soltamos ni dudamos de Dios, aunque no entendamos nuestras circunstancias.

Llevar fruto: Somos productivos y examinamos con regularidad el fruto de nuestras vidas.

Y *perseverar:* Mantenemos siempre el rumbo, porque así es como maduramos y producimos gran cosecha en nombre del Señor.

Jesús, haz que mi corazón sea tierra buena y
abundantemente fructífera para tu Palabra. Amén.

Acerquémonos todos

*Sus holocaustos y sus sacrificios serán aceptos sobre mi
altar; porque mi casa será llamada casa de oración para
todos los pueblos.*

ISAÍAS 56:7

Cuando los sacerdotes entraban al tabernáculo, lo primero que
veían era el altar del sacrificio. ¿Ha considerado usted alguna
vez por qué era así? Estaríamos en lo cierto al decir que el pecado
debía expiarse y que los sacerdotes debían limpiarse interiormente
antes de poder servir a Dios. Entregaban los sacrificios a la destrucción para que eso fuera posible.

Pero tales ofrendas, en realidad, tenían un significado aún más
profundo. Es más, el libro de Levítico usa a menudo una palabra para
sacrificio u *ofrenda* que viene de una raíz que simboliza *acercarse* o
aproximarse, como al involucrarse personalmente en una relación
con alguien. En otras palabras, los sacerdotes ofrendarían primero
para después decir: «Daría cualquier cosa por acercarme a ti, Señor».

Es por eso que Jesús se convirtió en el sacrificio por nosotros.
Así que cuando decimos: «Daría cualquier cosa por acercarme a ti,
Señor», Jesús nos responde: «Yo lo di *todo* para que *pudieras* acercarte siempre». Él quiere tener una relación con nosotros aún más
profunda y apasionada que la que nosotros queremos. Así que no lo
rechace. Aprecie el sacrificio del Señor, acérquese y ame a su Salvador.

**Jesús, gracias por entregar todo a fin
de que yo pueda acercarme. Amén.**

RECIBAMOS LA LUZ DE DIOS

Dios, que mandó que de las tinieblas resplandeciese la luz, es el que resplandeció en nuestros corazones, para iluminación del conocimiento de la gloria de Dios en la faz de Jesucristo.

2 CORINTIOS 4:6

El camino por recorrer puede parecernos muy oculto e impreciso. Pero comprendamos que Jesús vino a iluminarnos el sendero. Veamos, el pecado no solamente condena a muerte al no creyente, sino que también ensombrece nuestra visión, cegándonos a las cosas divinas, abatiéndonos y arruinándonos. Esta es la penumbra que podemos sentir cuando no comprendemos a Dios y sus caminos, involuntariamente participamos en conductas que llevan a nuestra destrucción y no sabemos qué hacer.

Es por eso que Jesús vino. Él es «aquella luz verdadera, que alumbra a todo hombre, [que] venía a este mundo» (Juan 1:9). Jesús no solamente nos da salvación, sino que nos instruye y nos provee entendimiento. Podemos sentirnos mal respecto a nuestra situación y querer saber qué hacer. Jesús desea despejarnos el camino.

Por tanto, aunque iluminar los lugares más oscuros de nuestro ser pueda ser humillante, permita que Cristo ponga al descubierto las áreas en que el pecado lo derrota y lo ciega. Él le revelará lo que lo mantiene en esclavitud y le dará libertad. Así que escúchelo y reciba la luz que necesita.

Jesús, eres la Luz de mi vida. Ilumina el camino y te obedeceré. Amén.

EL PODEROSO NOMBRE
DEL SEÑOR

Todo lo que pidiereis al Padre en mi nombre, lo haré,
para que el Padre sea glorificado en el Hijo.

JUAN 14:13

Como creyentes podemos orar en el nombre de Jesús, lo cual simboliza nuestra relación con Cristo y nuestro derecho de acercarnos a su trono de gracia debido a lo que Él hizo por nosotros en la cruz. Jesús está glorificado a la diestra de Dios, donde intercede por nosotros y sirve como nuestro Sumo Sacerdote (Hebreos 4:16; 7:25). Él nos ha ordenado acercarnos y pedirle a nuestro Padre celestial todo lo que necesitemos, sabiendo que en Jesús tenemos Abogado.

No obstante, orar en el nombre de Jesús significa estar de acuerdo con su santidad, su propósito y sus planes. Algunos no han comprendido este versículo, interpretándolo como una licencia para pedirle a Dios cualquier cosa y creer que el Señor está obligado a concederles todo capricho. Sin embargo, lo que Jesús expresa realmente es que al clamar en su nombre hacemos nuestra petición según su voluntad y carácter (1 Juan 5:14).

Orar en el nombre de Jesús es un asunto serio y una bendición incomparable. Su nombre es la seguridad que tenemos en que Él conformará nuestras oraciones a su imagen y que disfrutamos la certeza de una respuesta. Tenga usted la seguridad absoluta de que sus oraciones serán oídas y que Dios responderá.

> Te alabo, Jesús, por el poder que hay en tu nombre. Oro de común acuerdo contigo. Amén.

PENSEMOS EN LOS DEMÁS

Considerémonos unos a otros para estimularnos al amor
y a las buenas obras.

HEBREOS 10:24

¿Hemos estado atrapados en nuestras preocupaciones y miedos? ¿Nos hemos centrado últimamente en nosotros mismos? Tal vez nos hayamos dado cuenta de que eso realmente no ayuda a nuestra situación, sino que la empeora (Mateo 6:25–34). Sin duda, es mejor enfocar nuestra atención en lo que Dios quiere que hagamos, lo cual es buscar «primeramente el reino de Dios y su justicia» (Mateo 6:33). Esto es posible amando a los demás en el nombre del Señor.

Comprendamos que el enemigo nos tentará a pensar obsesivamente en nuestros problemas, porque esto nos impedirá participar en el cuerpo de Cristo. Sin embargo, ¿qué hubiera ocurrido si el apóstol Pablo se hubiera dejado llevar por la preocupación y autocompasión cuando estuvo en la cárcel? No habría escrito gran parte del Nuevo Testamento. Pero debido a que se mantuvo fiel en animar a otros, Pablo escucharía buenas noticias sobre cómo crecían las iglesias y los creyentes daban pasos de fe, por lo que pudo exclamar: «Valió la pena».

Así que en vez de ponerse a pensar en que todo podría salir mal, piense en cómo puede ayudar a otros a crecer en su fe y madurar en sus talentos. En otras palabras, enfoque su energía en ayudar a otros a ser más como Jesús, porque eso es sin duda digno de su atención.

꩜

Jesús, dame oportunidades de ayudar a otros
creyentes a crecer en su fe para tu gloria. Amén.

SIN SABER, PERO CONFIANDO

Por la fe Abraham [...] obedeció para salir al lugar que había de recibir como herencia; y salió sin saber a dónde iba.

HEBREOS 11:8

E s frustrante que Dios no nos comunique cuál será nuestro destino. Queremos saber a dónde nos dirigimos con el fin de saber cómo prepararnos. Pero las Escrituras nos muestran a Abraham como ejemplo de la confianza total que podemos tener en el Señor cuando nuestra visión del futuro es parcial.

Abraham dejó todo lo que siempre había conocido, sin que se le dijera a dónde se dirigía. Él no tenía idea si conocería el lenguaje o las costumbres del lugar a donde iba, o si en el camino encontraría las provisiones que necesitaba. Pero Abraham obedeció a Dios de inmediato. Salió sin quejarse ni cuestionar la sabiduría divina. Y el Señor lo honró porque podía contar con que él haría cualquier cosa que le pidiera, lo cual es la definición de fe.

Dios no nos da mapas, solo pasos que debemos seguir. Sí, estar ciegos a lo que hay delante de nosotros y no tener el control es incómodo. Pero fe significa salir sin saber detalles, confiando en Aquel que nos envía. Así que haga lo que Él le pide y crea que Dios no solamente lo llevará al destino, sino que lo preparará antes que usted llegue al lugar indicado.

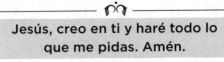

Jesús, creo en ti y haré todo lo que me pidas. Amén.

UNA BUENA PALABRA

El entendido en la palabra hallará el bien, y el que confía en Jehová es bienaventurado.

PROVERBIOS 16:20

S i necesitamos hoy un buen mensaje, recordemos que la Biblia siempre tiene algo digno, edificante y profundo que decirnos. A menudo he descubierto que Dios me lleva exactamente al pasaje correcto justo cuando más lo necesito. También me recuerda principios que ya me ha enseñado para que pueda aplicarlos en las circunstancias que surgen a lo largo del día.

Lo maravilloso de la Palabra de Dios es que por medio de ella el Espíritu Santo nos revela innumerables capas de visión y significado, y puede encarar una cantidad infinita de aspectos en nuestra vida. Pero lo más importante que el Espíritu Santo hace a través de las Escrituras es desarrollar nuestra relación con Cristo, pues mientras más comprendemos su carácter y sus caminos, mayor confianza tendremos en Él. De igual manera, maduramos en nuestro entendimiento de quiénes desea el Señor que seamos.

La Palabra de Dios siempre es un cimiento seguro y absoluto, y no cambia aunque soplen tormentas y el mundo alrededor sea cambiante, confuso e inestable (Mateo 7:24–25). Por tanto, recurra a las Escrituras para encontrar el buen mensaje que necesita, reciba la perspectiva y la fortaleza que busca, y edifique su vida sobre el fundamento que nunca falla.

**Jesús, gracias por tu maravillosa Palabra.
Señor, háblame por medio de ella. Amén.**

ACTIVAMENTE ESPERANDO

Espera en Jehová, y guarda su camino, y él te exaltará.

SALMOS 37:34

¿Estamos esperando en Dios? Entendamos que esta espera no debe ser con una actitud pasiva. Sí, debemos estar *quietos* en el sentido de quitar las manos de nuestra situación y permitir que el Padre actúe en medio de nuestras circunstancias. Pero también debemos ser *activos* en crecer espiritualmente. A medida que descubrimos la voluntad de Dios, reclamemos de forma activa las promesas que Él nos ha hecho y sigamos obedeciéndolo paso a paso.

Veámoslo de este modo: así como trabajamos en nuestros músculos físicos en un gimnasio, un tiempo de espera es una oportunidad para desarrollar nuestros músculos espirituales: carácter, fe y perseverancia. Lo hacemos incorporando las Escrituras a nuestras vidas y expresando nuestra fe en que el Padre obra a favor nuestro. Nos aferramos a las promesas que Él ha dado, disponemos vigorosamente nuestros corazones a creerle, y obedecemos de manera enérgica cada vez que nos llama. Y a medida que tomamos la decisión activa de confiar en sus promesas, nuestra esperanza aumenta y aprendemos a enfrentar el tiempo de espera con expectante resistencia.

Por fortuna, debido a que el Dios soberano del universo nunca ha dejado de cumplir su palabra, tenga la absoluta seguridad de que no le fallará ahora. Su resolución activa de confiar en Él es parte del proceso que lleva a la bendición.

Jesús, resuelvo de modo activo confiar en ti mientras espero. Mi Salvador, guíame paso a paso. Amén.

LA MEJOR SENDA

*Me mostrarás la senda de la vida; en tu presencia hay
plenitud de gozo.*

SALMOS 16:11

Expresemos hoy nuestra fe en que Dios nos guiará por el mejor sendero para nuestra vida. Él es el único que tiene todos los hechos, que conoce toda la verdad acerca de nosotros y de nuestro futuro, y que puede guiarnos sin vacilación todo el tiempo a lo que es correcto y bueno. El Dios soberano y omnisciente es el único capaz de cumplir completamente cualquier cosa que nos prometa. Se hará su voluntad pase lo que pase. Por tanto, *siempre* es sabio escucharle, incluirlo en todas nuestras decisiones y confiarle cada aspecto de nuestra vida.

Por eso, aunque los detalles del plan divino sean un misterio para usted, aunque no comprenda lo que ocurre ni sepa qué hacer, confíe en Él y obedézcale palmo a palmo y paso a paso. Decida someterse a Dios y tener fe en Aquel que lo ama de manera incondicional. Dios tiene el mejor plan para su vida, lo ha preparado a usted para que pueda cumplirlo, y le permitirá llevar a cabo todos sus maravillosos propósitos mientras camina con Él.

Dios, confío en ti en medio de todas las
interrogantes, totalmente seguro de que
obras en lo invisible. Tengo fe absoluta en
que me guías por la mejor senda. Amén.

CÓMO ENTENDER LA DISCIPLINA DIVINA

Es verdad que ninguna disciplina al presente parece ser causa de gozo, sino de tristeza; pero después da fruto apacible de justicia.

HEBREOS 12:11

Dios obra en nosotros porque desea actuar *a través* de nosotros. Enfrentemos lo que enfrentemos, estemos conscientes de esto. Su amor por nosotros no ha cambiado. Incluso si no siente su presencia como solía hacerlo, sepa que él se mantiene profundamente interesado en usted. Sin embargo, entendamos que el Señor tiene un gran plan y propósito para nuestra vida, lo cual requiere disciplina y preparación. Así como un atleta se entrena para un juego olímpico o un músico practica para un concierto importante, el plan de Dios exige instrucción, trabajo y refinamiento. Él está haciendo algo bueno en cada uno de nosotros.

¿Por qué entonces seguimos sintiéndonos castigados? Es muy probable que el problema no sea con Jesús, pues nos amó tanto que murió por nosotros. Más bien, el problema puede ser la percepción que tengamos acerca del Padre. Si nuestra actitud es errada respecto a Él, no escucharemos lo que quiere decirnos.

Por tanto, pídale hoy a Dios que le dé sentido a los retos que usted enfrenta y elimine cualquier percepción errónea que tenga de Él. Sin duda, el Señor le mostrará su amor y cómo está obrando para su bien.

Jesús, ayúdame a aceptar tu amor y todo lo que haces en mi vida. Amén.

ASÍ NOS VE DIOS

Oh Jehová, tú me has examinado y conocido; [...] has entendido desde lejos mis pensamientos.

SALMOS 139:1-2

E xaminemos hoy nuestros pensamientos. Estemos atentos a lo que pensamos. Esto nos mostrará lo que en realidad domina nuestra mente. Porque si continuamente declaramos: «Dios no va a hablarme», «No merezco su amor», o cualquier variación de tales mensajes, por alto que Él nos hable, no creeremos lo que nos diga. Incluso podemos tener miedo de escuchar a Dios. Quizás nos sentimos tan condenados que no queremos escuchar en qué otros aspectos estamos fallando.

Pero veámonos como el Señor nos ve: como hijos amados comprados por sangre y necesitados a diario de la guía y la gracia de Dios. Jesús ha perdonado nuestros pecados y nos ha hecho aceptables y dignos. Nos ha sellado con su Espíritu Santo y nos ha convertido en sus representantes en este mundo perdido. Él pudo haberlo llevado a usted al cielo inmediatamente después de aceptar a Cristo como Salvador, pero no lo hizo porque usted tiene una historia que contar. Sus pecados le han sido perdonados y es de esa profunda liberación que Dios le ha concedido que otras personas necesitan oír. Así que acepte quién es usted y luche con la verdad de las Escrituras contra todos los sentimientos de inferioridad y culpa.

Jesús, gracias por amarme y por tener un propósito para mi vida. Ayúdame a verme como tú me ves. Amén.

ESPERA APACIBLE

Estad quietos, y conoced que yo soy Dios.

SALMOS 46:10

El día de hoy la presión por avanzar puede ser abrumadora. Pero si Dios no nos ha hablado, quedémonos donde estamos. Es intrínsecamente peligroso actuar con prisa. Podríamos sentirnos tentados a razonar todo en nuestra mente y resolver todas las incógnitas, como si dependiera de nosotros diseñar una solución. Pero el Señor no necesita nuestra ayuda.

Es más, el adagio que pone estas palabras en boca de Dios: «Ayúdate que yo te ayudaré», no es bíblico. Al contario, lo que las Escrituras dicen es: «Fíate de Jehová de todo tu corazón, y no te apoyes en tu propia prudencia. Reconócelo en todos tus caminos, y él enderezará tus veredas» (Proverbios 3:5–6). Dios es quien marca el rumbo. Dejemos de disputarle el control. En lugar de eso, según ordena el versículo de hoy, dejemos de luchar y confiemos en el plan todopoderoso e incondicionalmente amoroso del Señor.

El Padre sabe que usted no puede resolver esta situación. Él comprende la presión humana y la importancia que tiene todo esto para usted. No intente idear una solución, se perderá lo que el Señor hace. Así que permanezca quieto y en silencio en su presencia. Deje de esforzarse y simplemente confíe en Él. Dios dirigirá sus pasos en formas más extraordinarias de lo que pueda imaginar.

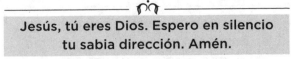

**Jesús, tú eres Dios. Espero en silencio
tu sabia dirección. Amén.**

SIGAMOS ORANDO

*Jesús les contó una historia a sus discípulos para
mostrarles que siempre debían orar y nunca darse por
vencidos.*

LUCAS 18:1, NTV

H ay un elemento vital en la oración que la mayoría de las personas pasa por alto: la persistencia. Si hemos orado por algo
durante mucho tiempo, sigamos haciéndolo sin desanimarnos. En
ocasiones Dios retrasa la respuesta a nuestras peticiones, incluso si
son su voluntad para nosotros. ¿Por qué hace eso?

En primer lugar, el Señor postergará su respuesta si no estamos
listos para ella. Si ve pecado, amargura, falta de perdón o hábitos malsanos en nosotros, primero enderezará eso. Una segunda
razón para la demora de Dios en contestar es para edificar nuestra
fe. ¿Confiamos en el Señor y lo respetamos como Dios aunque no
vemos su respuesta? Recordemos que fe significa creer que Él existe
y que recompensa cuando lo buscamos sinceramente (Hebreos 11:6).
Hagamos del Señor nuestro deleite, sigamos creyéndole y tengamos
confianza en que nos proporcionará lo que más nos conviene. Por
último, Dios a veces demora su respuesta para desarrollar nuestra
paciencia. Lo que deseamos puede requerir perseverancia, y persistir
en oración nos preparará para ser perseverantes.

Así que siga pidiendo, buscando e intentando. No se rinda.
Aguante, aunque no vea ninguna evidencia de que Dios contestará
su oración. Eventualmente, verá la provisión divina en la situación
que atraviesa.

**Jesús, creo que me responderás, así que
sigo orando y confiando en ti. Amén.**

DEJEMOS ACTUAR A DIOS

*No os venguéis vosotros mismos, amados míos, sino
dejad lugar a la ira de Dios; porque escrito está: Mía es la
venganza, yo pagaré.*

ROMANOS 12:19

Cuando alguien nos ofende o afrenta a un ser amado, podemos sentirnos tentados a convertirnos en árbitros de justicia y tomar el asunto en nuestras propias manos. No obstante, recordemos que nuestra misión es ser siempre representantes de Cristo. Como creyentes, nuestro deber no es vengarnos ni demostrar que tenemos la razón. Nuestra responsabilidad es representar a Jesús para que otros sean salvos. Podemos hacer eso porque Dios ya es un Juez bueno y fiel, y no tenemos que hacer su trabajo.

Es más, el versículo de hoy es una cita de Deuteronomio 32:35, una advertencia para Israel de que no busque formas de seguridad que no sean las de Dios. En ese pasaje, Moisés profetiza que los israelitas irán tras otras deidades en busca de prosperidad, guía y seguridad. Por tanto, Dios les advierte: *Yo soy quien te protege. Si vas tras uno de estos dioses falsos, entonces mi venganza se volverá de tus enemigos hacia ti.*

Lo mismo es válido para nosotros. Cuando recurrimos a nuestras formas de venganza contra otra persona, ya sea con chismes, posturas o manipulación, nos interponemos en el camino de Dios. Por eso es que Pablo nos advierte que dejemos espacio para la justicia divina. Recordemos esta enseñanza. Perdonemos y dejemos que el Señor actúe.

Jesús, confío en tu juicio. Ayúdame
a perdonar. Amén.

Puertas cerradas

*Alégrense en el Señor. Nunca me canso de decirles estas
cosas y lo hago para proteger su fe.*

Filipenses 3:1, ntv

Podríamos sentirnos confundidos al enfrentar una puerta cerrada, una tragedia repentina o una pérdida. Quizás preguntemos: *¿Cómo puede salir algo bueno de esto?*, especialmente cuando nuestras circunstancias son dolorosas o desalentadoras. Sin embargo, lo que parece ser la ruina a menudo es una nueva oportunidad que Dios nos da para que confiemos en Él.

Así fue con Pablo cuando fue arrestado y encarcelado por hacer lo que el Señor le ordenaba: predicar el evangelio. Pablo pudo haberse desanimado fácilmente y haber pensado: *Dios, ¿por qué permitiste que esto sucediera? Creía que tenías un plan para mi vida.* Pero el apóstol no actuó así. En lugar de eso usó el tiempo que pasó en la cárcel para escribir Gálatas, Efesios, Filipenses y Colosenses. Y Dios ha obrado en forma poderosa a través de los escritos de Pablo para animar a los creyentes a lo largo de la historia.

Entonces, si usted enfrenta pérdidas que no entiende, sepa que Dios está posicionándolo para una puerta abierta de propósito y bendición. Mantenga el rumbo, ponga la mirada en Dios y confíe en que lo que Él hace es bueno. El Señor usará todo lo que usted experimenta para sus propósitos superiores.

Señor, me regocijaré en ti y confiaré en tus buenos propósitos a pesar de las puertas cerradas. Amén.

ESPERA VIGILANTE

Esperé yo a Jehová, esperó mi alma; en su palabra he esperado.

SALMOS 130:5

Esperar en el Señor no significa estar inmovilizados o inactivos, o que Él también lo esté. Dios siempre se mueve y organiza sus planes. Sin embargo, la tentación a seguir adelante sin recibir dirección divina puede ser mucha debido a presiones externas reales y angustiosas.

Recordemos que Dios es superior a todas las circunstancias que nos asaltan. Pero es de suma importancia, y tal vez con significado eterno, que hagamos una pausa hasta recibir más instrucciones divinas. Esto significa estar activos e ir tras *Él*. Seguimos en movimiento, pero nuestra dirección es hacia *Dios,* no hacia lo que esperamos. Decidimos no tomar ninguna decisión hasta que el Señor nos dé dirección clara.

Nunca temamos respecto a si Dios tiene o no un plan para nuestra próxima etapa. Como creyentes, podemos llegar al punto en que nos preguntemos si el Señor ya terminó su obra en nosotros, pero no es así ahora ni por toda la eternidad. Mientras estemos buscándolo, Él no nos hará adivinar qué desea de nosotros. Más bien, desea que nos mantengamos conectados con Él por medio de una relación íntima. Por tanto, es esencial escucharlo y esperar activamente con gran expectativa y esperanza.

Jesús, espero en ti con esperanza y expectativa. Mi enfoque está en ti. Amén.

SOBRE EL ALTAR

Toma ahora tu hijo, tu único, Isaac, a quien amas, y [...] ofrécelo.

GÉNESIS 22:2

Esta es la primera vez que en las Escrituras se usa el verbo *amar*: cuando el Señor le pidió a Abraham que ofreciera a Isaac. Recordemos que Abraham tenía cien años de edad cuando Dios le concedió un hijo a fin de que pudiera convertirse en una gran nación (Génesis 15:1–6). Pero Isaac no solo era el cumplimiento de la promesa hecha a Abraham, sino también el hijo *amado*. Por eso, sacrificar al muchacho debió haber sido algo insoportable.

Solemos creer que decirle a Dios cuánto amamos algo lo obligará a hacer lo que deseamos. Pero lo que en realidad le decimos es: «Si me quitas esto o te niegas a dármelo, dejaré de creer en ti». En realidad, lo que declaramos es que nuestro deseo es más importante para nosotros que Dios.

Por tanto, el Señor contestará: «Estoy asegurándome de que nada se interponga en la plena confianza que debes poner en mí». Para Abraham eso significó poner sobre el altar tanto a Isaac como a la promesa. Pero para usted puede significar que someta sus propios deseos con el fin de cumplir la voluntad de Dios. Esto es difícil, amigo lector, pero vale la pena, porque así como Dios honró la obediencia de Abraham y proveyó tanto para él como para Isaac, lo hará por usted, y más allá de lo que pueda imaginar.

**Jesús, me rindo completamente.
Confío en tu provisión. Amén.**

ARRINCONADOS

Estad firmes, y ved la salvación que Jehová hará hoy con vosotros.

ÉXODO 14:13

Cuando Dios sacó a los israelitas de la esclavitud en Egipto hizo parecer que estaban confundidos para que Faraón los persiguiera. Esto resultó en que el pueblo de Israel quedara atrapado entre el mar Rojo y el poderoso ejército egipcio. Sin duda, la situación era desconcertante para Israel. ¿Los había llevado el Señor hasta allí tan solo para abandonarlos?

Lo mismo puede ocurrirnos hoy. Podemos sentirnos atrapados en una situación sin solución terrenal aparente. Y podríamos preguntarnos por qué Dios nos llevaría tan lejos solo para arrinconarnos en circunstancias tan adversas. Pero recordemos el milagro de la división del mar Rojo, por medio del cual Dios salvó a los israelitas e impidió que los egipcios los siguieran persiguiendo. De igual manera, el Señor puede habernos arrinconado con la finalidad de revelarnos su gloria y provisión.

Por tanto, anímese, Dios no lo ha olvidado ni le ha fallado. Lo ha traído a este lugar por una razón, y ciertamente no es para destruirlo. Más bien, es para mostrarle libertad en un aspecto que usted no ha experimentado antes. Así que no tenga miedo. Manténgase firme, confíe en que Él está obrando y presencie la liberación divina.

Jesús, solo tú puedes solucionar esto. Confío en que me muestres tu poderosa salvación. Amén.

MOMENTO DE ESCUCHAR

Jehová peleará por vosotros, y vosotros estaréis tranquilos.

ÉXODO 14:14

Al enfrentar situaciones de gran presión, la mayoría de las personas quiere hablar de sus problemas, quejarse y preguntar a otros qué hacer. Casi podemos imaginar las conversaciones de los israelitas al llegar al mar Rojo, perseguidos por el ejército egipcio. «¿Qué vamos a hacer? ¿Debemos pelear? ¿Debemos rendirnos? ¿Sabes nadar?». Sin embargo, todo el debate del mundo no podía salvarlos. En absoluto. Era hora de que dejaran de hablar y empezaran a obedecer.

En los propios problemas que enfrentemos debemos entender que no es necesario repetirle continuamente al Señor nuestras preocupaciones, opiniones y recelos. Lo que debemos hacer es «orar sin cesar» (1 Tesalonicenses 5:17). Pero eso no significa que hablemos todo el tiempo, ni que nos pongamos a interceder en lugar de obedecer. Dios no necesita que resolvamos las cosas, sino que confiemos en Él.

Los israelitas no tenían cómo saber que el Señor dividiría el mar Rojo para salvarlos, y es probable que usted no pueda imaginar cómo Dios le ayudará. Así que deje de agonizar por sus problemas. Deje de hablar y empiece a escuchar a su Comandante. Y sin importar lo que diga, obedezca. Él abrirá el camino delante de usted.

Jesús, ayúdame a escucharte, obedecerte y mantenerme en el centro de tu plan. Amén.

DESTRUCCIÓN DE FORTALEZAS

*Derribando argumentos y toda altivez que se levanta
contra el conocimiento de Dios.*

2 Corintios 10:5

Cuando el enemigo construye una fortaleza en nuestra vida, ha establecido un patrón de pensamiento o conducta desde el cual puede asaltar nuestro ser interior. Por tanto, es crucial que derribemos las fortalezas del enemigo a fin de disfrutar la libertad que Cristo compró para nosotros. Sin embargo, comprendamos que no podemos pelear contra el enemigo con medios comunes.

En primer lugar, debemos restringir la obra e influencia del enemigo llevando todo pensamiento cautivo a Cristo. En segundo lugar, debemos deshacernos de todo objeto que pertenezca a Satanás. Si tenemos cualquier artículo astrológico u ocultista, destruyámoslo de inmediato (Deuteronomio 18:10–14; Gálatas 5:16–25). En tercer lugar, debemos orar en el nombre de Jesús para que la fortaleza sea destruida. Por último, debemos pedir a Cristo que nos lleve a las Escrituras que nos armarán para la batalla y reemplazarán con su verdad el error en nuestro pensamiento.

Tenga siempre en cuenta que usted no es el encargado de acabar con la influencia del enemigo. Más bien, triunfa en el nombre de Jesús porque Satanás no puede permanecer en presencia del Hijo de Dios. Por consiguiente, la libertad que experimenta yace en su humilde fe en Cristo. Jesús vino a liberarnos; afirme hoy esa libertad sometiéndose al plan divino de batalla.

Jesús, gracias por destruir toda fortaleza
mediante el poder de tu sangre.
Afirmo hoy tu libertad. Amén.

NOVIEMBRE

PODER DE RESURRECCIÓN

De este hombre que era demasiado viejo, nacieron tantos
descendientes como las estrellas del cielo.

HEBREOS 11:12, NBV

Cuando ponemos nuestra fe en Él, nuestro Dios revive de forma gloriosa lo que ha muerto. Sabemos que el Señor dio un hijo a Abraham y Sara cuando ambos habían sobrepasado sin remedio sus años fértiles. Físicamente, ese deseo pudo haberles parecido fallido. Pero no representó ningún problema para Dios.

El Señor, el Dador de vida, puede hacer revivir huesos secos y hasta naciones (Ezequiel 37). A lo largo de las Escrituras vemos su poder de resurrección restaurando la vida a través de Elías al hijo de una viuda (1 Reyes 17:17–24) y a través de Eliseo al hijo de la sunamita (2 Reyes 4). Durante su ministerio terrenal, Jesús resucitó a la hija de Jairo (Marcos 5:35–42), al hijo de la viuda de Naín (Lucas 7:11–15) y a Lázaro (Juan 11:1–44).

Por supuesto, la más grande resurrección en la historia fue la de Cristo, porque demostró su victoria final sobre el pecado y la muerte, para nunca más volver a morir. Y a usted se le ha prometido la acción de ese mismo poder de resurrección que levantó a Jesús de la tumba (Efesios 1:18–21). Así que no tema que en su vida muera toda esperanza. Confíe en Dios, quien otorga resurrección a todo lo concerniente con usted.

Jesús, no puedo ver cómo obra tu voluntad, pero confío en tu poder de resurrección. Amén.

PRIMERO JESÚS

Cualquiera que haya dejado casas [...] o tierras, por mi nombre, recibirá cien veces más, y heredará la vida eterna. Pero muchos primeros serán postreros, y postreros, primeros.

MATEO 19:29–30

C ada día tenemos que tomar una decisión sobre a qué reino servir: al de Dios o al nuestro. Cuando nosotros y nuestros deseos están primero, dejamos al Señor al final, y Él nos hará lo mismo en su reino. Por eso no debemos buscar grandezas aquí, sino hacer lo que Dios nos pide, convirtiéndolo a Él en nuestra prioridad.

Esta vida es como un soplo y hay mucho más por venir de lo que podemos imaginar, es por eso que debemos recordar que «es necesario que todos nosotros comparezcamos ante el tribunal de Cristo, para que cada uno reciba según lo que haya hecho mientras estaba en el cuerpo, sea bueno o sea malo» (2 Corintios 5:10). Para el creyente, esto no tiene que ver con la salvación porque, si ha aceptado a Jesús como Salvador, ya tiene el cielo asegurado. No obstante, lo que en este pasaje se evalúan son las recompensas por cómo servimos a Cristo aquí, y eso determinará el modo en que vivamos en el cielo.

El desafío para usted es comprender que en este momento está marcando la pauta para la eternidad: la autoridad y los privilegios que tendrá eternamente. Por eso, ponga primero a Jesús. Humíllese ahora y Él lo exaltará.

Jesús, eres mi prioridad. Indícame ahora cómo servirte debidamente. Amén.

A PERDONAR

Cuando estéis orando, perdonad, si tenéis algo contra alguno.

MARCOS 11:25

A veces, la insensibilidad y el egoísmo de los demás nos dejarán pasmados, especialmente si hemos tratado de ser amables y en respuesta nos han ofendido. Incluso después de ocurrida la ofensa, podemos encontrar que es difícil borrar de la mente lo sucedido. ¿Cómo podemos vencer la desilusión y el desánimo?

Primero, no permitamos que las acciones de otros obstaculicen nuestra relación con Dios. Podríamos cuestionar por qué el Padre permitió que esto sucediera. No obstante, aferrémonos al hecho de que Él no nos falla, aunque los demás sí lo hagan. Dios sigue proporcionándonos perfecto amor, sabiduría, fortaleza y apoyo.

Segundo, perdonemos a quien nos ofendió. Albergar resentimiento o amargura solo nos hace daño y no es lo que Cristo haría. Pensemos en toda la misericordia que Jesús nos ha manifestado y perdonemos a los demás.

Tercero, encontremos alivio en el Gran Consolador: el Espíritu Santo. Sabemos que el Señor hace que todo obre para nuestro bien. Así que permitamos que Él cambie nuestro dolor en algo beneficioso.

La próxima vez que lo ofendan, entregue el asunto a Dios y ore por los ofensores. No permita que las acciones de ellos lo destruyan; más bien, deje que el Padre convierta esto en una oportunidad de bendición.

Jesús, ayúdame volverme a ti a fin de que pueda perdonar, sanar y ser bendecido. Amén.

APARTADO

Le puso por nombre Moisés, diciendo: Porque de las aguas lo saqué.

ÉXODO 2:10

C uando los israelitas fueron cada vez más numerosos en la tierra de Egipto, a Faraón le preocupó que se unieran a fuerzas enemigas con la finalidad de derrocarlo. Así que para impedir que la población creciera, los esclavizó y emitió el decreto perverso y devastador de que los israelitas debían lanzar al Nilo a sus hijos recién nacidos (Éxodo 1:22). No leamos esto como si solo fuera una historia. La persecución y agonía experimentada por los israelitas fueron tan reales como las presiones que sentimos hoy en día.

Pero pensemos en lo que Dios nos enseña por medio de esto. La muerte era por agua, pero el Señor usó a la hija de Faraón para sacar del Nilo a Moisés, quien liberaría al pueblo de Israel. Dios revirtió la situación a fin de traer bien a su pueblo.

Aquí hay un importante principio. Cuando Dios libera, usa lo mismo que a usted lo atormenta con el fin de traerle bendición. Solo cuando reconoce que no tiene capacidad de salvarse a sí mismo que el Señor recibe la gloria por rescatarlo, y eso puede ser desconcertante. Pero cuente siempre con Él. Por eso al enfrentar una situación que parezca incontrolable, no tema. Más bien, regocíjese, porque eso significa que Dios está obrando y que de alguna manera utilizará la dificultad para su bien.

Jesús, gracias por tomar las dificultades y obrar a través de ellas para bendición. Amén.

UNA MENTE REGENERADA

Nos salvó [...] por su misericordia, por el lavamiento de la regeneración y por la renovación en el Espíritu Santo.

TITO 3:5

T omemos nota de quién es el que nos salva y regenera (Romanos 8:29). Por supuesto, es el propio Espíritu de Dios quien hace la obra. Aprendemos a dejar atrás el mundo a medida que somos completamente santificados por su influencia en nosotros. Pablo explica:

> Como está escrito: Cosas que ojo no vio, ni oído oyó, ni han subido en corazón de hombre, son las que Dios ha preparado para los que le aman. Pero Dios nos las reveló a nosotros por el Espíritu. [...] Porque ¿quién conoció la mente del Señor? ¿Quién le instruirá? Mas nosotros tenemos la mente de Cristo (1 Corintios 2:9–10, 16).

En otras palabras, con una mente natural no redimida nunca podríamos percibir ni vivir los grandes planes que Dios tiene para nosotros. Pero como creyentes contamos con una mente totalmente distinta, la cual es mucho más grandiosa porque, mediante la presencia del Espíritu Santo, tenemos los mismos pensamientos de Dios. Poseemos «la mente de Cristo» (v. 16). ¡Eso es asombroso! El Señor nos regenera por medio de la renovación de nuestras mentes a fin de que tengamos acceso a su entendimiento omnisciente, todopoderoso y perfecto de todas las cosas; y podamos caminar en el centro de su voluntad.

Jesús, gracias por regenerarme con tu Espíritu y por darme tu mente. Amén.

TRANSPARENCIA TOTAL

Tú amas la verdad en lo íntimo, y en lo secreto me has hecho comprender sabiduría.

SALMOS 51:6

¿Somos totalmente transparentes delante de Dios cuando oramos? Si no es así, tal vez no estemos disfrutando la intimidad con el Señor que podríamos tener. Humildad y sinceridad son aspectos decisivos para acercarnos a Jesús.

Afortunadamente, a lo largo de los evangelios Jesús modeló con excelencia estas virtudes. Por ejemplo, en el huerto de Getsemaní expresó al Padre con gran transparencia la angustia que sintió por la crucifixión. Consciente de que llevaría sobre sus hombros los pecados de toda la humanidad, Jesús estuvo «muy triste, hasta la muerte» (Mateo 26:38).

Si Cristo puede admitir algo así, nosotros también podemos hacerlo. Por supuesto, es posible que por nuestro deseo de control personal y de nuestras circunstancias no nos comuniquemos con Dios. O que deseemos sacar del medio al Señor porque avergüenza lo que en realidad pensamos y sentimos. Pero comprenda que su Padre celestial ya sabe lo que hay en su corazón. Dios lo ama como usted es y anhela que sea sincero delante de Él. Entonces, como una señal de fe auténtica, sincere su corazón delante de Dios. Ábrase a Jesús, demuéstrele que confía en Él y permítale entrar a sus lugares más íntimos para que pueda concederle paz.

Jesús, abro mi corazón por completo a ti. Limpia mi pecado y ayúdame a ser transparente delante de ti. Amén.

EN MEDIO DE LA TORMENTA

Para los pobres, oh SEÑOR, tú eres como refugio ante la tormenta.

ISAÍAS 25:4, NBV

C ada vez que las tormentas llegan acompañadas por vientos violentos existe la posibilidad de que las líneas eléctricas se caigan y los transformadores se echen a perder. En tales momentos, la oscuridad es el resultado inevitable de que se pierda la conexión eléctrica.

Lo mismo ocurre cuando tempestades azotan nuestra vida. Dios nos creó para vivir en la luz de su sabiduría y amor, en vínculo continuo con Él. Sin embargo, cuando ponemos la mirada en la ferocidad de la lluvia y los vientos, y no en el Señor, sin darnos cuenta podemos abandonar esa poderosa relación con Él. Por eso, si nos sentimos indefensos y todo parece sombrío ahora mismo, sabemos la razón.

Lo importante en esos momentos no es que usted se castigue por no aferrarse a Dios como debió haberlo hecho, sino que regrese de inmediato a Él. Restaure la relación volviendo a la Palabra, orando y sometiéndose a lo que el Señor le diga. Espere durante la tormenta bajo el cuidado del Padre, confiando en que Él iluminará su camino, le dará poder para enfrentar cualquier prueba y será un refugio firme. El Señor su Dios puede acallar los truenos y protegerlo del temporal. Así que busque a Jesús y encuentre el refugio que su corazón ansía.

Jesús, confío en que me ofreces luz y me das poder en medio de esta tormenta. Amén.

OBSERVEMOS LO QUE DECIMOS

La muerte y la vida están en poder de la lengua, y el que la ama comerá de sus frutos.

PROVERBIOS 18:21

En 2 Samuel 23:13–17, los filisteos habían conquistado Belén, la ciudad natal de David, estableciendo allí una guarnición. Cuando David planeaba recuperar la ciudad, manifestó el deseo de beber agua del pozo que había en la localidad. Tres de sus hombres lo escucharon, cruzaron las líneas enemigas y arriesgaron sus vidas para llevarle al rey un poco agua del pozo de Belén.

Podríamos envidiar el poder de David y la lealtad de sus hombres. Pero cuando el rey vio lo que habían hecho, fue confrontado. Se negó a beber el agua y la derramó como ofrenda a Dios. Aunque David estaba agradecido por sus hombres, reconoció que solamente el Señor era digno de tal devoción. También comprendió que debido a la autoridad que tenía debió haberse cuidado mucho más de sus palabras para no poner a otros en un peligro innecesario.

Nosotros también debemos ser prudentes. Asimismo, nuestras palabras conllevan poder y debemos ser cuidadosos en cómo las utilizamos. Por tanto, cuidemos de no usar nuestra autoridad para alimentar deseos superfluos que terminen perjudicando a los demás. Más bien, seamos humildes y asegurémonos de estar sometidos a Dios incluso en nuestras palabras.

Jesús, quiero glorificarte con mis palabras. Ayúdame siempre a pronunciar vida. Amén.

SOLAMENTE LA PALABRA

Los bereanos eran mucho más nobles [...] y escucharon gustosos el mensaje. Todos los días examinaban las Escrituras para comprobar si lo que Pablo y Silas decían era cierto.

HECHOS 17:11, NBV

¿En qué basamos lo que creemos? Si contestamos que en nuestra crianza o en lo que enseña cierta denominación, iglesia o pastor, entonces nuestro sistema de creencias podría ser incorrecto. Las Escrituras deben ser el fundamento de los principios y las doctrinas que apreciamos, porque es la única revelación verdadera de Dios.

Por eso es que a menudo insto a leer la Palabra, porque solamente Cristo es quien realmente puede guiarnos, consolarnos, sanarnos, darnos convicción e instruirnos. Cuando estudiamos con regularidad las Escrituras aprovechamos lo infinito de la sabiduría, el poder y la dirección de Dios. El Espíritu Santo obra por medio de la Biblia para revelar cómo se encuentra activamente involucrado en cada aspecto de nuestra vida y cómo aplica la verdad para edificarnos.

Es verdad que a veces la Palabra es difícil de entender, pero no permita que eso lo detenga; Dios es un Maestro bueno y capaz. Contestará sus preguntas, le ayudará a entender la verdad divina y le mostrará cómo aplicar los principios que enseña. También examinará lo que usted cree para mostrarle lo que es falso e improductivo. Sumérjase en la Palabra y espere que Él le hable.

Jesús, gracias por el poder de tu Palabra. Ayúdame a comprenderla. Amén.

REALIDADES INTERNAS

*Tú eres justo en todo lo que ha venido sobre nosotros;
porque rectamente has hecho.*

NEHEMÍAS 9:33

C uando los judíos regresaron a Jerusalén después del cautiverio
babilonio, hallaron en ruinas a su ciudad, con la muralla de
protección y el templo derribados completamente. La patria con la
que soñaban estaba tan devastada como ellos. Sin embargo, no fue
sino hasta que Esdras salió y les leyó en voz alta la Palabra de Dios
que entendieron realmente el problema que enfrentaban. La realidad
externa de la condición devastada de Jerusalén reflejaba la condición
interior de los judíos causada por su pecado.

La reacción que tuvieron fue dolorosa: lloraron en arrepentimiento y alivio. Al instante el pueblo judío confesó sus pecados,
comprendiendo que sus dificultades eran consecuencia de las acciones que habían cometido. La rebelión de Israel contra Dios había
resultado en esclavitud espiritual, emocional y física. Pero el Señor
estaba llamándolos a regresar a su amor por ellos.

Sin duda, no todas las adversidades que experimentamos ocurren como consecuencia de pecado; algunas son el fruto de nuestro
mundo caído. Pero es importante darnos cuenta de que la devastación exterior a menudo revela una realidad interior que debemos
llevar delante de Dios. Afortunadamente, aunque hay consecuencias también existe esperanza y perdón cuando regresamos al Señor.
Así que examine hoy su corazón y permita que la Palabra de Dios
ilumine cualquier devastación que haya en él. Vuélvase a Dios y Él
reconstruirá todo lo que se ha destruido.

Jesús, revela en mí cualquier camino
pecaminoso para que pueda arrepentirme
y regresar a tu senda. Amén.

PERSISTENCIA EN ORACIÓN

Daniel [...] se arrodillaba tres veces al día, y oraba y daba
gracias delante de su Dios, como lo solía hacer antes.

DANIEL 6:10

¿Cuánto tiempo se necesita para disuadirnos de pasar tiempo en oración? ¿Nos distraen fácilmente el sonido del teléfono, pensamientos errantes u ocupaciones que surgen de improviso?

Como exiliado de Judá en Babilonia y destacado consejero del rey, Daniel estaba constantemente bajo ataque por parte de quienes querían eliminarlo. Al final, sus enemigos convencieron al rey de que ordenara «que cualquiera que en el espacio de treinta días demande petición de cualquier dios u hombre fuera de ti, oh rey, sea echado en el foso de los leones» (Daniel 6:7). Se enfocaron en la relación de Daniel con Dios, sabiendo que esta era la única forma de vencer al sabio judío. Sin embargo, ni siquiera la amenaza de ser comido por leones disuadió a Daniel de su hábito diario de pasar tiempo con el Señor. Para Daniel, su relación con Dios era más importante que todo lo demás.

Al final, el Señor liberó a Daniel, quien permanece como ejemplo de cuán importante debe ser la oración para nosotros. Así que no permita que asuntos de poca importancia lo distraigan de reunirse con el Dios vivo. Haga de la oración una prioridad y no permita que nada detenga el flujo de sabiduría y poder del Señor a través de usted.

Jesús, quiero pasar tiempo contigo
como hizo Daniel. Crea en mí una
pasión tenaz por la oración. Amén.

VISIÓN ESPIRITUAL

A muchos ciegos les dio la vista.

LUCAS 7:21

¿Cuándo fue la última vez que su vida cambió por algo nuevo que aprendió sobre Dios? Sea consciente o inconscientemente, hasta ese momento usted tenía un punto ciego espiritual. No fue sino hasta que el Señor le dio entendimiento que recibió visión en ese aspecto particular de su vida y pudo actuar de forma diferente. En un sentido espiritual, esto es paralelo a lo que sucedió cuando Jesús sanó al hombre ciego.

Esta es la transformación espiritual de la que hablan las Escrituras en relación a que la verdad nos libera. Aprendemos a ver las cosas como Cristo las ve. Por supuesto, cuando esto ocurre puede atemorizarnos porque no estamos seguros de cómo proceder. Hasta podemos atormentarnos por no haber visto antes lo que el Padre nos mostraba. Pero es importante recordar que sin importar cuánto tiempo nos tome ver lo que el Señor nos indicaba, debemos regocijarnos porque finalmente lo hicimos. En segundo lugar, el Dios que nos otorgó visión sobre algo en particular puede enseñarnos a andar en ella.

Si el Padre ha revelado un punto ciego en su vida espiritual, usted ha experimentado un milagro. No se asuste ni se enfoque en sí mismo. Por el contrario, siga observando lo que el Señor hace y Él seguirá transformándolo.

Jesús, gracias por este nuevo entendimiento. Ayúdame a caminar en esta verdad y a mantener mi enfoque en ti. Amén.

INTERCESIÓN INTERIOR

El que escudriña los corazones sabe cuál es la intención del Espíritu, porque conforme a la voluntad de Dios intercede por los santos.

ROMANOS 8:27

Muchas veces, cuando llegamos delante del Padre en oración no sabemos qué decir. Quizás ni siquiera sepamos qué pedir o cómo acercarnos a Él con las inquietudes de nuestro corazón. Si no podemos formar las palabras para describir lo que sentimos, ¿cómo podríamos comunicarnos eficazmente con el Padre?

Recordemos que por esto Dios nos da su Espíritu Santo. Él sabe exactamente lo que pasa dentro de nosotros. Y a menudo la razón de que no podamos expresar en palabras lo que sentimos es porque el Señor mismo está obrando en algo tan profundo dentro de nosotros que transciende el entendimiento humano.

Por tanto, en lugar de sentirse temeroso o frustrado, crea que el Señor desea comunicarse con usted en oración e incluso ayudarle a comprender lo que siente. Por eso Santiago 1:5 instruye: «Si alguno de vosotros tiene falta de sabiduría, pídala a Dios, el cual da a todos abundantemente y sin reproche, y le será dada». El Padre quiere interactuar con usted y dar sentido a su situación. Así es como él lo guiará al mejor camino posible.

Jesús, te escucharé y confiaré en cómo me guías. Amén.

REINO DEL PENSAMIENTO

No reine el pecado en vuestro cuerpo mortal para que no obedezcáis sus lujurias.

ROMANOS 6:12, LBLA

Comprendamos hoy que el Espíritu Santo está comprometido a proteger nuestra vida, y en especial nuestro corazón y mente. Entonces, ¿por qué podemos ser tentados y caer? A pesar de que Dios nos defiende del mal, también permite que elijamos libremente qué pensar y qué hacer. Por eso a menudo nos metemos en problemas. En lugar de fijar nuestra mirada en Jesús para que nos traiga gozo, paz y estabilidad, distraemos nuestros apetitos y antojos, dañándonos más de lo que que podemos imaginar. Tarde o temprano nuestras reflexiones erradas nos llevan a un comportamiento pecaminoso.

El pecado comienza a reinar en la mente, por lo que es crucial que siempre examinemos lo que pensamos. La falta no está en el pensamiento lujurioso pasajero, sino más bien en habitar en esa idea e imaginar cómo podríamos realizarla. Mientras rechacemos tales pensamientos estaremos haciendo lo que Dios nos ha pedido hacer y andaremos en la luz y libertad de su verdad.

Así que vigile lo que piensa. Reprenda la tentación de pensar en cosas que no son dignas de un hijo de Dios. Más bien, entrene la mente en Jesús y saldrá victorioso.

Jesús, sé que reflexiono en cosas pecaminosas. Ayúdame a dejarlas para poder obedecerte. Amén.

PROMESAS Y PROPÓSITOS

No importa cuántas promesas haya hecho Dios, Cristo siempre ha sido el «sí» de todas ellas.

2 CORINTIOS 1:20, PDT

¿Hemos reclamado una promesa de Dios? A veces podemos llegar a un pasaje de las Escrituras que sabemos que es cierto, pero tenemos dificultad en creer que pueda aplicarse realmente a nosotros en un sentido práctico. En esencia, esto se debe a no comprender por completo lo que el Señor está haciendo en nosotros, que es conformarnos a la semejanza de Jesús. Por eso es importante darnos cuenta de que, aunque Dios es nuestro amoroso Proveedor y desea solamente lo mejor para nosotros, no se presta para hacer las cosas a nuestra manera o para satisfacer todos nuestros caprichos. Más bien, su deseo es enseñarnos a actuar y responder como Él haría.

Por tanto, cuando pensemos en las promesas de Dios debemos tener siempre en mente que se nos han dado para el cumplimiento de *sus* propósitos definitivos: desarrollar nuestro carácter, llevar a cabo sus planes y fortalecernos para ser su luz en el mundo. Por eso Salmos 37:4 declara: «Deléitate asimismo en Jehová, y él te concederá las peticiones de tu corazón». Cuando Jesús es nuestro objetivo y gozo, Él moldea activamente nuestras vidas y ordena lo que es importante para nosotros. Y cuando ese es el caso, podemos saber con certeza que sus promesas se cumplirán.

Jesús, gracias por tus promesas y por el cumplimiento de tus maravillosos propósitos. Amén.

ESTAR A SOLAS

Cuando ores, entra en tu aposento, y cerrada la puerta,
ora a tu Padre que está en secreto.

MATEO 6:6

P uede ser difícil escuchar a Dios en medio de la cacofonía de voces que pugnan por nuestra atención. Incluso al buscarlo estaremos rodeados de personas que necesitan nuestra atención y que intentan dar forma a nuestra vida. Con todas esas distracciones, ¿es de extrañar que a veces Dios pueda parecer distante?

Buscar verdaderamente al Señor requiere soledad. Si no hacemos un esfuerzo por alejarnos de las exigencias de la vida diaria, nuestra capacidad de escuchar la voz de Dios se verá obstaculizada. Jesús estaba muy consciente de la necesidad de aislarse. Al enseñar a los discípulos a orar les dijo que entraran en sus aposentos y cerraran la puerta detrás de ellos. Él sabía que era vital hacer una pausa para adorar y tener comunión real con el Padre.

Esto es especialmente cierto hoy, cada vez es más difícil evitar que las personas nos contacten, alejarse de las demandas tecnológicas, y escapar de la invasión de los medios de comunicación. Por tanto, usted debe ser intencional. En algún momento de su día apague todo y reserve un tiempo para Jesús. Tome la decisión de estar a solas con el Señor, permanecer en silencio y escuchar.

Jesús, te necesito. Ayúdame hoy a
detenerme, escuchar y oír tu voz. Amén.

SEGURIDAD ETERNA

*Yo les doy vida eterna; y no perecerán jamás, ni nadie las
arrebatará de mi mano.*

JUAN 10:28

¿Comprendemos que en Jesús tenemos seguridad de salvación
eterna? Nada en toda la creación tiene poder para arrebatar
algo del dominio omnipotente de Dios, incluyéndonos.

Podemos experimentar dudas o temores, cometer equivocaciones e incluso pecar, pero es imposible perder nuestra salvación;
simplemente no tenemos ese poder. Una vez que hemos confiado de
veras en Jesús como nuestro Salvador, estamos seguros en su mano
(Juan 10:27–30). Esto es así porque, además de recibir perdón de
nuestros pecados, hemos recibido la vida de Cristo. Él prometió que
no nos dejaría como huérfanos, valiéndonos por nosotros mismos,
sino que enviaría el Espíritu Santo para que estuviera siempre con
nosotros (Juan 14:16). Además, a través del Espíritu Santo que nos
sella para el día de redención (Efesios 4:30), Jesús mora con nosotros
y dentro de nosotros para ayudarnos a vivir la vida cristiana (Juan
15:4; Gálatas 2:20).

No hay un solo versículo en todas las Escrituras que muestre que
la redención dure solo una temporada. Por supuesto, eso no es una
licencia para pecar. Al contrario, es una razón para regocijarse, alabar a Dios, andar en santidad delante de Él y obedecerle con gratitud.

Jesús, gracias por darme seguridad
eterna. Me regocijo en lo maravilloso
de tu provisión y amor. Amén.

MUY ESPECÍFICO

Tus oídos oirán a tus espaldas palabra que diga: Este es
el camino, andad por él.

ISAÍAS 30:21

Mientras esperamos escuchar del Señor cómo quiere que procedamos en las situaciones que nos conciernen, oigamos especialmente los detalles específicos que nos comunica. El Señor nos mostrará no solamente la *dirección* en que debemos andar, sino que también revelará *cuándo* y *cómo* llevar a cabo lo que desea que logremos. Por ahora, sabemos que no nos dará *todos* los detalles que quisiéramos, pero ciertamente nos facilitará la información necesaria para dar el siguiente paso con sabiduría.

Asimismo, a medida que progresamos en lo que Dios nos pide que hagamos, busquemos confirmación de que le hemos escuchado correctamente. Ese mensaje de confirmación puede llegarnos mientras leemos las Escrituras, a través de amigos, en un estudio bíblico o al escuchar sermones. Pero pidámosle a Dios que verifique lo que le oímos decir a fin de no equivocarnos en cuanto a dirección, metodología o tiempo.

Además, anímese. Una vez que pueda decirle al Señor: «Confío en que me mostrarás cuándo y cómo moverme», es entonces responsabilidad de Él motivarlo a actuar. Así que no tema ni sucumba a la presión por seguir adelante. Usted sabrá exactamente qué hacer cuando sea el momento indicado.

Jesús, confío en que me mostrarás
cuándo y cómo proceder. Amén.

PARA LA GLORIA DEL SEÑOR

Todos pecaron, y están destituidos de la gloria de Dios.

ROMANOS 3:23

A veces podemos dudar de nuestro llamado por sentirnos inadecuados, pecadores e indignos de representar el nombre de Jesús. Es más, he descubierto que cuando las personas quieren dedicar de veras sus vidas a Cristo atraviesan momentos de profundo quebranto.

Si este es su caso, anímese. Es verdad que mientras más se acerque a Dios, más será consciente de sus equivocaciones y falencias. Pero tenga en cuenta que el Señor no le revela sus faltas para condenarlo, sino para sanarlo, perdonarlo y limpiarlo de todo lo que lo mantiene en esclavitud, a fin de que llegue a ser todo aquello para lo que fue creado. Dios también quiere enseñarle que *Él* es quien logra hacer su voluntad por medio suyo, para que sin importar la dificultad del llamado usted pueda depender solo del Señor.

Por tanto, permita hoy que su quebranto e insuficiencia sirvan como recordatorio de que usted refleja la gloria de Dios, pero no es el origen de esta. Confíe en Él por completo para cualquier tarea que le llame a cumplir, a fin de que las personas experimenten al Señor y sean salvas.

Jesús, la obra que me llamas a hacer es para tu gloria, no la mía. Que la gente pueda verte en todo lo que me pidas que haga. Amén.

LA PRESENCIA DEL SEÑOR EN ACCIÓN

Este es el fruto que el Espíritu produce en nosotros: amor, gozo, paz, paciencia, benignidad, bondad, fidelidad, humildad y dominio propio.

GÁLATAS 5:22-23, NBV

Dios quiere que hoy seamos la manifestación física de su presencia en acción. Desea que llevemos el fruto de su Espíritu e influyamos en el mundo. Esto significa que nuestra vida se caracterizará por:

Amor: todas las demás cualidades asociadas con tener el Espíritu Santo fluyen de la presencia del amor de Dios en nosotros. *Gozo*: regocijarnos en la obra del Señor y sus posibilidades en cada situación. *Paz*: descansar en las promesas de Dios y esperar su cumplimiento. *Paciencia*: esperar que Dios se nos revele y otorgar compasión a quienes nos rodean. *Benignidad*: reaccionar ante las necesidades de los demás. *Bondad*: optar por hacer lo que es correcto y bueno a los ojos de Dios. *Fidelidad*: mantenernos fieles a Jesús y aferrarnos a Él, pase lo que pase. *Humildad*: compadecerse de otros en necesidad o sufrimiento. *Dominio propio*: resistir activamente la tentación.

A medida que usted adopta y manifiesta la plenitud del amor que Dios le tiene, estas otras cualidades de carácter se expresarán a través de su vida. Por tanto, dígale a su Padre celestial: «Obra a través de mí hoy, Señor. Quiero ser tus manos y pies para quienes se crucen en mi camino».

Sí, Jesús, obra a través de mí para que tu luz resplandezca a quienes te necesitan. Amén.

MANIFESTACIÓN DE CUALIDADES DIVINAS

Así como hemos traído la imagen del terrenal, traeremos también la imagen del celestial.

1 CORINTIOS 15:49

H ay numerosos libros y videos que nos dicen cómo ser personas positivas y optimistas. La mayoría de estos recursos nos brindan técnicas para ser felices: repetirnos ciertas frases, meditar en recuerdos alegres o imaginarnos en ambientes agradables. Sin embargo, el énfasis casi siempre está en cosas externas que podemos hacer.

Aunque algunas de estas técnicas pueden ser útiles para aliviar temporalmente el estrés; el gozo, la paz y el contentamiento auténticos y permanentes que anhelamos no son sentimientos que podamos generar por nuestra cuenta. Son únicamente la obra del Espíritu Santo en nosotros. Estas cualidades se desarrollan y manifiestan en nosotros solo cuando recibimos por fe el amor y la libertad de Dios.

El propósito de Dios en usted desde el momento en que acepta a Jesús como su Salvador hasta que entra a su presencia para vivir con Él en el cielo eternamente es producir en su interior las cualidades de Cristo (Romanos 8:29). La clave para apoderarse de los atributos del Señor es someterse a Él por completo, independiente de si sus mandamientos tienen o no sentido para usted. De ese modo Él puede realizar su obra sobrenatural desde su interior y cambiar su vida para siempre (Romanos 12:2).

Jesús, me someto a ti. Haz tu obra maravillosa y transfórmame, mi Salvador. Amén.

LIBERACIÓN EN ALABANZA

Pablo y Silas, cantaban himnos a Dios. [...] Entonces sobrevino de repente un gran terremoto, de tal manera que [...] se abrieron todas las puertas, y las cadenas de todos se soltaron.

HECHOS 16:25–26

En la alabanza y la acción de gracias hay un asombroso poder que estremece la tierra. Algo maravilloso ocurre cuando nos regocijamos en Dios y le damos la gloria sin importar nuestras circunstancias. Nuestro agradecimiento no solo honra al Padre en la manera que Él merece, sino que también nos prepara para el éxito, reenfocando nuestra atención en su capacidad de ayudarnos.

Por ejemplo, cuando Pablo y Silas fueron injustamente azotados y lanzados a una cárcel filipense, no permitieron que el dolor ni la situación nublaran la realidad de a quién pertenecían y de qué los había llamado a hacer. En lugar de llorar y quejarse, cantaron alabanzas a Dios. Las actitudes de confianza y gratitud que estos hombres mostraron fueron el canal perfecto por medio del cual el Señor pudo demostrar su poder y obrar milagrosamente a favor de ellos.

Desde luego, si usted enfrenta una época dolorosa de pruebas y desilusiones, este puede ser un principio difícil de practicar. Pero justamente por eso Pablo lo anima: «Regocijaos en el Señor siempre» (Filipenses 4:4). Él conoce la libertad que recibe cuando pone su confianza en Dios a través de la alabanza.

Jesús, te adoro. Ningún problema que enfrente es tan grande como tú. Gracias de antemano por la victoria. Amén.

PROCLAMEMOS BENDICIÓN DIVINA

Voluntariamente sacrificaré a ti; alabaré tu nombre, oh Jehová.

SALMOS 54:6

¿Se ha preguntado alguna vez si sus sacrificios *a* Dios son realmente aceptables *a* Él? Cuando Caín y Abel ofrecieron sacrificios a Dios, la ofrenda de Abel fue recibida de manera favorable mientras que la de Caín no fue recibida. ¿Por qué?

Cuando Caín entregó a Dios el fruto de sus cultivos, fue como si estuviera diciéndole al Señor: «Mira lo que he hecho. Estoy dándote de *mi* trabajo». En cambio, al entregarle las primicias de su rebaño, Abel reconoció que toda vida proviene del Señor. Abel, en realidad, estaba declarando: «Eres el Dador de vida. Tengo el privilegio de formar parte de *tu* obra, de cuidar las ovejas que me has dado».

Aquí hay un mensaje para nosotros hoy. Dios es la Fuente de toda vida y quiere que reconozcamos que no podemos hacer nada por nuestra cuenta, que todo lo que tenemos nos lo ha dado para que lo administremos. Por tanto, es importante revisar nuestras motivaciones. ¿Lo unen sus acciones a la obra de Dios o aún ve cada obra únicamente como suya? ¿Proclaman sus sacrificios que el Señor es la Fuente de vida y de las bendiciones que disfruta?

Jesús, gracias por la vida y las bendiciones que me has otorgado. Me uno a ti en tu obra, proclamando tu bondad y tu provisión. Amén.

DIOS ES DIGNO

¿Quién es el Rey de gloria? El SEÑOR de los Ejércitos
Celestiales, él es el Rey de gloria.

SALMOS 24:10, NTV

¿Ha considerado alguna vez la gloria del trono de poder al que se le ha invitado a acercarse mientras va ante Dios en oración y acción de gracias? No se trata de una silla terrenal que pueda destruirse o derrocarse, ya que el Rey de reyes sentado allí es inigualable, omnipotente y eterno.

Hemos sido convocados al trono del Dios vivo: el Soberano inmortal, invencible, todopoderoso y omnisciente del cielo, de la tierra y de toda la creación. Todo el universo se extiende ante Él y espera sus órdenes.

Sin embargo, por grandioso que Él es, su amor por nosotros es tan profundo que pone cuidadosa atención a los detalles más insignificantes de nuestra vida, numerando incluso los cabellos en nuestra cabeza. Él está tan cerca de nosotros que nos enjuga las lágrimas y escucha nuestro corazón.

¿Se da cuenta usted a quién le habla? Tiene razón cuando se arrodilla. Su Dios merece total devoción y gratitud, porque toda bondad viene de su mano amorosa (Santiago 1:17). Desde ahora piense realmente en su Señor al orar y dele el honor, el poder, la adoración y la alabanza que Él merece.

Señor, eres Dios. Eres santo y maravilloso,
mereces todo mi agradecimiento, mi devoción,
mi reverencia y adoración. A ti sea toda la gloria
por siempre. Gracias por amarme. Amén.

EL SEÑOR ORA POR NOSOTROS

Cristo es el que [...] está a la diestra de Dios, el que también intercede por nosotros.

ROMANOS 8:34

A gradezcamos hoy a Dios porque escucha nuestras oraciones y por haber enviado su Espíritu Santo a escudriñar los gemidos más profundos de nuestro yo interior: las recónditas necesidades y heridas que allí tenemos (Romanos 8:26–27). De igual manera, no oramos solos porque, como atestigua el versículo de hoy, Jesús «también intercede por nosotros».

Entendamos que Jesús no carece de poder para orar ni está limitado por restricciones. No, nuestro Salvador ora con autoridad e inconmensurable capacidad. Él es la voz del gran Yo Soy, omnipotente en poder y omnisciente en sabiduría. La voz que nos habla es la misma que de manera magistral y brillante creó los cielos y la tierra. «Cuando habló, el mundo comenzó a existir; apareció por orden del SEÑOR» (Salmos 33:9, NTV). Él decretó el inicio del tiempo, y empezó la cuenta de segundos, minutos, horas, días, meses y años. Habló y se formaron el sol, la luna, las estrellas, los planetas y todos los demás cuerpos celestiales, y se colocaron en sus cursos galácticos.

Amigo lector, esa es la voz que intercede por usted, que hace que todas las cosas obren para su sanidad, preparación, edificación y bendición. ¡Así que alégrese y dé gracias por Aquel que escucha e intercede a favor suyo!

Jesús, gracias por orar por mí. Sé que permites que todas las cosas obren para mi bien y para tus propósitos. Amén.

Pensemos en la misericordia de Dios

En su amor y en su clemencia los redimió.

Isaías 63:9

A gradezcamos hoy a Dios por todas las maneras en que ha expresado misericordia tanto a nosotros como a nuestros seres queridos. Él nos demuestra ternura, perdón, generosidad y amor. Es importante que pensemos y reconozcamos esto, porque no podemos adorar realmente a Dios de manera genuina y sincera a menos que lleguemos al lugar en que reconozcamos cuánto nos ha bendecido y cuán clemente ha sido con nosotros.

Sabemos que esto fue cierto para el apóstol Pablo, quien escribió: «Palabra fiel y digna de ser recibida por todos: que Cristo Jesús vino al mundo para salvar a los pecadores, de los cuales yo soy el primero» (1 Timoteo 1:15). El apóstol entendió la gracia que el Señor le había mostrado, el precio increíble que Jesús pagó por nosotros y el tremendo regalo que es nuestra salvación. Pablo comprendió que no merecía la misericordia ni el perdón de Cristo, y siempre dio gracias por haberlos recibido, a pesar de ello.

Nadie puede servir al Señor con verdadera pasión a menos que esté persuadido de la bondad eterna y abrumadora de Dios. Así que hoy pase tiempo considerando cómo sería su vida sin Cristo. Sin duda, comprender todo lo que Él le ha dado y perdonado lo inspirará a alabar a Dios.

Jesús, muchas gracias por tu magnífico amor y tu misericordia. Me has redimido de mucho y alabaré eternamente tu nombre. Amén.

POR SUPUESTO QUE DIOS LO HARÁ

Pedid, y se os dará; buscad, y hallaréis; llamad, y se os abrirá.

MATEO 7:7, RVA

Una de las muchas razones por las que Dios es digno de nuestra alabanza es que moverá cielo y tierra para mostrarnos su voluntad. Él está *totalmente* inmerso en el plan que tiene para cada uno de nosotros.

Si buscamos realmente a Dios y tenemos un corazón sincero para cumplir la voluntad divina, podemos tener la certeza absoluta de que Él nos *mostrará* lo que debemos hacer. Jesús mismo declaró: «Todo aquel que pide, recibe; y el que busca, halla; y al que llama, se le abrirá» (Mateo 7:8). Ese es el corazón de Dios hacia usted. Como su Padre celestial que es, Él anhela que pida, busque y llame, para poder darle, revelarle, abrirle y proveerle de todo lo bueno.

Eso significa que aunque usted no tenga claro cuál es la decisión que debe tomar, si por alguna razón Dios mantiene oculta su voluntad, puede sentirse tranquilo por el hecho de que «Dios es el que en vosotros produce así el querer como el hacer, por su buena voluntad» (Filipenses 2:13). El Señor asume la responsabilidad de dirigirlo a través de la niebla. Así que agradézcale por guiarlo, paso a paso y de gloria en gloria (2 Corintios 3:18).

Jesús, gracias por mover cielo y tierra para mostrarme tu voluntad. Clamo a ti, Señor. Amén.

GRACIAS EN TODO

Dad gracias en todo, porque esta es la voluntad de Dios
para con vosotros en Cristo Jesús.

1 TESALONICENSES 5:18

L a voluntad de Dios es que seamos agradecidos en todo lo que
nos sucede. Por tanto, ¿en qué verdad podemos enfocarnos que
nos ayude a dar gracias cuando todo parece estar en contra nuestra?

Primero, recordemos que Dios tiene siempre el control absoluto,
por negativa que nos parezca la situación que vivimos. Esta es la
clave para poder soportar emocional y mentalmente durante las dificultades. A pesar del sufrimiento que experimentemos, de quién se
haya puesto en contra nuestra o de cuánto fallemos, el Padre sigue
teniendo el control y puede llevarnos a superar la adversidad.

Segundo, contemos con el hecho de «que a los que aman a Dios,
todas las cosas les ayudan a bien» (Romanos 8:28). Si Él ha permitido
que experimentemos problemas o retos, es con un propósito favorable. Por supuesto, nunca comprenderemos algunas dificultades que
enfrentamos en este lado del cielo. No obstante, tengamos la seguridad absoluta de que Él nos sigue amando y tiene en mente lo mejor
para nosotros. Ese es siempre un motivo para alabar.

Así que dé gracias por no estar indefenso ni solo. Su Dios puede
manejar cualquier situación que se le presente y le dará toda la fortaleza, sabiduría y esperanza que necesita para resistir.

───────────── ᑭᑋᑲ ─────────────

Jesús, te alabo por estar en control y cambiar
todo para mi bien. Gracias, Señor. Amén.

EL FLUJO DEL PERDÓN

Sed benignos unos con otros, misericordiosos,
perdonándoos unos a otros, como Dios también os
perdonó a vosotros en Cristo.

EFESIOS 4:32

Tal vez hayamos notado que es posible asistir a la iglesia cada domingo, profesar a Cristo y aun así no poder expresar el amor de Dios a los demás. A veces es fácil aceptar los aspectos intelectuales del amor de Jesús, pero otra cosa es dejar que ese amor fluya a través de nosotros hacia un mundo necesitado. Lo importante es que nos demos cuenta de que uno de los principales obstáculos para la expresión del cuidado divino puede remontarse a la falta de perdón.

A menudo, cuando estamos heridos podemos sentirnos tentados a erigir un muro alrededor de nuestros corazones para protegernos de más dolor. Desdichadamente, en última instancia eso nos aísla de los demás y nos encarcela. Sin embargo, las Escrituras nos enseñan que Jesús vino a liberar a los cautivos. Y lo hace no solo a través del perdón divino que nos ha concedido, sino a través del poder que nos da para perdonar a otros.

Jesús le permitirá perdonar a quienes lo han ofendido profundamente, si usted está dispuesto a aceptar la provisión que Él da. Así que no permanezca atrapado en el resentimiento. Pídale a Jesús que le ayude a erradicar la amargura y experimentar perdón hacia quienes lo han herido, permitiendo que el amor de su Padre celestial fluya libremente en usted y a través de usted.

Jesús, concédeme la fortaleza para perdonar. Y permite que tu amor fluya a través de mí, Amén.

EL DIOS SUFICIENTE

Yo soy el Dios Todopoderoso; anda delante de mí, y sé perfecto. Y yo estableceré mi pacto contigo.

GÉNESIS 17:1–2, LBLA

Un nombre hebreo prominente para el Señor es *El Shaddai*, que significa el Dios todopoderoso y autosuficiente. Él no solo es poderoso como Protector nuestro, sino que también es competente como Proveedor. Él es el Dios suficiente, sin importar lo que podamos necesitar.

Cuando el Señor sacó de Egipto a los israelitas les mostró en formas vívidas que Él era *El Shaddai*. Los guio por medio de una columna de nube durante el día y con fuego durante la noche, les dio agua y maná en el desierto, los defendió de ejércitos enemigos y les entregó la tierra como herencia. Sí, los israelitas debieron avanzar cuando Él los llamaba, pelear batallas y honrarlo con la manera en que vivían. En otras palabras, debieron someterse a los mandamientos del Señor. Pero fueron sumamente bendecidos cada vez que obedecieron.

La mejor noticia es que el Señor su Dios no ha cambiado. Él es absolutamente suficiente para todo lo que usted requiera hoy. Y la manera de alcanzar bendición es obedeciéndole. Así que no tema si tendrá suficiente o no. El *Shaddai*, el Suficiente, está con usted. Hónrelo y Él será todo lo que necesita.

Jesús, eres todo para mí. Gracias por ser mi poderoso Protector y mi perfecto Proveedor. Amén.

DICIEMBRE

CAER Y LEVANTARSE

Cuando el hombre cayere, no quedará postrado, porque Jehová sostiene su mano.

SALMOS 37:24

Por naturaleza somos capaces de fallar en nuestra fe, caer en las tentaciones de este mundo, tomar medidas por nuestra cuenta y equivocarnos por completo. No caigamos en la mentira del enemigo de que el Padre nos ha rechazado por eso (1 Juan 1:9). Parte del proceso de Dios de conformarnos a la imagen de Cristo es ayudarnos a comprender las fortalezas invisibles que nos impiden entregarle pleno acceso a nuestra vida. A veces Él revela en nosotros algún aspecto de obstinada autosuficiencia y entonces se dispone a destruir dicha atadura.

Por tanto, ¡no nos rindamos! Proverbios 24:16 instruye: «El justo cae siete veces; y vuelve a levantarse» (LBLA). Esta es la diferencia entre quienes tienen una verdadera relación con Dios y quienes caen y no tienen la capacidad de volver a levantarse.

Como alguien que conoce a Jesús como Salvador, usted siempre tiene ese Alguien que le ayuda a levantarse después de caer. Siempre dispone de perdón y esperanza de un buen futuro. Por tanto, confiese su pecado, arrepiéntase, vuelva a levantarse y manténgase firme en Dios. Y anímese, porque el Señor obrará por medio de las circunstancias de su vida mientras confía en Él.

Jesús, gracias por ayudarme en todo momento a levantarme de nuevo. Contigo siempre tengo esperanza. Amén.

ESPERA EXITOSA

Tú eres mi escondedero y mi escudo; en tu palabra
espero.

SALMOS 119:114, LBLA

¿Estamos esperando que Dios intervenga en algún aspecto de nuestra vida? Una de nuestras luchas como creyentes es tratar de entender por qué el Señor se tarda en responder asuntos que son urgentes para nosotros. Por supuesto, el Padre siempre tiene buenas razones. No obstante, debemos hacer algunos ajustes importantes si deseamos esperar satisfactoriamente.

Primero, centrémonos en Dios. No enfoquemos la atención en nuestras necesidades, porque eso únicamente alimenta y aumenta la ansiedad. Esto es crucial, ya que a veces el Padre no responde hasta que volvemos a centrarnos en Él. Dios quiere que nos deleitemos en Él, no solo en lo que nos concede.

Segundo, liberemos nuestras expectativas. Podemos aferrarnos tan firmemente a un resultado particular que Dios deberá esperar hasta que abandonemos nuestras prioridades para poder darnos lo mejor. Dejemos de pelear con Él y permitamos que obre a nuestro favor.

Finalmente, regocijémonos porque, mientras esperamos, Dios obra en lo invisible. El Señor ve el panorama completo y organiza todo en maneras que ni siquiera podemos imaginar. Así que pase tiempo con Él a su lado, exprésele su amor y confíe en Él, porque eso es lo que le asegurará el éxito mientras espera.

———— ༖ ————

Jesús, gracias por obrar en lo invisible.
Mi esperanza está en ti. Amén.

AMOR Y AUTORIDAD

Bueno y recto es el SEÑOR; por tanto, Él muestra a los pecadores el camino.

SALMOS 25:8, LBLA

Con frecuencia nuestra dificultad para confiar en Dios se origina en la tensión que vemos entre su autoridad y su amor. Algunas personas piensan que el Señor es autoritario, lo ven como un gobernante cruel y distante que nos mueve como peones. Sus leyes parecen duras y sus caminos extraños e insensibles. Por tanto, estas personas obedecen por miedo y no por reverencia amorosa. Otros creen que Dios es tan blando que simplemente asiente ante nuestras fallas porque comprende que somos débiles. Debido a que somos sus hijos frágiles, Él realmente no espera mucho de nosotros.

Por supuesto, ninguna de estas descripciones es exacta. Más bien, debemos mantener en equilibrio estos dos aspectos del carácter de Dios: su autoridad y su amor. Es verdad, sus caminos son más altos y más maravillosos de lo que podemos imaginar, y siempre debemos obedecerle porque Él es digno de nuestro respeto. Pero recordemos que el Señor también se preocupa incondicionalmente por nosotros, de modo que siempre podemos confiar en su guía, aunque no la entendamos.

Por tanto, tenga hoy la seguridad de que aun los mandamientos más difíciles de Dios no son despiadados, sino que se los ha dado por el más profundo amor que le tiene. Finalmente, le traerán bendición a su vida. Es verdad que someterse a Él a veces puede ser difícil, pero obedezca de todos modos porque su Dios siempre lo guiará para darle libertad y gozo.

Jesús, eres Dios. Obedeceré por respeto y amor por ti. Amén.

PARA RELACIONARSE

Muchas son, SEÑOR, Dios mío, las maravillas que tú has
hecho [...] nadie hay que se compare contigo.

SALMOS 40:5, LBLA

E l Señor no nos salvó solo para tener seguidores. Más bien, Él quiere que lo conozcamos y experimentemos en íntima relación cuán profundamente se preocupa por nosotros. El Señor es nuestro Creador, Aquel que nos mira con ternura y gozo. Además, anhela que confiemos en Él como nuestro Dios, como Aquel que camina a nuestro lado en las montañas del éxito y en el valle de las experiencias de la vida.

El Señor quiere que entendamos su manera de obrar, es decir, la sabiduría con que actúa en el mundo y la forma minuciosa en que nos cuida. Desea que sintamos cuán profundamente nos ama y también el gozo y propósito para los que fuimos creados. Así que Dios diseña circunstancias, o pruebas que no podemos evitar, a fin de que experimentemos su obra a nuestro favor.

Es posible que ahora mismo enfrente retos de ese tipo. Pero comprenda que esto le ayudará a acercarse a Dios, a experimentar todo su asombroso poder vertido sobre usted, y a darse cuenta de cuán completamente puede depender de Él. Así que acepte el hecho de que Jesús no es tan solo el Salvador de su alma, sino también su Amigo, Rey, Defensor y Liberador en todo momento.

Jesús, te adoro por tu bondad. Gracias
por ser todo para mí. Amén.

DETÉNGASE Y ESCUCHE

Inclinad vuestro oído, y venid a mí; oíd, y vivirá vuestra alma.

ISAÍAS 55:3

Puede que usted sea alguien que ora mucho. Tal vez tenga una lista de personas por las cuales intercede. Del mismo modo, habla con el Padre acerca de sus sentimientos, haciéndole saber todo lo que le molesta. Sin embargo, quizás todavía falte algo en su relación con Él. No se siente cerca del Señor, no percibe que la sabiduría divina lo guíe, ni cree que el poder divino de resurrección alimente su obediencia a Dios. ¿Por qué?

La respuesta es sencilla. Todos tenemos amigos que hablan tanto que no nos dejan hablar. Incluso cuando nos preguntan algo, casi ni se detienen y empiezan otra serie de ideas. Desdichadamente, así es como la mayoría de nosotros somos con Dios. Hablamos y no nos detenemos a escuchar. Podemos preguntarle sobre su voluntad o pedirle que nos dé sabiduría, pero por lo general no le damos mucho tiempo para responder antes de darle nuestra opinión de lo que Él debería hacer.

Pero si usted quiere conocer de veras a alguien, escúchelo; y eso se aplica el doble para con Dios. Cada palabra del Señor tiene significado e influencia. Él no habla simplemente para ser oído, sino que pronuncia las mismas palabras de vida que transformarán su vida completa de adentro hacia afuera. Así que deténgase y escuche lo que Dios tiene que decirle.

**Jesús, llego ante ti para escuchar.
Habla, Señor, y te obedeceré. Amén.**

EL VERDADERO SEGURO

Gracias sean dadas a Dios, que nos da la victoria por medio de nuestro Señor Jesucristo.

1 CORINTIOS 15:57

Está dentro de la naturaleza humana querer preparar y crear defensas contra toda contingencia. Queremos sentirnos protegidos. No obstante, nunca podemos anticipar por completo las arremetidas que enfrentaremos, sea en este mundo caído o espiritualmente. Nuestra única defensa completa está en Cristo. Él es el único Defensor que siempre sale victorioso contra el mal.

Es probable que hoy haya algún problema específico en nuestro corazón que no sepamos cómo superar o tratar, como seguridad económica futura, qué hacer si alguien importante se va de nuestro lado, o incluso la estabilidad de la nación. Es prudente pensar con anticipación, pero no podemos planificarlo todo. Lo que sí podemos y debemos hacer es buscar la sabiduría de Aquel que tiene todo bajo control y obedecerle; porque cuando lo hacemos, el Señor nos prepara para lo que no podemos ver, nos protege si nos sentimos indefensos y nos provee cuando nuestros recursos se agotan.

Por tanto, el primer nivel de defensa que usted tiene es buscar a Dios y ser sensible a su guía. Camine en el centro de la voluntad divina porque ese es siempre el lugar más seguro y victorioso donde puede estar.

Jesús, gracias porque pase lo que pase estoy más seguro en el centro de tu voluntad. Amén.

NO SE PIERDA LO MEJOR

Obedézcanme, y yo seré su Dios, y ustedes serán mi
pueblo. ¡Hagan todo lo que les diga y les irá bien!
JEREMÍAS 7:23, NTV

¿Tiene miedo de lo que Dios le pida que haga? Puede que trate de evitar al Señor, pero comprenda que lo que realmente está perdiéndose es aquello para lo cual fue creado, para lo cual fue *formado* y que le dará el mayor grado de satisfacción y gozo. Más bien, al evitar a Dios se arriesga al peligro de desobedecer y vivir el resto de su vida preguntándose qué habría hecho Él a través de usted si le hubiera obedecido.

No cometa esta equivocación. No preste oídos sordos al llamado del Padre y los propósitos buenos, aceptables y perfectos que tiene para usted. Abandone su miedo hacia Dios. Fije su mente y corazón en comprender cuán profundo es su amor por usted y desarrolle su amor por Él. No le tenga miedo a la voluntad divina; al contrario, respete lo que Dios dice y hónrelo obedeciendo su liderazgo. Sí, Él podría pedirle que emprenda tareas que lo aterrorizan. El problema no es si tiene miedo o no; más bien, es si hace o no hace lo que Él dice, confiando en que Él sabe qué es lo mejor para su vida; porque así es, y usted no querrá perdérselo.

Jesús, te obedeceré. Sé que me guiarás
siempre en el mejor sendero. Amén.

LOS BRAZOS DEL SEÑOR ESPERAN

Me levantaré e iré a mi padre, y le diré: Padre, he pecado contra el cielo y contra ti.

LUCAS 15:18

Comprendamos hoy que no hemos caído tanto como para que el Padre no nos reciba otra vez (1 Juan 1:9). Recordemos al hijo pródigo, quien mientras alimentaba cerdos se dio cuenta de que estos comían mejor que él. El joven se hallaba en un punto tan bajo (sin nada propio ni nadie que lo ayudara) que en realidad envidiaba a los cerdos. Las perspectivas futuras del hijo pródigo parecían absolutamente enredadas. La única alternativa que pudo imaginar fue regresar a su padre, con la esperanza de encontrar misericordia. Tal vez su padre lo aceptaría como jornalero.

El hijo pródigo no se daba cuenta de lo mucho que su padre ansiaba su regreso ni de que lo recibiría con los brazos abiertos. Pero lo mismo ocurre con nosotros. Por lejos que estemos de Dios, Él anhela recibirnos otra vez. La gracia del Señor siempre está a nuestra disposición para liberarnos del pecado, darnos esperanza y llevarnos a un futuro victorioso.

Por tanto, no envidie a los cerdos; más bien, regrese corriendo al Padre. Él lo restaurará por su gracia y llenará su vida con su bondad.

Jesús, revela los aspectos en que me he convertido en un hijo pródigo y ayúdame a volver a la seguridad de tu amor. Amén.

GOZO ETERNO

El gozo de Jehová es vuestra fuerza.

NEHEMÍAS 8:10

Jesús prometió darnos su gozo. Sin embargo, si enfrentamos retos el día de hoy podemos preguntarnos cuándo volverá nuestra alegría. Debido a esto, hay algunos aspectos importantes que debemos entender acerca del gozo que Cristo nos brinda.

En primer lugar, el regalo del gozo tiene origen espiritual: el Espíritu Santo dentro de nosotros. En otras palabras, podemos experimentarlo en cualquier momento cuando confiamos en su presencia, porque el gozo existe independientemente de nuestras circunstancias. Centrémonos entonces en nuestra relación con Jesús. Nada puede separarnos de Él o de su amor ahora, ni en la eternidad. En segundo lugar, observemos la obra transformadora del Señor en otras personas. Podemos complacernos en lo que Dios está haciendo en quienes nos rodean, rescatándolos del pecado y conformándolos a la imagen de Cristo. En tercer lugar, sirvamos a quienquiera que Él nos envíe. Cuidar en forma obediente y amorosa a otros produce gozo espiritual. Por último, meditemos en la Palabra de Dios. Por medio de las Escrituras recibiremos la verdad divina sobre la cual edificar nuestra vida y obtener gran alegría.

El Espíritu Santo desea producir su gozo dentro de usted. Por tanto, dedique algunos minutos a reflexionar en lo maravillosa que es su salvación, a hablar con alguien sobre el gozo espiritual, a servir como Dios lo dirija o a recibir guía de la Biblia. Y alabe al Señor a medida que el gozo divino brota de su corazón.

Jesús, que tu gozo fluya siempre a través de mí, pase lo que pase. Amén.

UN GRAN SUMO SACERDOTE

Tenemos un gran Sumo Sacerdote.

HEBREOS 4:14, NTV

El Nuevo Testamento describe a Jesús como nuestro gran Sumo Sacerdote. Pero ¿qué significa eso? Cuando los sacerdotes en el Antiguo Testamento ofrecían sacrificios delante de Dios estaban representando al pueblo, tal como Jesús hace por nosotros. Pero, aunque los sumos sacerdotes terrenales a menudo se separaban de las personas debido a sus deberes en el templo, nosotros no tenemos ese problema con Cristo. Jesús está continuamente a nuestra disposición, siempre listo, dispuesto a ayudarnos.

Jesús conoce íntimamente lo que enfrentamos: sufrimiento, hambre, sed, cansancio, traición y todas las emociones humanas que experimentamos. Por eso, no solo simpatiza con nuestras debilidades (comprendiendo por qué las tentaciones son tan difíciles de resistir para nosotros, como harían otros sacerdotes), sino que al no tener pecado Cristo sabe cómo llevarnos a la victoria sobre tales tentaciones.

Asimismo, Jesús es más grande que todos los demás sacerdotes porque «traspasó los cielos» (Hebreos 4:14). Él sabe cómo es nuestro hogar eterno en gloria y qué se requiere para ir allá. Jesús ha visto cómo es todo el universo desde el trono de Dios y comprende lo que debemos hacer a fin de estar preparados para vivir allí eternamente con Él.

Sin duda alguna, podemos regocijarnos en que tenemos el más grande Sumo Sacerdote.

Jesús, ningún sacerdote terrenal se compara contigo. Gracias por ministrarme y representarme delante del Padre. Amén.

REUNIÓN PODEROSA

Cuando hubieron orado [...] todos fueron llenos del
Espíritu Santo, y hablaban con denuedo la palabra de
Dios.

HECHOS 4:31

Después de resucitar, Jesús dio a los discípulos la maravillosa tarea de alcanzar a todo el mundo con el evangelio (Mateo 28:18–20). ¿Cree usted que aquellos pescadores sin educación sabían lo que debían hacer? Por supuesto que no. Necesitaban la sabiduría y el poder de Dios para proceder. Así que oraron (Hechos 1:14) y el Señor no solo les mostró qué hacer, sino que los preparó poderosamente para la tarea.

De igual modo, cuando otras actividades comenzaron a abarrotarles el tiempo, los discípulos tomaron una decisión consciente, declarando: «Nosotros persistiremos en la oración y en el ministerio de la palabra» (Hechos 6:4). Se comprometieron con el propósito que el Señor les dio: ministrar y realizar la única actividad que aseguraría el éxito en esa misión, la oración.

Los apóstoles consideraron que la oración era absolutamente indispensable para llevar a cabo la comisión de Cristo. De hecho, los siervos más eficaces de Dios han sido poderosos en oración. Sus dones y su formación pueden haber sido distintos, pero todos estaban comprometidos a escuchar al Padre para que Él pudiera guiarlos y fortalecerlos en el cumplimiento de su misión. Esto también debe ocurrir con usted. Si quiere ser un siervo poderoso de Dios, debe hacer de la oración su prioridad.

Jesús, concédeme tenacidad en la oración para poder conocer tu voluntad y poder. Amén.

UNA VIDA DE FE

Por fe andamos, no por vista.

2 CORINTIOS 5:7

¿Qué se necesita para llevar una vida de fe? No es tan difícil como se podría creer.

Primero, conocer a Dios y ser conocidos por Él. Caminemos todos los días en comunión íntima con el Señor y experimentemos su amor incondicional, su presencia inquebrantable y su plan maravilloso.

Segundo, comprometerse a obedecerlo. Someternos a Dios sin ceder a sentimientos de duda o temor, especialmente cuando se trata de seguir adelante en decisiones importantes o al enfrentar retos serios.

Tercero, tener confianza en que Dios cumplirá toda promesa. Estemos dispuestos a confiar en Él, aunque su programación sea diferente a la nuestra. No caigamos en incredulidad con el transcurso del tiempo. Recordemos que la poca fe declara: «Dios puede» y la gran fe expresa: «Dios hará». Pero la fe perfecta manifiesta: «Dios ya lo hizo».

Por último, llevar un estilo de vida de fe. Intencionalmente elijamos lo que sabemos que honraría a Jesús, en lugar de ir tras nuestros deseos personales.

¿Está usted dispuesto a confiar en Dios con la finalidad de ver lo que Él hará en su vida? Cuando hace eso, Él recompensa la fe con gran bendición. Así que disponga su corazón a conocer a Dios, obedézcale, tenga confianza en que Él cumplirá sus promesas y lleve una vida que lo honre. Sin duda será guiado a la mejor vida posible.

Jesús, ayúdame a tener una vida de fe que te honre y glorifique. Amén.

DIOS A TRAVÉS DE NOSOTROS

Bástate mi gracia; porque mi poder se perfecciona en la debilidad.

2 CORINTIOS 12:9

No caigamos en la trampa de creer que el ministerio es *nuestro* trabajo *para* el Señor. La verdad es que ni siquiera podemos vivir «cristianamente» por nuestra cuenta, menos aún influir en el Reino de Dios. Aunque quisiéramos dar auténtica honra al Señor, en nuestras propias fuerzas seguiremos volviendo a los malos hábitos, sin alcanzar todo lo que Dios tiene para nosotros. Si nos sentimos totalmente impotentes para cambiar nuestros corazones y las situaciones que vivimos, ¿cómo podemos esperar cambiar el corazón y la situación de alguien más?

Pero la buena noticia es que *no fuimos creados para vivir la vida cristiana ni ministrar a otros en nuestras propias fuerzas*. La verdadera vida cristiana no se halla tanto en que vivamos para Jesús, sino en que Jesús *viva a través de nosotros*, y en consecuencia recibimos el poder para hacer la obra que solo Él puede hacer.

Amigo lector, Dios lo ha elegido para el servicio a fin de que *Él* pueda hacer brillar su poder *a través de* su vida, de modo que cuando la obra se logre las personas no lo miren a usted sino al Señor. Por tanto, no se desespere respecto a sus insuficiencias; más bien, sométase a Él y regocíjese en que la gloria de Dios brille por medio suyo.

Jesús, gracias porque el ministerio no depende de mí, sino de ti que obras a través de mí para tu gloria. Amén.

SIEMPRE CON NOSOTROS

El Señor estuvo a mi lado, y me dio fuerzas.

2 TIMOTEO 4:17

N ada duele más que aquellos en quienes confiamos nos abandonen en momentos de aflicción. Por supuesto, hay muchas razones por las que otros pueden fallarnos: pueden sentirse inadecuados para ayudarnos, quizás teman los problemas o inconvenientes, tal vez están celosos de nosotros, o simplemente sean egocéntricos e insensibles. Aunque examinar la causa tal vez no borre nuestro dolor, puede ayudarnos a entender por qué se nos aconseja siempre que pongamos toda nuestra confianza en Dios.

Pablo comprendió esto. Mientras se hallaba en la cárcel, enfrentando una sentencia de muerte, escribió: «Ninguno estuvo a mi lado, sino que todos me desampararon» (2 Timoteo 4:16). El apóstol que había sacrificado tanto y entregado su vida a muchos se hallaba sin consuelo o compañía terrenal. Sin embargo, Dios nunca lo decepcionó.

La buena noticia es que hoy, del mismo modo, el Señor le ofrece a usted su fortaleza y presencia. Aunque nadie entienda las luchas que enfrenta, o a pesar de que todos los demás lo abandonen, Dios está a su lado. Por tanto, no se desanime. Ame a quienes tiene a su alrededor y esté allí para ellos, pero ponga su confianza en el Señor. Él no lo dejará ni lo abandonará. Su Señor es siempre fiel para consolarlo y liberarlo sin importar lo que experimente.

Jesús, gracias por permanecer fiel cuando otros me fallan. Me regocijo en que gracias a ti nunca estoy realmente solo. Amén.

PROVISIÓN DIARIA

El pan nuestro de cada día, dánoslo hoy.

MATEO 6:11

¿Cuándo fue la última vez que oyó a Dios hablándole a su espíritu? Creo que el Señor desea comunicarse con cada uno de nosotros tan a menudo como necesitamos escuchar de Él, y pueden ser varias veces al día. Él siempre tiene para nosotros un mensaje más oportuno e importante de lo que podamos comprender.

Desdichadamente, al cavilar en la oración pensamos con mucha frecuencia en decirle a Dios lo que queremos que Él haga o en expresar nuestras opiniones respecto a sus promesas. No obstante, creo que cuando hacemos eso perdemos una increíble oportunidad de hablar con Aquel que sabe mejor cómo satisfacer nuestras almas.

Como vemos en el versículo de hoy, Jesús enseñó a sus discípulos a orar por la provisión diaria; sin embargo, se refería a algo más que a la comida que podemos consumir para la nutrición física. *Pan* es un término que se refiere a todo lo que se necesita para vivir en plenitud, incluido lo que necesitamos mental, emocional y espiritualmente.

Así que la próxima vez que vaya ante Dios en oración, no se dedique solo a hablar. Su Padre celestial desea saciar las ansias más profundas de su corazón. Permita que lo llene con todo lo que realmente necesita.

Jesús, gracias por satisfacer todo lo que mi alma requiere de verdad. Te escucho, Señor, muéstrame cómo honrarte con mi vida. Amén.

UN SACRIFICIO DE AMOR

En esto conocerán todos que sois mis discípulos, si
tuviereis amor los unos con los otros.

JUAN 13:35

Nuestra disposición de amar a los demás no debe depender de la capacidad que tengan de devolvernos amor. Algunas personas nunca estarán satisfechas con lo que hagamos por ellas. Otras no se sentirán dignas de nuestro cuidado, sin importar lo mucho que las animemos o incluyamos en nuestra vida. Otras más incluso pueden rechazarnos con sus acciones mientras nos expresan amor con sus palabras.

Amar significa arriesgarnos a la posibilidad de ser rechazados. No obstante, el objetivo al amar no es provocar una respuesta de parte de la otra persona, sino ser un ejemplo vivo del amor de Cristo. Por tanto, cuidemos de otros ministrándolos y apoyándolos en una manera que sea significativa para *ellos*, y no de acuerdo a cómo querríamos que nos retribuyeran.

No obstante, si usted encuentra que alguien no lo acepta a pesar de sus mejores esfuerzos, entonces pregúntese: «¿Está Dios pidiéndome realmente que le muestre amor a esta persona?». Si es así, entonces asegúrese de que Jesús acepta sus esfuerzos, aunque la persona en cuestión no lo haga, ya que eso es lo único que realmente importa. Jesús lo recompensará enviándole alguien que reciba el amor que usted le prodiga, y que le retribuya su amor en la manera y momentos que más lo necesite.

Jesús, quiero ser tu discípulo. Ayúdame
a amar a los demás con tu sabiduría
y gracia sacrificial. Amén.

AMOR Y ESPERANZA

Que os améis unos a otros, como yo os he amado.

JUAN 15:12

Amar a otros en el nombre de Jesús nos trae esperanza y significado. Cuando sabemos que estamos influyendo en la vida de alguien más, cuando vemos que nuestros dones son valorados, cuando nuestras palabras de ánimo caen en oídos que las aprecian, y cuando nuestra aceptación a otro crea una amistad o ayuda a esa persona a madurar en la fe, tenemos una sensación de propósito en la vida. Tenemos un deseo de amar más y extendernos más allá porque vemos el buen fruto que esto produce. Y en eso hay esperanza. Esperamos el futuro porque sabemos que Dios puede obrar a través de nosotros.

Por otra parte, si usted se aísla y se retrae, negándose a reconocer las manos que lo buscan o rechazando el ánimo que otras personas le ofrecen, se deprimirá cada vez más y podrá sentir que la vida no vale la pena ni tiene sentido. Pero esto no tiene por qué ser así.

Amar a otros es lo más esperanzador que podemos hacer, porque de este modo Jesús obra activamente a través de nosotros. Así que enfoquémonos hacia afuera y veamos cómo Él puede obrar por medio de nuestro corazón afectuoso. Nos sorprenderá lo impactante que nuestra vida puede ser.

Jesús, ayúdame a ministrar a otros con tu amor, de modo que logre encontrar los propósitos para los que me creaste. Amén.

EN BUSCA DEL TESORO

Mejor es la sabiduría que las piedras preciosas; y todo cuanto se puede desear, no es de compararse con ella.

PROVERBIOS 8:11

Nada que podamos adquirir es tan valioso como la sabiduría. Una de las razones por las que Dios pone tanto énfasis en que tengamos entendimiento es porque este cambia el curso de nuestra existencia, llevándola del camino de muerte que ofrece el mundo (Proverbios 16:25) a la senda de la vida (Salmos 16:11).

Una existencia sabia se caracteriza por seis aspectos. *Gozo:* alegría basada en el conocimiento permanente de ser bendecidos y tener significado dado por Dios. *Confianza:* viene de tener fe en que el Señor está con nosotros todo el tiempo, independiente de nuestras circunstancias. *Valía:* es el resultado de comprender que nuestro Salvador nos ama con amor eterno e incondicional. *Paz:* está arraigada en el conocimiento de que Dios obra magistralmente en todo para nuestro beneficio. *Madurez:* se basa en la obra transformadora de perdón, renovación y crecimiento que el Señor nos da. Y *bendición:* Dios derrama en nosotros su gracia y su bondad espiritual, emocional, relacional y material.

La persona que camina en sabiduría crece en el carácter de Cristo y experimenta la mejor clase de vida. Por tanto, busque la visión y el entendimiento del Señor en todo lo que experimente y encontrará un tesoro superior a cualquier cosa que el mundo pueda ofrecer.

Jesús, enséñame tu sabiduría y ayúdame a caminar en tu entendimiento. Anhelo tener una vida sabia y piadosa que te glorifique. Amén.

MISERICORDIA RESTAURADORA

Fui recibido a misericordia, [...] la gracia de nuestro Señor fue más abundante.

1 TIMOTEO 1:13–14

Hoy podríamos preguntarnos: *¿Puede el Padre reavivar el gozo y significado de mi vida? ¿Puede realmente sanarme de todos mis remordimientos?* Por supuesto que sí. Podemos sentirnos mal con nosotros mismos, pero aun así recibir el perdón de Cristo. Después de todo, recordemos lo que Pablo declaró respecto a sí mismo: «Jesucristo vino al mundo para salvar a los pecadores, siendo yo el peor de ellos» (1 Timoteo 1:15, PDT). ¿Por qué pensaba Pablo esto de sí mismo? Porque había perseguido a la iglesia y castigado a los seguidores de Jesús. Para él, no había peor delito que atacar al pueblo y la obra de Dios.

Pero Pablo también añadió: «Dios tuvo misericordia de mí, para que Cristo Jesús me usara como principal ejemplo de su gran paciencia aun con los peores pecadores» (1 Timoteo 1:16, NTV). El apóstol afirma que cuando nos sentimos mal con nosotros mismos podemos mirar la misericordia y la gracia que Jesús le mostró y darnos cuenta de que Cristo también puede cambiar las condiciones que nos rodean.

Así que reciba el perdón de Jesús. Comprenda que no solo es imperativo que se perdone usted mismo, sino que también debe dejar atrás sus antiguos hábitos y aceptar la nueva senda que Dios le tiene, porque ese es el camino hacia la verdadera restauración, tal como le sucedió a Pablo.

Jesús, gracias por tu magnífica misericordia y restauración. Amén.

AMOR VERDADERO

El que tiene mis mandamientos, y los guarda, ése es el
que me ama [...] y yo le amaré, y me manifestaré a él.

JUAN 14:21

Por experiencia personal sabemos que es fácil *decir* que amamos a alguien, le declaramos lealtad o confiamos en él; pero cuando se trata de poner las necesidades o los deseos de esa persona por sobre los nuestros, entonces se vuelve más difícil. Sin embargo, como sabe cualquier soldado o padre, el amor verdadero es sacrificial. Demostramos nuestro amor cuando ponemos el bienestar de los demás por sobre el nuestro. Jesús manifestó: «Nadie tiene mayor amor que este, que uno ponga su vida por sus amigos» (Juan 15:13).

En cierto sentido, lo mismo ocurre con Dios. Afirmamos creer en el Señor y amarlo, pero ¿confiamos más en Él que en nosotros mismos? ¿Estamos dispuestos a obedecerle por reverencia, porque Él es nuestro Creador, Salvador y Señor? Nuestras decisiones muestran si lo hacemos o no. O respondemos en fe, reconociendo que Él es Dios diciéndole sí, o nos rebelamos eligiendo nuestra propia sabiduría imperfecta por sobre la de Él. Esto depende de nosotros y, en última instancia, revela lo que creemos de veras acerca del Señor.

Jesús, creo en ti y quiero honrarte como
Dios no solo con mis palabras, sino con
mis acciones. Revélame dónde me quedo
corto y cómo puedo amarte más. Amén.

NUESTRO SALVADOR PERSONAL

Una virgen concebirá y dará a luz un hijo, y llamarás su
nombre Emanuel, que traducido es: Dios con nosotros.

MATEO 1:23

A lo largo de la historia, Dios ha parecido estar muy lejos de la mayoría de las personas. Aunque llegó a morar entre los israelitas en una columna de nube y fuego, luego en el tabernáculo y el templo, ellos seguían separados de la santa presencia del Señor y solo tenían una comprensión vaga e impersonal de Él.

Pero todo eso cambió cuando Jesús vino. El Señor ya no estaba distante; estuvo con nosotros personalmente, viviendo en la carne, sufriendo los mismos dolores, las mismas debilidades que experimentamos y comprendiendo cómo nos sentimos. Pero también mostró su poder como Dios todopoderoso curando enfermos, expulsando demonios, calmando tormentas y obteniendo la victoria final sobre el pecado y la muerte. Su mismo nombre, Jesús, significa «el Señor es salvación». Él no solo está con nosotros en nuestro sufrimiento, sino que también es el poder activo de liberación para tal sufrimiento.

Este es el Salvador que usted celebra en esta Navidad: Jesús, su Emanuel. No es una deidad distante, despreocupada o inconsciente de lo que enfrenta. Más bien, Él es el Dios que tiene intimidad con usted y obra activamente para ayudarle por medio de su perfecto poder y sabiduría. Por tanto, conózcalo y descanse en su cuidado.

Jesús, mi Salvador y mi Emanuel. Te alabo y adoro tu maravilloso nombre por siempre. Amén.

MÁS ALLÁ DE LO EXTERNO

*Dio a luz a su hijo primogénito, y lo envolvió en pañales,
y lo acostó en un pesebre, porque no había lugar para
ellos en el mesón.*

LUCAS 2:7

El nacimiento de Jesús nos muestra que no podemos determinar el valor de alguien por el entorno que lo rodea. Muchos bebés habían nacido en ese tiempo en Israel y los alrededores del Imperio romano. Muchos hijos e hijas de reyes, gobernantes, comandantes militares y dignatarios nacieron ese año en palacios y lugares de gran riqueza y opulencia. Pero ninguno de ellos era el Dios encarnado.

Al contrario, cuando el Señor de toda la creación nació por nosotros, su entorno fue el más bajo, un lugar apto para animales. No lo colocaron en una cuna incrustada en oro y joyas, sino en un burdo comedero y bebedero. Sin embargo, aquí estaba Emanuel, Dios con nosotros, nuestro verdadero Salvador. César no podía salvarnos. Los ejércitos de Roma no podían liberarnos del pecado. Solamente el Mesías podía relacionarse con nosotros en nuestros peores, más empobrecidos e indigentes momentos.

Recuerde eso. Usted no puede juzgar personas o situaciones por su apariencia externa. A veces los envoltorios más humildes y toscos contienen los regalos más fabulosos, preciosos y poderosos.

Jesús, gracias por relacionarte conmigo en mi peor condición y por venir a ser mi Salvador. En cada persona y situación veré más allá de las apariencias externas hacia lo que estás logrando dentro de ellas. Amén.

VEAMOS AL PADRE

El que me ha visto a mí, ha visto al Padre.

JUAN 14:9

Detengámonos hoy por un momento y consideremos el hecho de que Dios mismo haya venido a la tierra como ser humano en el nacimiento de Jesús. Eso significa que en Él tenemos una idea de cómo es nuestro Creador y Sustentador. Por supuesto, no vemos todos los aspectos de quién es Jesús porque el Rey de reyes «se despojó a sí mismo, tomando forma de siervo» (Filipenses 2:7). Pero tenemos el privilegio de verlo interactuando con personas: enseñando, curando y alimentando, e incluso muriendo en la cruz para salvarnos a todos.

Lo que vemos en Jesús es muy revelador. Él no felicita a los dirigentes religiosos por su apariencia externa de piedad (Mateo 23:27); más bien, alaba al centurión por reconocer genuinamente la autoridad de Cristo (Lucas 7:2–9). Mientras los soldados romanos le clavaban las manos y los pies, Jesús los perdonó, admitiendo que «no saben lo que hacen» (Lucas 23:34). Ese es nuestro Dios: amoroso, perdonador y preocupado más de nuestra salud espiritual que de cómo nos vemos por fuera.

Entonces, mientras lee hoy sobre Jesús, reflexione: *Así es como Dios interactuaría conmigo.* Y consuélese en lo sabio y compasivo que es Él realmente.

Jesús, gracias porque a través de tu vida terrenal veo cómo interactúas conmigo como mi Dios. Realmente eres digno de alabanza. Amén.

LUZ PARA LA OSCURIDAD

Nos visitó desde lo alto la aurora, para dar luz a los que habitan en tinieblas.

LUCAS 1:78–79

A menudo decimos que la Navidad es una época de gozo y paz. Pero lo cierto es que la celebración del nacimiento de Jesús puede verse a menudo empañada por muchos aspectos. El énfasis en elegir los regalos perfectos, el tráfico, los viajes, las compras y la gran cantidad de preparativos pueden atenuar el espíritu de la Navidad. Del mismo modo, la ansiedad derivada de conflicto, tristeza y soledad por extrañar a los que se fueron, el agotamiento por demasiadas actividades y la depresión por tantas expectativas y sueños insatisfechos pueden convertirla en una temporada realmente sombría y difícil.

Por fortuna, a pesar de todo lo que suceda, nada puede interferir con la luz del amor eterno de Dios por nosotros. A pesar de las situaciones que puedan surgir en nuestra vida, la aceptación y el valor que Jesús nos ofrece no cambian. Y eso fluye a través de nosotros más libremente cuando mostramos amor a los demás.

Mucho más que los presentes y las fiestas de Navidad, lo que las personas necesitan de usted es saber que le interesan. Así que deje de correr y simplemente hágales saber que Dios las ama y usted también. Esto no solo revivirá en su vida el espíritu de Navidad, sino que también hará que la luz de la Palabra resplandezca en otros.

———————— ♱ ————————

Jesús, tu amor es la verdadera razón de la Navidad. Haz que tu luz brille a través de mí, maravilloso Salvador. Amén.

ESCRITO PARA SIEMPRE

Así está escrito.

MATEO 2:5

D espués de la crucifixión y resurrección, este es el aconteci-
miento más importante en la historia, envuelto en la humildad
del entorno más bajo. Fue el momento en que Dios vino a la tierra
para darnos salvación. En ese instante se cumplieron muchas pro-
fecías, se respondieron oraciones y se hicieron realidad esperanzas.

El Salvador había sido profetizado desde la fundación del mundo
(Efesios 1:3–5), asegurado en la caída de la humanidad (Génesis 3:15),
reportado por los profetas (Génesis 49:10; 2 Samuel 7:16; Isaías 7:14;
9:6–7; Miqueas 5:2, etc.) y estampado en el mismo corazón de Israel
(Génesis 12:3). El Salvador solo podía ser Jesús, el único que cumplió
todo lo que se había escrito. Y cuando llegó el momento de nacer, los
habitantes del mundo conocido debían registrar sus nombres para el
reino temporal de Roma.

Lo que las personas no se dieron cuenta fue que Dios estaba
abriendo camino para que sus nombres se escribieran en forma permanente en el libro de la vida del Cordero. Y cuando usted acepta a
Jesús como su Salvador, lo que fue escrito desde la fundación de la
tierra se inscribe eternamente en el cielo. Usted se convierte en parte
de la historia de Cristo para siempre. Por tanto, tenga confianza en
que todo lo que Él ha escrito para su vida ciertamente se cumplirá.

**Jesús, gracias por cumplir todo lo que
estaba escrito y por inscribir mi nombre
en tu libro de la vida. Amén.**

AMOR EN LA DISCIPLINA

El Señor al que ama, disciplina.

HEBREOS 12:6

Dios *siempre* hará lo que es mejor para nosotros. Si creemos realmente esto, confiaremos en Él aun en medio de nuestras pruebas más difíciles. No obstante, el enemigo, que intenta socavar nuestra confianza en Dios, se aprovecha a menudo de la adversidad cuestionando las motivaciones del Padre. Nos susurra: «Si Dios te amara de veras no habría permitido que esto sucediera». El enemigo quiere que asociemos el aguijón de la disciplina espiritual con falta de preocupación divina.

Sin embargo, lo opuesto es la verdad. Jesús nos ama con amor inquebrantable, sacrificial y eterno, y su disciplina es, en realidad, evidencia de nuestra membresía en su familia. La razón es muy clara: Dios se preocupa tanto por nosotros que no permitirá que permanezcamos como somos. Al contrario, Él quiere transformarnos a la imagen de su Hijo y ayudarnos a madurar en nuestra fe.

Recuerde siempre que el Señor es omnisciente: ve el final desde el principio y sabe exactamente qué fruto saldrá de los retos que usted enfrenta. Aunque tal vez no comprenda la razón que Él tiene para permitir ciertas dificultades, ellas son evidencia de que Dios aún obra en su vida y que lo mejor está por venir. Confíe en Él y no se desanime.

Jesús, sé que me amas y quieres que crezca. Te creo, Señor; ayúdame a perseverar y crecer. Amén.

DIOS CONOCE EL CAMINO

¡Oh profundidad de las riquezas de la sabiduría y de la ciencia de Dios!

ROMANOS 11:33

En su conocimiento ilimitado, el Señor siempre sabe lo que más nos conviene y actúa en consecuencia. Sin importar cómo se vean nuestras circunstancias, Dios conoce el curso óptimo de acción en cada situación que enfrentamos y solo actuará de modo que al final nos beneficie como sus hijos.

En ocasiones miramos nuestras dificultades y pensamos: *Señor, sé que eres infinitamente sabio, pero creo que en este caso has olvidado algo.* Tengamos la seguridad de que no se le ha pasado por alto ni un solo factor relacionado con nosotros. En nuestro limitado entendimiento, simplemente no vemos nuestras circunstancias desde la perspectiva divina. Solo el Señor comprende la totalidad de cada factor y decisión, y debido a que es infinitamente amoroso y sabio, nunca cometerá una equivocación cuando de guiarnos se trata. En otras palabras, Él sabe lo que hace en nuestra vida.

Aunque puede ser frustrante y aterrador apoyarse en Dios y no en nuestra propia sabiduría, esta es siempre la mejor manera de vivir, porque la lógica de Dios excede enormemente a la nuestra (Isaías 55:8-9). *Podemos* confiar en Él. Por tanto, tengamos fe en que nuestro infinito, omnisciente y amoroso Señor y Salvador no nos conducirá mal, sino que sabe la mejor acción a tomar en nuestra vida.

Jesús, no conozco muchas cosas, pero tú lo sabes todo. Confiaré en tu sabiduría a medida que me guías. Amén.

AUTORIDAD EN LA ADVERSIDAD

Jehová estableció en los cielos su trono, y su reino domina sobre todos.

SALMOS 103:19

Animémonos hoy porque el Señor tiene dominio absoluto sobre toda la creación. En otras palabras, podemos confiar en Él porque es capaz de cumplir todo lo que promete. Además, nos protege y suministra cualquier cosa que necesitemos.

Esta puede ser una verdad difícil de aceptar a causa de lo perdido que está nuestro mundo y de los sucesos dolorosos que ocurren en él. No obstante, la falta de entendimiento respecto a nuestras circunstancias no debe hacernos dudar de Dios. En lugar de eso, rindámonos al Señor aceptando por fe que Él es bueno y totalmente digno de nuestra devoción y confianza.

Nuestras vidas le pertenecen a nuestro soberano y omnisciente Dios, y nada puede ocurrirnos sin que Él lo permita. A veces eso incluye dificultades y sufrimientos, lo cual podría hacernos cuestionar: *¿Cómo puede esto ser bueno?* Pero he conocido muchas personas que han atravesado tremendas pruebas y que a pesar de eso exclaman: «Odié la dificultad mientras la pasaba, pero ahora, desde este lado, puedo ver todo lo bueno que Dios ha hecho a través de ella». Así que consuélese al comprender que, si sigue confiando en Él, Dios tiene propósitos para todo aquello que usted enfrenta y que, a su manera y en su tiempo perfecto, traerá bendición a su vida.

Jesús, sé que nada que toque mi vida es una equivocación. A ti sea la gloria incluso en medio de los sufrimientos. Amén.

SEA LO QUE SEA

*¡Oh Señor Jehová! he aquí que tú hiciste el cielo y la
tierra con tu gran poder, y con tu brazo extendido, ni hay
nada que sea difícil para ti.*

JEREMÍAS 32:17

Cuando comprendemos de veras que nuestro amoroso Padre celestial tiene control total, nuestra vida y perspectiva cambian para siempre. Debido a que Dios es *soberano*, tenemos plena seguridad de que hará que *todas* nuestras circunstancias obren para bien, ocurra lo que ocurra. Esto podría ser doloroso, confuso o parecernos imposible, pero el Señor puede usar y usará cualquier situación para lograr sus propósitos divinos en nosotros.

Asimismo, el Señor es *omnisciente,* puede responder nuestras preguntas más difíciles. También es *omnipotente,* o lo bastante fuerte para vencer nuestros mayores obstáculos. Él es *omnipresente,* pues dondequiera que vayamos estará con nosotros. Además, podemos tener la seguridad de que nada puede tocarnos aparte de su voluntad permisiva.

Por tanto, cuando ocurra algo que sea difícil o inexplicable, tenga la seguridad de que el Señor lo ha permitido para un propósito que, en última instancia, traerá beneficio y edificación a su vida. Así que avance con valentía hacia el futuro sabiendo que mientras camina, Dios lo protegerá y guiará sus pasos. Independientemente de qué dolor, prueba o tragedia experimente, regocíjese en que su Padre estará allí para sacar algo bueno de eso, sea lo que sea.

**Jesús, cuán grande eres. Gracias por hacer
que todo obre para mi bien. Amén.**

EL CIELO A LA VISTA

*En la casa de mi Padre muchas moradas hay; [...] voy,
pues, a preparar lugar para vosotros.*

JUAN 14:2

¿No es maravilloso saber que Jesús está preparando un lugar apto para nosotros? Él ha estado trabajando en ese hogar en el cielo durante casi dos mil años. Tengamos la seguridad de que esa morada será mucho mejor que todo lo que podamos haber imaginado alguna vez (Efesios 3:20–21).

Pero el cielo es más que una vivienda eterna. Junto con ella viene una esperanza extraordinaria. Ante todo, tendremos el gozo de estar por toda la eternidad con Dios y con los creyentes a quienes amamos. En segundo lugar, en el cielo no habrá maldad, tinieblas, lágrimas, sufrimiento ni más muerte o pérdida (Apocalipsis 21:4). Por último, recibiremos recompensa por todo aquello que hemos hecho en servicio fiel a Cristo y a otros. «Dios no es injusto para olvidar vuestra obra y el trabajo de amor que habéis mostrado [...] habiendo servido a los santos» (Hebreos 6:10).

Sin duda, ¡todo lo antedicho es motivo de alabanza! Entendamos que, en última instancia, es por eso por lo que realmente trabajamos cuando servimos al Señor. El plan de Dios para nosotros no solo es levantar un reino aquí en la tierra, sino prepararnos y preparar a otros para el reino celestial venidero (1 Corintios 3:12–15).

Jesús, gracias por mi hogar celestial.
Ayúdame a servirte con el cielo a la vista. Amén.

PREPARADOS PARA LO MÁS GRANDE

He aquí que yo hago cosa nueva [...] ¿no la conoceréis?
Otra vez abriré camino en el desierto, y ríos en la
soledad.

ISAÍAS 43:19

Dios siempre hace algo nuevo en nosotros como preparación para sus grandes planes. Podríamos estar realizando las mismas tareas que hemos hecho durante años, pero Dios aún permite que desarrollemos tanto fe como talentos, y nos hace madurar en carácter y fortaleza. Nadie llega a alcanzar la cima de su potencial, por viejo o experimentado que sea. Siempre hay algo más que el Señor nos pide que hagamos, que seamos y que experimentemos.

Por tanto, lo desafío a que revise el año pasado y que identifique las áreas en que Dios lo ha hecho crecer. Si descubre que no ha progresado, pregúntele a qué se debe esto y qué es lo que está frenándolo. Podría haber un obstáculo en su vida que deba enfrentar o un pecado que deba confesar antes de seguir adelante.

¡Así que adelante! Un año nuevo le espera y Dios quiere obrar a través suyo, demostrando poder y sabiduría mientras vive en sus propósitos divinos. Propóngase ingresar al nuevo año con una actitud de libertad, esperanza y victoria a medida que se aferra a las cosas nuevas que el Señor está haciendo en usted.

Jesús, que en este nuevo año aún más de tus maravillosos planes se cumplan en mi vida. Amén.

ACERCA DEL AUTOR

El Dr. Charles Stanley es el pastor principal de la Primera Iglesia Bautista de Atlanta, donde ha servido durante más de cuarenta años. Es un autor *best seller* del *New York Times* con más de sesenta libros escritos, entre ellos el laureado devocional *Cada día en su presencia*. El Dr. Stanley es el fundador de Ministerios En Contacto. El programa *En Contacto con el Dr. Charles Stanley* se transmite en todo el mundo por más de mil doscientas emisoras de radio y ciento treinta cadenas y estaciones de televisión, y en proyectos lingüísticos en más de cincuenta idiomas. La galardonada revista devocional *En Contacto* se imprime en cuatro idiomas con más de doce millones de ejemplares cada año. El objetivo del Dr. Stanley está mejor representado por la afirmación de Hechos 20:24 (LBLA): «En ninguna manera estimo mi vida como valiosa para mí mismo, a fin de poder terminar mi carrera y el ministerio que recibí del Señor Jesús, para dar testimonio solemnemente del evangelio de la gracia de Dios». Esto se debe a que, como él mismo afirma, «es la Palabra y la obra de Dios lo que cambia las vidas de las personas».